L'ÉCOLE N'A PAS DIT SON DERNIER MOT

DU MÊME AUTEUR

École, démocratie et société, Paris, Berger-Levrault, Au fil du débat, 2016.

CHRISTOPHE KERRERO

L'ÉCOLE N'A PAS DIT SON DERNIER MOT

Robert Laffont

ISBN : 978-2-221-27874-1
Dépôt légal : avril 2025
Éditions Robert Laffont – 92, avenue de France, 75013 Paris
info@lisez.com

À C. M., qui me tient en exigence.

Prologue : les derniers jours

> « La bourgeoisie, héréditairement appelée à tenir les postes de direction et de responsabilité, ne saurait plus désormais, seule, y suffire. Les besoins nouveaux de l'économie moderne posent la nécessité d'une refonte de notre enseignement qui, dans sa structure actuelle, n'est plus adapté aux conditions économiques et sociales. »
>
> Introduction au Projet Langevin-Wallon, 1945-1946.

2 février 2024. J'avais bien imaginé que ma lettre de démission ferait un peu de bruit. J'étais loin d'anticiper le coup de tonnerre d'une telle missive dans le landerneau politique et éducatif. Quitter de son plein gré un poste que l'on dit prestigieux, la 33ᵉ autorité publique dans l'ordre de préséance national, est exceptionnel. Mais rester, après le désaveu de la ministre, n'avait aucun sens.

L'académie-capitale n'est pas simple à diriger au quotidien, j'y reviendrai. Mais depuis un an et demi, le contexte national n'avait rien arrangé. Trois ministres s'étaient suivis rue de Grenelle depuis le début du second quinquennat, combien depuis… Des profils radicalement opposés, dont la succession rapide met à mal la cohérence de la politique poursuivie. Après une année d'exercice seulement, marquée par des attaques *ad hominen* indignes et par une fronde contre ses choix pour l'école, Pap Ndiaye, jugé insuffisamment politique, avait été remplacé à l'été 2023 par le jeune et fougueux Gabriel Attal.

Les annonces s'enchaînent alors dans un tourbillon qui ne cessera qu'avec sa nomination à Matignon.

Le talent politique et médiatique de Gabriel Attal est indéniable. Mais au-delà de mesures qui font mouche en matière d'autorité, le tempo endiablé se heurte à deux écueils. Le temps long de l'école n'est pas celui du politique, qui calcule à brève échéance : le système éducatif est un paquebot dont tout changement de cap doit être anticipé bien en amont du virage à prendre. Et il est indispensable de connaître à fond les rouages de la machine : sans connaissance intime du fonctionnement quotidien d'un établissement ou d'un rectorat, les meilleures intentions du monde se heurtent vite aux exigences du réel.

Le « Choc des savoirs[1] », décrété par le nouveau ministre, est l'exemple par excellence des limites d'une

1. Conçu en décembre 2023 en réponse à la baisse du niveau des élèves constatée dans Pisa, le « Choc des savoirs » se définit comme une série

action politique fondée sur ce que l'opinion publique a envie d'entendre. Gabriel Attal est un pragmatique, en phase avec son temps. Volontarisme, réactivité, rapidité d'exécution, tels sont ses mantras. Un problème, une solution. Le jeu du chat et de la souris auquel se livrent certaines jeunes filles portant l'abaya pourrit la vie des établissements ? On l'interdit sans autre forme de procès, sans s'appesantir sur les risques juridiques. Pas de retoquage par le Conseil d'État. Pas de protestations ou presque. Chacun rentre dans le rang, au grand étonnement de la classe politique et des médias, qui saluent le « coup » du ministre. Fort de ce succès, Gabriel Attal rebondit immédiatement sur la douloureuse question du harcèlement et réussit à en faire un sujet de société. Il l'incarne, prend ses responsabilités, allant jusqu'à désavouer une rectrice en condamnant un courrier lunaire envoyé par ses services. La cote de popularité du ministre, qui n'hésite pas à attaquer de front les « irritants » du système, laïcité ou violence scolaire, s'envole.

Il n'est pourtant pas encore dans le « dur », car les résultats de la traditionnelle enquête Pisa (Programme international pour le suivi des acquis des élèves), qui évalue le niveau des élèves à 15 ans, ne seront

---

de mesures ayant pour ambition d'amener chaque élève vers l'excellence. Parmi les mesures emblématiques, on retrouve : la constitution de groupes de niveau au collège, le non-passage en lycée des élèves n'obtenant pas le brevet, des manuels labellisés et obligatoires en français et en mathématiques au primaire, rendre le dernier mot aux professeurs en matière de redoublement et l'introduction d'une épreuve du baccalauréat en mathématiques en fin de 1re générale sur le modèle du français.

révélés qu'en décembre. Voilà plus de vingt ans que les signaux d'alarme clignotent, toujours plus fort. Conscient des enjeux, le ministre écoute et prend sans doute conscience de l'immensité du problème. Est-il de bonne foi, un peu néophyte, ou simplement cynique ? Appliquant aux résultats des élèves la méthode qui lui a si bien réussi, il engage une course de vitesse pour annoncer un plan d'ensemble de lutte contre la baisse de niveau.

Et là encore, cela fonctionne, auprès d'une opinion publique rendue plus conservatrice que jamais par les mauvais résultats de sa jeunesse. Même si ceux qui connaissent intimement le système alertent : le « Choc des savoirs » a de fortes probabilités d'accroître les maux dont souffre l'école – exclusion, décrochage, creusement des inégalités sociales et scolaires. Que serait devenu ce plan si Gabriel Attal était resté ministre de l'Éducation ? Sans doute aurait-il su naviguer à vue entre les différents écueils qui se seraient dressés sur sa route au fur et à mesure de sa mise en œuvre.

Mais voici que sa réussite inattendue et hors du commun le conduit rapidement à Matignon. Et sa successeure n'a ni le talent ni l'instinct politique attendus pour conduire à bon port ce plan si éloigné des convictions et des pratiques du système. En quelques jours, Amélie Oudéa-Castéra pulvérise le bilan de Gabriel Attal et précipite le ministère au bord de l'abîme.

Lors de sa nomination, je n'ai pourtant aucun *a priori*. Il y a certes loin des Sports, qui allaient fort bien à cette ancienne championne de tennis, à l'Éducation. Mais le préfet de région, Marc Guillaume, amené à travailler avec elle sur la délicate préparation des Jeux olympiques et paralympiques de Paris (JOP 2024), m'en dit grand bien : une ministre sérieuse et travailleuse acharnée, maîtrisant ses dossiers. Je n'aurais aucune raison d'en douter, si mon instinct ne m'alertait sur une posture. Un déplacement avec le Premier ministre au lendemain de sa nomination, et c'est la chute. Interrogée sur ce sujet, elle justifie le choix de l'établissement (privé) de ses enfants en invoquant les absences à répétition dans le primaire public.

S'exprimer sur un tel thème est un passage obligé pour un ministre de l'Éducation. On s'en sort généralement en rappelant la liberté laissée à chaque famille d'inscrire ses enfants dans le public ou le privé sous contrat, qui forment ensemble le service public d'éducation. Nombre de ministres s'en sont tirés sans encombre, y compris des personnalités de « gauche », plus attendues qu'elle sur les preuves d'amour à donner à l'enseignement public. Voulant sans doute faire du Attal, le « disruptif », moins le talent, la ministre justifie le retrait de son fils de l'école publique Littré dans le très chic VIe arrondissement par le désormais célèbre « paquet d'heures qui n'étaient pas sérieusement remplacées ».

Dans les deux heures qui suivent, je me retrouve bien malgré moi au cœur de la polémique : les réactions affluent, consternées sinon amères, sur ce qui apparaît comme une attaque en règle de l'école publique. Là où Gabriel Attal avait su habilement dénoncer certaines failles du système en pointant la responsabilité des hauts fonctionnaires, on a le sentiment que la ministre s'en prend, elle, directement aux acteurs de terrain, aux professeurs qui sont l'âme de l'école.

Un ami m'adresse aussitôt un SMS. Il n'appartient pas à la grande maison de l'Éducation nationale, mais il a compris la désastreuse portée des mots de la ministre. Pressentant la crise, moi qui suis recteur de l'académie en cause dans les propos de la ministre, je demande aux services du rectorat de me communiquer l'état des absences de l'école Littré. Il est de mon devoir de défendre l'institution et ses acteurs, dans un contexte où la question des professeurs non remplacés est un sujet de crispation majeur – et légitime – pour les familles.

Et très rapidement, malgré l'ancienneté des faits, les archives parlent : pas la moindre trace d'absence de la professeure qui enseignait au fils de la ministre.

C'est une bombe. Il est impossible, me dis-je, que cela ne sorte pas. Les professeurs parleront. Les journalistes enquêteront. *Mediapart* ou *Le Canard enchaîné* se déchaîneront.

J'appelle la direction du cabinet d'AOC. Stupeur d'abord, puis comme le reproche d'avoir recherché les bordereaux d'absence de l'époque. Je mesure alors à qui nous avons affaire.

Ce qui devait arriver ne manque pas de se produire : les professeurs s'ouvrent à la presse et disent leur indignation. La ministre persiste et s'enferre dans le déni. Après avoir maintenu sa version, mettant par là même en cause le témoignage de l'enseignante, elle décide de se rendre à l'école Littré.

C'est une très mauvaise idée, et je suis sidéré de tant d'amateurisme.

Une visite dans un établissement scolaire est, en temps ordinaire, un moment d'allégresse, au contact des enfants dont on constate les réussites ; un moment d'échange privilégié aussi avec les personnels, sans concession parfois mais toujours riche d'enseignements. Ce déplacement-là, auquel je participe *ès qualités*, sera mon pire souvenir, inutile chemin de croix pour la ministre, marqué d'une colère sourde et froide des équipes comme je n'en avais jamais rencontré jusque-là.

Devant l'école Littré, épicentre de l'attention médiatique, le comité d'accueil est au complet. Les représentants syndicaux parisiens sont venus pour le plaisir d'une « casserolade ». La ministre se trompe d'entrée, refusant d'arriver en voiture dans l'établissement pour éviter de se faire apostropher. Je la saisis par le bras pour lui indiquer le bon chemin, sous les sifflets et les insultes. Quel spectacle ! Les deux directrices sont consternées. Elles me confessent combien elles vivent mal cet intérêt médiatique qui ne décroît pas depuis plusieurs jours. Elles savent bien quelle est la vérité. Mais elles font, comme les professeurs, bonne figure.

Dans une atmosphère à couper au couteau, AOC esquisse une justification maladroite autour de son ressenti de mère, sans remettre en cause ses propos sur le fond. Les professeurs ont fait le choix d'un discours syndical minimal et très général sur la difficulté des conditions de travail, la baisse démographique à Paris et l'intérêt de la section internationale implantée dans l'école. Que la ministre ne comprenne pas, à ce moment-là, la nécessité de reculer restera toujours pour moi un mystère : un refus qui en dit toutefois long sur l'incapacité de certaines élites à se remettre en question, et à entendre le conseil donné, lorsqu'il ne vient pas du petit cercle dont elles sont issues.

Et c'est bien là le problème.

En quelques mots et en quelques jours, convaincue de son bon droit, n'écoutant qu'elle-même, la ministre a rallumé à elle seule la guerre scolaire. Elle devient un symbole, celui d'une caste arrogante et sûre d'elle-même, qui pratique sans complexe la ségrégation scolaire en plaçant ses enfants dans des classes non mixtes, au sein d'un établissement catholique suspecté de sexisme et d'homophobie. Un rapport de l'inspection générale est pourtant sur son bureau à ce sujet.

Acculée, la ministre finit par admettre au lendemain de la visite à l'école que ses souvenirs ne sont pas en accord avec la réalité… La pression redescend.

Mais la confiance est brisée. Me rendant à nouveau avec elle dans une école de l'éducation prioritaire du XVIIIe arrondissement, dans l'espoir de renouer la confiance avec les personnels, je mesure encore une fois la profondeur du fossé qui la sépare du corps enseignant. C'est pourtant une école où les équipes sont solides, les résultats, excellents. Mais l'alchimie ne prend pas : le rapport aux élèves est faux, l'intérêt pour la pédagogie, imperceptible. Directrice et professeurs me confient de leur côté leur difficulté à recevoir cette ministre qui leur a planté un couteau dans le dos dès son arrivée. Alors oui, ils seront polis, ils ne feront pas d'esclandre, mais il ne faut pas leur en demander davantage.

En Sorbonne, quelques jours plus tard, la cérémonie des vœux aux personnels du ministère n'est pas d'une grande chaleur. Mais la traditionnelle réunion du haut encadrement, le 25 janvier, est glaciale. La défiance est installée, la ministre, applaudie du bout des doigts. Comme la première intervention incombe traditionnellement au recteur de Paris, j'attire son attention sur la solide machine sur laquelle elle peut compter, réunie autour d'elle : recteurs, inspecteurs d'académie, secrétaires généraux, autant de cadres qui connaissent leur territoire et servent avec loyauté l'institution. Indifférente à un monde dont elle ne connaît rien, la ministre n'a aucune réaction. Je sais déjà que je paierai cher les applaudissements de mes pairs, qui souffrent de voir l'institution malmenée. Une amie me dit alors que j'ai « posé un acte ». Peut-être. J'ai aussi posé ma tête sur le billot.

Quelques jours passent. La pression se relâche un peu sur la ministre, mais pas sur le ministère. Dans le calendrier de la rue de Grenelle, le mois de janvier, pendant lequel on prépare la rentrée scolaire à venir, est celui de tous les dangers. Pression supplémentaire, la rentrée 2023 sera celle du « Choc des savoirs ». Finies les annonces : il faut maintenant, coûte que coûte, opérationnaliser les mesures, et les problèmes s'accumulent. Coût supérieur aux moyens obtenus, complexité de la constitution des groupes de niveau, toutes difficultés qui relancent les contestations de fond sur la philosophie du « choc des savoirs ». Sourire mi-carnassier mi-béat, la ministre répète inlassablement les éléments de langage fixés par son prédécesseur, qui l'observe et la suit de près depuis Matignon. Elle ne sait que répondre aux questions très concrètes posées par les syndicats et les parents d'élèves. Chaque prise de parole fait souffrir au sein de la maison.

Gabriel Attal a entraîné et consumé les derniers feux d'une institution exsangue et désormais, chacun vogue au gré du vent dans une chaloupe à la dérive qui a perdu l'espoir de revoir la terre.

À Paris, académie en déprise démographique chronique, la situation est plus complexe encore : d'importants retraits d'emplois sont prévus, en sus d'un contexte national délétère. Je me raccroche au bilan des chantiers menés depuis trois ans dans l'académie : le plan lecture dans le premier degré ; la réforme de l'affectation des élèves au lycée, qui a permis de faire baisser de moitié la ségrégation sociale entre établissements ; la fermeture de lycées « ghettos », où les « bobos » se gardent bien d'envoyer leurs enfants, malgré leur acharnement à les maintenir ouverts. Des actions en faveur d'une meilleure égalité des chances, que je veux poursuivre. Là est mon péché mortel.

À la rentrée 2024, je compte bien apporter davantage de mixité sociale au sein des classes préparatoires (CPGE) parisiennes, et proposer quelques évolutions de leur modèle. Elles sont loin d'être saturées mais sont « sanctuarisées », alors que l'on ferme des classes dans le premier et le second degré. Elles concentrent une majorité d'élèves issus de milieux très favorisés, malgré les quotas Parcoursup et les « cordées de la réussite ». Ces formations, dont le principe reste pertinent, doivent évoluer pour ne pas disparaître. Coûteuses, elles doivent aussi apporter la preuve de leur plus-value pour la nation, alors qu'elles forment de moins en moins de professeurs et d'ingénieurs de production, mais toujours plus de managers et de traders. Pour résumer, je dirai que les élèves les plus en réussite et issus des classes sociales les plus aisées bénéficient d'un post-bac extrêmement qualitatif, leur permettant de poursuivre quasi gratuitement des études les conduisant vers des professions très lucratives mais d'utilité sociale discutable. À l'inverse, les élèves en difficulté et issus des classes populaires se retrouvent dans une université largement sous-dotée, encadrant insuffisamment les étudiants.

Je sais que m'aventurer sur le terrain des classes préparatoires est dangereux, sinon suicidaire : associations de professeurs, syndicats, anciens élèves, chacun est prêt au changement, à condition que rien ne change. Pour le grand public, les classes préparatoires sont la vitrine d'un supérieur qui forme les plus beaux esprits, en oubliant que seulement 45,7 % des étudiants obtiennent leur licence en trois ou quatre ans[1]. Et le récit de quelques parcours exemplaires d'élèves issus de milieux populaires contribue à entretenir le mythe de l'ascenseur social, même si celui-ci n'embarque qu'une poignée d'entre eux.

Je sais donc que j'aurai tout le monde contre moi. Mais pourquoi occuper des postes à décision, si ce n'est pour en assumer toutes les responsabilités ? Je n'ai guère le goût des autres mondanités et dîners en ville,

1. Note flash du SIES, Parcours et réussite en licence : les résultats de la session 2023, novembre 2024.

qui me permettraient d'envisager mes missions sous le seul angle de la représentation. Agir, sinon mourir !

Alors, à la rentrée 2023, après un travail minutieux d'analyse de l'existant et de prospective, l'académie de Paris amorce l'évolution de la carte de ses classes préparatoires. Quelque chose de modeste, de symbolique, mais qui ouvre de nouveaux horizons dans cet aparté du supérieur français.

Rappelons la situation parisienne : une baisse démographique massive dans le premier degré et qui atteint le secondaire inexorablement, avec son lot de fermetures de classes et de postes ; des classes préparatoires, elles aussi en manque d'effectifs mais dont on maintient les moyens, année après année. L'idée que nous portons est simple : fermer une poignée de classes préparatoires en déficit d'attractivité ou caricaturales dans leur recrutement, dont les places ne feront pas défaut au regard de l'offre pléthorique à Paris ; leur substituer des classes post-bac d'un nouveau type, accueillant un public moins à l'aise avec l'école mais motivé pour exercer des métiers en déficit de candidats : professeurs des écoles, mais aussi ingénieurs issus de baccalauréats professionnels. Dès l'été 2023, je propose ce schéma à Gabriel Attal, qui me donne le feu vert.

C'était compter sans les lobbys du conservatisme le plus exacerbé, qui appuient de tout leur poids et de tous leurs réseaux pour bloquer ces évolutions. En premier lieu les associations de professeurs de classes préparatoires – dont par parenthèse aucune n'est présidée par une femme. Au sein de ce petit monde élitiste et très hiérarchisé, attaché à son statut, au prestige qu'il confère et à ses émoluments généreux, l'enjeu est d'abord la reproduction de ce que la génération précédente a connu. C'est presque une caricature de l'entre-soi. Les professeurs sont recrutés par les inspecteurs généraux issus de leurs rangs. On se persuade de cultiver l'élite, sans trop se soucier de son rétrécissement ni de son uniformité sociale, ni même de ce qu'est une vraie élite. On vit en vase clos et on se rassure sur l'ouverture sociale quand réussit un élève surdoué issu du monde ouvrier, alibi du système. Comme Jean-Paul Delahaye dix ans plus tôt[1], j'ai donc l'ensemble de l'*establishment* contre moi. Les syndicats ne sont pas opposés à cette évolution, mais restent soucieux de la préservation du statut des enseignants de chaire supérieure, Graal ultime des professeurs de CPGE.

Mais là où les choses achoppent, c'est que je veux réaliser cette réforme à coût constant : je ne demanderai pas des moyens supplémentaires pour des classes préparatoires déjà surencadrées, au moment où il faut rendre des postes dans les écoles, les collèges et les lycées. Les moyens sont de toute façon communs au collège, au lycée et au post-bac : dans un contexte de rétrécissement budgétaire, il est logique que chacun participe à l'effort demandé. Ni les chefs d'établissement, ni les professeurs ne comprendraient que l'on déshabille Paul pour gâter Pierre.

1. En 2013, sous l'impulsion du directeur général de l'enseignement scolaire (Dgesco), J.-P. Delahaye, le ministère souhaitait revenir sur le temps de travail des professeurs en CPGE, ce qui revenait pour eux à choisir entre travailler davantage et gagner moins. Le ministre V. Peillon a reculé en décembre 2013 devant la mobilisation qui touchait les plus hautes sphères du pouvoir.

Une campagne de dénigrement de la réforme se met en place, relayée par *Le Figaro* et *Valeurs actuelles*. C'est Mozart qu'on assassine en fermant 4 divisions de classes prépas sur les 289 publiques et 49 privées que compte l'académie de Paris. Et, parce que le ridicule ne tue pas, c'est aussi l'élitisme « à la française » qu'on enterre. Les professeurs de classes préparatoires se mobilisent, manifestant tous les mercredis devant la Sorbonne, avec des arguments qui me feront à chaque fois « bondir » : la « forte mixité sociale » d'une hypokhâgne vouée à la fermeture sera inlassablement mise en avant par les contempteurs de la réforme, alors qu'elle affiche le taux de boursiers le plus bas de l'académie. Face à beaucoup de mauvaise foi et de contre-vérités, il faut repartir au combat, expliquer, convaincre. Le cabinet, comme souvent plus frileux que son ministre, me demande de reculer, de composer, de différer. Je tiens bon, car je sais que cela peut et doit passer. Le ministre, par la voix de sa directrice de cabinet, comme la ministre de l'Enseignement supérieur arbitrent *in fine* fin décembre 2023 dans mon sens. L'inspection générale enclenche le mouvement des professeurs concernés par les fermetures. En janvier, le sujet est donc derrière moi. Du moins, c'est ce que je crois.

Naïf que je suis.

Je me souviendrai toujours de cette journée du 31 janvier 2024 qui allait précipiter mon départ. Au ministère, c'est jour de Conseil supérieur de l'éducation (CSE), cette instance de consultation qui réunit les représentants du monde de l'éducation. Ce n'est pas une chambre d'arbitrage, et les ministres n'y sont que très rarement présents : les négociations se sont jouées en amont, et ce sont principalement les services du ministère qui y donnent la réplique aux syndicats et aux fédérations de parents d'élèves. Par ailleurs, les questions académiques ne sont jamais abordées au sein de cette instance centrée sur les sujets nationaux. Pourtant, sur le trajet qui me conduit du collège Lacore au Palais de justice où je dois intervenir avec la procureure de Paris auprès des chefs d'établissement sur la relation école-justice, je suis alerté par un tweet de Force ouvrière (FO), auquel d'abord je ne crois pas. La ministre de l'Éducation, exceptionnellement présente au CSE, vient d'annoncer un moratoire sur les fermetures de classes préparatoires à Paris.

Comment a-t-elle pu prendre pareille décision, alors que l'arbitrage a été rendu il y a plusieurs semaines par son prédécesseur, désormais Premier ministre, et par sa collègue de l'enseignement supérieur ? Comment comprendre que je n'en aie pas même été avisé par un coup de téléphone de son cabinet ? La communication bruyante des syndicats qui exultent, sidérés d'avoir obtenu un contre-arbitrage sur un dossier *a priori* clos, achève de me convaincre de la véracité de cette absurde nouvelle. Au Palais de justice, nombreux sont les chefs d'établissement à avoir reçu la même alerte, qui viennent me demander ce qu'il en est. Je lis sur leur visage ce qu'ils ressentent comme un désaveu : les prépas ont encore gagné. Alors qu'ils pèsent chaque heure à donner à leurs collégiens ou à leurs lycéens, les CPGE continueront à dépenser sans compter, tout en illustrant la reproduction sociale à la française. La caste veille, et il n'est pas très étonnant que ce recul intervienne alors qu'une de ses représentantes est aux manettes.

Comment être certain de ses motivations ? Il ne faut exclure ni l'inexpérience, ni l'incompétence, ni la bêtise. Comme le disait Raymond Aron, celle-ci est loin de n'être pour rien dans nombre de catastrophes historiques. Peut-être la ministre voit-elle ici un moyen de me faire une mauvaise manière après la séance en Sorbonne. Peut-être s'est-elle dit, à la veille d'une grève annoncée, que ce geste lui redonnerait à peu de frais les faveurs de certains syndicats. Peut-être a-t-elle simplement agi dans un réflexe de classe quasi pavlovien quand il s'agissait des CPGE.

À mon retour au bureau, le service de la communication du rectorat me dit être assailli par les médias. On veut connaître ma réaction au désaveu porté contre une réforme dont chacun sait combien elle m'est chère. Je gagne du temps. La directrice de cabinet de la ministre, passée par la grande distribution et ne connaissant rien elle non plus à l'éducation, veut me parler. Elle est en service commandé et sa posture est celle d'une feinte humilité. Je ne peux m'empêcher de l'agonir d'une colère froide. Elle n'est pas à sa place si elle n'a pas su empêcher la ministre de prendre cette décision en séance. Elle me propose de trouver une solution par « un échange entre nos deux équipes » et de réaliser l'ouverture des nouvelles classes préparatoires sans en fermer d'autres. Une solution démagogique à souhait, course en avant de moyens supplémentaires à mobiliser, alors même que les collèges cherchent quelques subsides pour mettre en place le « Choc des savoirs » et les groupes de niveau. Comment porter les nombreuses fermetures de classes prévues à Paris auprès des différents partenaires, syndicats, parents, communauté éducative alors que les moyens déjà pléthoriques des prépas seront pour finir renforcés ? Sans compter que si j'accepte ce « marché », je serai désormais condamné à expédier les affaires courantes, sans aucune marge de décision, position intenable pour qui a d'autres projets que de frétiller dans les réceptions officielles.

Je préviens les uns et les autres que je me donne vingt-quatre heures de réflexion. Mais ma décision de partir est prise. En premier lieu, parce que l'on ne peut tout accepter : désavouer publiquement ses cadres, sans même les prévenir, est un très mauvais signe donné à l'ensemble des acteurs du système éducatif – et plus largement aux acteurs de l'État. Ensuite, parce que la réforme des classes préparatoires est emblématique de la volonté de déségrégation sociale et scolaire qui a guidé mon action à Paris depuis plus de trois ans. Et enfin, si ce que l'on murmure à Paris est vrai, à savoir que le Premier ministre peine à obtenir du président de la République la peau de sa successeure à Grenelle, alors je lui donne avec ma démission une nouvelle occasion de revenir à l'assaut de l'Élysée. Je rédige un courrier pour l'ensemble des personnels de l'académie, pour expliquer mon départ. Le 2 février, à 10 heures, je deviens un fonctionnaire sans affectation dont la carrière s'arrête net. Mais je pars la tête haute.

1

Itinéraire d'un rescapé de l'école

Il m'a fallu du temps pour aimer l'école. Ou plus exactement pour que l'école m'aime.

Je suis entré en 6e en 1977, l'année de la mise en place du « collège unique », une étape majeure dans la longue marche vers la démocratisation de l'école. Faisant sauter les derniers verrous d'un enseignement secondaire initialement réservé à l'élite, le collège unique est alors un formidable espoir de promotion sociale pour un enfant issu de la petite classe moyenne. C'est précisément mon cas, avec un père devenu cadre en autodidacte et une mère au foyer. Pourtant, comme pour beaucoup d'autres enfants, il s'en est fallu d'un cheveu pour que je sois définitivement exclu du système.

Né à Neuilly-sur-Seine par le hasard de la disponibilité des lits de maternité, j'ai passé les toutes premières années de mon enfance au Pré-Saint-Gervais, avec une vue imprenable sur ce qui allait être le périphérique. Ironie de la vie, je retrouverai une vue sur mon petit immeuble depuis le siège du rectorat de

Paris, boulevard d'Indochine, cinquante ans plus tard. À quelques encablures du square du Chapeau-Rouge où j'ai effectué mes premiers pas.

Au début des années 1970, mon père vient de rejoindre les troupes des cadres, ces héros modernes des Trente Glorieuses. Pour eux, une nouvelle cité est sortie de terre, la Défense. Avec ses tours, elle incarne la modernité en marche. C'est une époque de progrès, que seuls quelques marginaux remettent en cause. On a foi dans l'avenir. L'immense majorité de la classe moyenne se retrouve autour de la promesse que chacun aura plus et mieux à la génération suivante.

Et pour loger les familles de cette armada du progrès qui travaille dans la cité de béton tournée vers le ciel, on construit dans l'Ouest parisien toutes sortes de résidences plus ou moins cossues, au milieu des champs et des plaines de chasse des rois de France. Montval, les Vignes Bénettes, les Vergers de Marly… Les noms champêtres cachent des blocs cubiques flanqués de plaquages de pierre de taille ou de travertin leur donnant un semblant de luxe clinquant, aux côtés de maisons anciennes éventrées, entre deux grues. C'est dans cet univers à la *Mon oncle*, le si joli film de Jacques Tati, que mes parents emménagent, lorsque je fais mon entrée à l'école.

J'ai peu de souvenirs, sinon heureux, de la maternelle que je ne fréquente qu'en dernière année : un poêlon décoré d'un oiseau soigneusement conservé par ma mère, et la vague image de ces expositions d'objets confectionnés pour la plus grande, mais seule joie des parents.

À l'école élémentaire, je perçois une première tension. Deux générations d'instituteurs se côtoient alors : ceux qui approchent de la retraite et ont été formés à la fin de la IIIe République ; ceux qui viennent d'entrer dans la carrière, une génération plus jeune que celle de mes parents et qui ont vécu Mai 1968. Tout cela forme un cocktail détonnant dans le rapport aux élèves : le directeur peut ainsi prendre une petite fille sur ses genoux en chantant une comptine célèbre, sous le regard réprobateur d'une jeune maîtresse. Les uns et les autres cohabitent, dans une juxtaposition de pratiques très diverses d'une classe à l'autre.

La méthode de lecture avec laquelle j'apprends à lire illustre cet entre-deux pédagogique d'une école qui se cherche. *Daniel et Valérie*, manuel de 1964, est l'un des derniers à raconter une France rurale et traditionnelle, les travaux des champs et les saisons rythmant les aventures des deux jeunes héros. Elle n'en reflète pas moins les évolutions didactiques du temps, puisque l'éditeur précise qu'il s'agit d'une « méthode mixte à départ global ». Selon ses convictions, l'enseignant peut orienter l'apprentissage vers le « global » ou vers le « syllabique »[1] : un même manuel mais des pratiques ainsi très contrastées selon les classes.

De fait, l'école de mon enfance tâtonne. Elle accueille bien tous les élèves. Mais elle n'est plus dans la certitude du primaire de Ferdinand Buisson et de Jules Ferry, ni des petites classes des lycées. L'époque a changé, avec un dessein démocratique louable et généreux, mais

---

1. Voir p. 53.

l'école n'a pas fait sa mue. Elle ne s'est pas adaptée à la réunion des publics, ceux issus du peuple et ceux issus de la bourgeoisie, et ses professeurs enseignent d'abord selon la formation reçue et selon leurs conceptions personnelles – marquées par des effets de génération. Dès l'école primaire, j'ai ainsi la très nette sensation d'être ballotté, au gré des années et des professeurs, entre des méthodes classiques, très structurées mais très « descendantes », et des approches plus modernes, post-68, plus libérales – disons « socioconstructivistes ».

Avec le recul, plus préoccupant que ce va-et-vient pédagogique me semble être le désintérêt de la plupart de mes professeurs pour le « feed-back » de leur enseignement. Les besoins d'un public toujours plus hétérogène ne sont pas véritablement pris en compte : dans leur très grande majorité, même lorsqu'ils adhèrent aux thèses pédagogiques les plus progressistes, les professeurs considèrent que c'est à l'élève de s'adapter, et non à eux. Le cancre est renvoyé à ses propres manques : travail insuffisant, attention défaillante, faiblesses intrinsèques. Et tout élève en échec est d'abord considéré, non comme le produit de pratiques mal adaptées à ses besoins, mais comme inadapté au système.

L'année du CE1, je suis dans la classe de l'institutrice considérée par tous les parents comme la meilleure de l'école. C'est sa dernière année d'enseignement. Extrêmement rigoureuse, elle a à cœur de faire réussir selon ses critères chacun de ses élèves. La belle graphie fait partie de ses exigences. Je suis à l'aise avec la lecture et l'écriture. Mais la calligraphie n'est pas mon fort. L'institutrice, avec la meilleure volonté du monde, souhaite y remédier. Chaque jour, la tension monte d'un cran. Au début de l'affrontement, j'essaie encore de bien faire. Mais ce n'est jamais assez bien et je vois bientôt mes récréations supprimées au profit de lignes à reproduire en rangs serrés, et d'études à rallonge. Pendant ce temps, j'entends mes petits camarades jouer, goûter, crier dans la cour. Ma mère me demande de fournir plus d'efforts, la maîtresse déchire mes devoirs – à refaire !

Et l'enfant de 7 ans que je suis réagit. J'aurais bien aimé écrire correctement, après tout, c'est toujours mieux de ne pas se faire remarquer. Mais malgré mes tentatives, le résultat est toujours identique. Je décide alors de tenir tête. On pourrait me battre comme plâtre, me hurler dessus, me tuer même, j'ai décidé : jamais je n'écrirai comme on me le demande. Ce sera mon étendard. Comme le Genet de Sartre, je serai ce qu'on a décidé que j'étais, un mauvais scripteur. Lors d'une remise de devoir à nouveau à refaire, je me lève, rageur, file vers le bureau de la maîtresse et déchire mon cahier en hurlant que désormais, c'est terminé, je ne ferai plus ces exercices.

La bonne dame en reste interdite, comme la classe, du reste. Il y a confrontation, excuses, mais j'obtiens ce que je veux, on ne me reprendra plus sur la graphie. Cela me jouera des tours par la suite et bien sûr, l'institutrice avait raison sur le fond. Combien de fois on me reprochera mon écriture de médecin pressé ou de gaucher contrarié, et combien il sera toujours difficile de me relire pour ceux qui s'y emploieront… Mais l'approche retenue ne convenait pas à l'enfant que j'étais. On ne gagne rien à cabrer un élève.

Malgré ces premières alertes, j'apprends globalement sans difficultés majeures et mes souvenirs d'écolier sont plutôt empreints de nostalgie et d'insouciance.

Il n'en est pas de même des années collège.

En cette rentrée 1977, pour la première fois se retrouvent ensemble, au collège Pierre-et-Marie-Curie du Pecq, tous les élèves des écoles du secteur, même si le jeu des langues et des options permet de reconstituer habilement des classes de niveau. Les germanistes sont en 6e A. Mes parents n'étant pas au fait de ces subtilités et considérant l'anglais comme la langue la plus utile, je suis en 6e lambda.

Dès les premiers jours, je décroche, entre incompréhension et ennui. Un ennui qui ne me quittera jamais plus au cours des quatre années passées au collège. Soit les objectifs ne sont pas assez ambitieux, et je ne m'intéresse pas au contenu de cours qui ne présentent que très peu d'intérêt à mes yeux. En français, on passe ainsi d'un enfant à l'autre, de *L'Enfant et la Rivière* de Bosco à *L'Enfant noir* de Camara Laye : cette littérature, censée mieux répondre à nos centres d'intérêt, ne me parle pas. Soit les attentes sont déraisonnables, et je ne comprends rien. Les mathématiques sont mon pire cauchemar : des ensembles, des bases de numération et des cours jargonnants – bien loin du calcul mental et des problèmes de l'école de Jules Ferry, qui ont constitué mon quotidien d'élève avant la 6e.

Est-ce l'introduction des mathématiques modernes qui m'a fait rejoindre la cohorte de ceux qui ont détesté les maths ? Sans talent inné pour cette discipline, aux prises avec une méthode mal comprise par les professeurs eux-mêmes, j'étais voué à l'échec. Sans doute les intentions de ceux qui avaient promu cette approche étaient-elles louables : améliorer le niveau scientifique de la population, intégrer à l'enseignement les apports de la recherche en pariant sur le renforcement de l'abstraction dès les petites classes ; et aussi, *in petto*, le souhait obscur d'enseigner la discipline de façon à égaliser les conditions, puisque les parents les mieux intentionnés ne comprennent rien, eux non plus, à cette nouvelle mathématique.

Mais comme souvent, la volonté d'aller vite, couplée à un manque de moyens, a conduit l'institution et des milliers d'élèves à l'échec. Entre 1966 et 1973, avec la volonté de moderniser l'enseignement des sciences pour répondre à une concurrence accrue entre pays, le ministère Fouchet lance une commission présidée par André Lichnerowicz[1] : celle-ci fera des préconisations lourdes de conséquences pour les acquis de plusieurs générations, comme la fin de l'enseignement des quatre opérations à la fois dès le CP, et un enseignement des mathématiques fondé sur l'axiomatique[2] et sur la théorie

---

1. Mathématicien français (1915-1998), membre de l'Académie des sciences. Il préside de 1966 à 1973 une commission ministérielle qui aura une influence considérable sur l'enseignement des mathématiques en France en introduisant les « mathématiques modernes ».

2. Les mathématiciens à l'origine des maths modernes ont adopté une présentation axiomatique pour leur traité : il s'agit de rassembler et de structurer

des ensembles[1]. Or cette réforme intervient au moment où le pays affiche l'ambition d'accueillir l'ensemble d'une classe d'âge au collège, avec ce que cela signifie d'hétérogénéité, et alors que 40 % des professeurs de mathématiques sont non titulaires, c'est-à-dire sans formation[2].

Un changement aussi brutal ne pouvait conduire qu'au pire. De mon côté, j'ai appris les mathématiques à l'école primaire comme on les apprenait avant guerre, par une approche très concrète héritée de la IIIe République, et je me retrouve plongé dans le bain structuralo-bourbakiste[3] le plus avant-gardiste au collège. Aucune liaison n'est établie entre les équipes des écoles et celles du collège, et nous faisons les frais d'une véritable tectonique des plaques entre des professeurs formés aux écoles normales et de jeunes professeurs férus de méthodes nouvelles, quand nous ne sommes pas tout simplement confrontés à des enseignants très peu formés.

En langues vivantes, j'arrive à faire illusion, même si la mise en pratique me démontrera plus tard que je suis

---

les axiomes et les principes de base pour fournir une colonne vertébrale aux mathématiques, hiérarchisée par des structures abstraites.

1. La théorie des ensembles est une branche de la logique mathématique qui nous permet d'étudier les ensembles et leurs propriétés. Un ensemble est une collection d'objets ou de groupes d'objets. Ces objets sont souvent appelés « éléments » ou « membres d'un ensemble ».

2. *Bulletin de l'APMEP* n° 522, janvier-février 2017.

3. Le bourbakisme est un courant de pensée qui tire son nom de Nicolas Bourbaki, un mathématicien imaginaire sous le nom duquel se cache un groupe de mathématiciens formés dans les années 1930 en Auvergne et qui tend à formaliser et à unifier les mathématiques au sein de la théorie des ensembles.

incapable de soutenir une conversation. Je rencontre deux méthodes au collège, qui se révèlent tout aussi incapables de me conduire à un bon niveau de locution : en anglais, dès la 6e, une méthode audiovisuelle à la mode dans les années 1970, qui nous conduit à répéter les phrases que le professeur lance avec son magnétophone à bande. Soit une classe de trente élèves découvrant une langue nouvelle à travers quelques images d'une Grande-Bretagne stéréotypée et ânonnant des phrases dont ils ne font que deviner le sens. Si l'exercice n'est pas difficile, il n'en est pas moins inutile, aussi bien pour se débrouiller au cœur de Londres que pour réussir le contrôle, qui évalue des compétences écrites : le décalage entre ce qui est travaillé en classe et ce qui est attendu lors de l'évaluation ne profite alors qu'à ceux qui disposent, à la maison, de solides cours particuliers, ou qui partent chaque été en séjour linguistique. À leurs frais.

En 4e, j'obtiens le droit de m'inscrire en allemand. Le professeur est d'une rigidité caricaturale, en contraste avec le professeur d'anglais dont la jovialité est renforcée par un net accent méridional. À l'inverse du cours d'anglais, il faut tout apprendre par cœur à la virgule près, les déclinaisons, le vocabulaire, on verra plus tard pour les phrases. Au début de chaque cours, un élève est interrogé, et nous tremblons en regardant le crayon à papier pointer la liste des élèves sur le petit carnet de notes. À ce petit jeu-là, je me pique d'être irréprochable : je restitue sagement et impeccablement. J'obtiens ainsi la meilleure moyenne de mon année de 4e, sans être capable de produire une phrase en allemand. Mais je peux encore aujourd'hui réciter des pans entiers de prépositions dans l'ordre requis, sans être plus capable de demander mon chemin à Berlin que je ne l'étais à Londres.

Non que le par cœur n'ait ses vertus. Mais lorsqu'il confine au psittacisme, à la reproduction automatique de sons sans que jamais le sens soit convoqué, il atteint vite ses limites.

Pendant quatre longues années, mes notes flirtent donc avec les abysses, fruit d'une incapacité à fixer mon attention et à comprendre ce qui est demandé. Le décalage entre ce que nous travaillons en classe et les exercices proposés lors des contrôles pénalise aussi, sans que nos professeurs s'en aperçoivent, ceux qui n'ont que l'école pour réussir. Près de cinquante ans plus tard, cette distorsion me choque toujours quand j'observe un temps de classe majoritairement consacré à réaliser des exercices simples, mais des évaluations qui vont bien au-delà, proposant des tâches complexes, que seule la mobilisation de prérequis acquis hors de l'école permet de traiter.

Heureusement, la réforme Haby a prévu mon cas : nous nous retrouvons en petits groupes pour le soutien, pendant que ceux qui réussissent approfondissent leurs compétences. Je suis incapable de parler de ce qui se passait en « approfondissement », puisque, sur l'ensemble de ma scolarité au collège, je ne me suis jamais retrouvé qu'en « soutien ». Là, on pouvait mesurer comme on était nul. On nous donnait des exercices à notre niveau, d'une simplicité extrême, que l'on réussissait. Mais le retour en classe était brutal : les réelles exigences des programmes n'avaient pas cours dans ces groupes de « soutien », et les exercices semblaient tomber de la lune, avec toujours comme résultat des notes au-dessous de la moyenne. Ma mère, qui se serait rêvée institutrice, me renvoyait au *Bled* et au *Bescherelle* : mais ces exercices, bien qu'intemporels, ne correspondaient pas non plus à ce qui était attendu en classe. J'en étais plus déboussolé encore.

Dans mon souvenir, c'est à partir de la 5ᵉ que je commence vraiment à plonger, avec une accélération en 4ᵉ et surtout en 3ᵉ. Perdu au milieu de consignes et de pratiques dont je ne comprends pas le sens, je me raccroche à l'enseignement de quelques professeurs charismatiques et engagés, aux méthodes pourtant loin d'être, *a priori*, les plus efficaces.

En 6ᵉ, la professeure, issue du primaire, sans doute une « PEGC[1] », nous enseigne à la fois le français et l'histoire-géographie. Chaque semaine les élèves préparent un exposé sur le thème de leur choix. Une semaine sur l'Égypte antique, une autre sur le fennec. Nous sommes absolument libres du sujet, des modalités de présentation, du support… : une caricature du socioconstructivisme, qui laisse l'élève libre de choisir et de construire en autonomie ses apprentissages et ses savoirs ! Paradoxalement, cet enseignement peu structuré, *a priori* mal adapté aux élèves les plus en

1. Les professeurs d'enseignement général de collège sont un corps créé en 1969. Ils sont des professeurs de cours complémentaire devenus, après la réforme Berthoin de 1959, professeurs de collège d'enseignement général. Ils rejoignent le collège unique en 1975.

difficulté, nous motive : tous les collégiens se donnent beaucoup de mal pour présenter à la classe leur thématique préférée. Je me souviens notamment d'une maquette, entièrement réalisée en carton, qui offrait une reproduction de la Vallée des rois plutôt fidèle. Les acquis de cette histoire un peu « décousue » restent certainement modestes, mais nous aimons ce cours, et nous passons des heures à la bibliothèque, ou chez les uns et les autres, à construire un exposé qui surprendra nos camarades.

Dans l'année qui suit, le retour à une verticalité tout académique est donc rude et fait renouer nombre d'entre nous avec le zéro pointé, en la figure d'une jeune et sévère professeure de lettres : férue de culture littéraire classique, elle aurait pu nous passionner si elle n'avait pas aligné ses attentes et ses méthodes sur celles du lycée. Dans les comédies de Molière présentées façon « préparation au baccalauréat », le comique du genre nous échappe complètement, d'autant plus que la dame pique de grosses colères, nous trouvant nuls et paresseux. Le cours n'est que la partie émergée de ce qui est nécessaire pour comprendre. Il faut un travail préparatoire à la maison pour lequel beaucoup d'entre nous ne disposent d'aucun soutien. La pièce doit être lue en amont du cours, celui-ci consistant ensuite en un long monologue d'analyse grammaticale, dont nous ne comprenons ni les tenants, ni les aboutissants. Les notes tombent, infamantes, au grand désespoir de ma mère surtout, qui se demande comment son fils peut à ce point détester la lecture en général et les pièces classiques en particulier. Malgré la qualité des œuvres proposées, le manque de sens et de guidage nous conduit tout aussi sûrement à l'échec.

Il y a peu de moments de grâce au collège. Les séances de théâtre proposées par le principal adjoint, un ancien instituteur en fin de carrière, en sont un. Moi qui ai le plus grand mal à me mettre à mes devoirs, pour qui chaque heure de cours est une épreuve, je sacrifie sans regrets mes récréations et pauses déjeuner pour rejoindre la petite troupe. J'apprends par cœur et répète durant des heures, afin de parvenir à la meilleure interprétation de mon personnage. Dans *Marius*, je suis un M. Brun convaincant l'année de 5e. En 3e, c'est *Un ennemi du peuple* d'Ibsen que nous avons la chance de monter dans la belle salle des fêtes du Pecq. Cette pratique vivante et incarnée nous permet de comprendre les rapports entre les personnages, le contexte, les émotions, avec beaucoup plus de profondeur et d'incarnation qu'un cours sur la pièce. Et quelle fierté d'être applaudi par mes parents dans le réfectoire du collège, alors même que les alertes se multiplient sur mes bulletins !

Au cœur du fiasco de ma scolarité de collégien, j'éprouve cependant une passion pour l'histoire, révélée dès mes plus jeunes années, et que je tiens de mon père. On ne manque alors jamais une émission de *La Tribune de l'histoire* sur France Inter, le samedi soir. Alain Decaux, de l'Académie française, André Castelot et Jean-François Chiappe nous font entrer dans l'intimité d'une histoire certes grand public, mais qui donne le goût de notre pays, entre dramatique radiophonique et débat enflammé qui s'ensuit entre nos trois compères et leur invité. Du mystère de l'enfant du Temple à l'affaire du collier de la reine, la Révolution, l'Empire et la République défilent au rythme des années dans un parfum de roman national dont j'ignore le sens. Pas plus que je ne sais alors qu'André Castelot a un passé collaborationniste et que Jean-François Chiappe est monarchiste. Comme d'autres, ils avaient sans doute bénéficié du voile pudique et réconciliateur gaulliste, paravent des questions qui fâchent. Alain Decaux avait par ailleurs créé la Société des amis d'Alexandre Dumas pour sauver le domaine de l'auteur des *Trois Mousquetaires*, situé en surplomb de la Seine, à Port-Marly. Au printemps, nous nous rendions ainsi, en voisins, au salon d'écrivains dont les droits étaient reversés pour restaurer le château. Je rentrais, tout ému d'avoir pu échanger avec Alain Decaux, un volume de mon grand historien sous le bras, relié papier façon cuir et dédicacé.

Fort de ces séances familiales, je me pique donc de quelques connaissances historiques et veux au moins briller dans cette discipline. Las, il me suffit de reprendre la professeure qui nous explique que Louis XVI était un benêt (j'avais bien retenu que c'était un homme des Lumières maîtrisant plusieurs langues et la topographie) pour me faire remettre à ma place d'élève et récolter d'aussi mauvaises notes qu'ailleurs. Mon histoire vulgarisée n'est pas celle de l'institution. Ce sera ma première et unique révolte de collégien : car si j'ai bien intériorisé la responsabilité de mon échec, convaincu que je ne dois pas être fait pour cela, je suis un élève bien élevé, qui ne répond jamais aux professeurs.

Après quatre années interminables à intégrer l'idée que je suis nul, l'année de 3e est celle de l'orientation-sanction. Dire que c'est une surprise serait exagéré : mes notes sont faibles et la professeure principale me regarde comme un cas désespéré, l'empathie en plus car je ne suis pas pénible. Non, simplement, je ne suis pas fait pour l'école.

Le problème, c'est que je ne suis pas non plus doué de mes mains, accumulant des notes tout aussi désespérantes en éducation manuelle et technique. Ma mère, convoquée à de multiples reprises, ne m'imagine pas en filière professionnelle. L'équipe de professeurs non plus, qui ne sait que faire de cet élève gentil mais ne présentant aucune appétence. Mon père n'a rien contre une carrière de plombier, mais à condition que je le souhaite. Au fond, à part l'histoire, rien ne m'intéresse. Je me verrais bien en Richelieu, dans l'habit duquel j'aimais me déguiser petit, laissant à mes camarades le privilège d'être mousquetaires. D'où mon émotion, quarante ans plus tard, lorsque je me suis retrouvé face à face avec mon grand homme, portraituré par Philippe de Champaigne.

Mais je sais en mon for intérieur que ces fascinations sont un peu éloignées de la réflexion sur l'avenir professionnel qu'on m'incite alors à engager. Finalement, mon jeune âge me sauve : on conclut collectivement, avec soulagement, au manque de maturité et au redoublement.

J'ai alors une intuition, sinon une certitude : si je veux réussir, je ne peux rester dans ce collège. Non qu'il soit plus mauvais qu'un autre : mais on ne change pas le plomb en or en s'acharnant à remettre sur le métier des méthodes qui ont échoué. Il me faut un univers où je serai un peu plus aidé, avec des études, comme à l'école primaire. L'idée de l'internat fait son chemin, et je fais ma nouvelle rentrée en 3e comme pensionnaire, dans un établissement privé laïc.

Un déclic s'opère lors de ce redoublement. Une prise de conscience. Et la rencontre de professeurs exceptionnels, notamment en français. M. Lopez m'ouvre à la littérature comme on donne goût aux voyages. Je ne sais rien de ses titres et peut-être en a-t-il moins que les professeurs du collège d'où je viens. Mais en une année, il me fait découvrir plus que dans les quatre précédentes. Chaque trimestre, un genre, théâtre, roman, poésie. Chaque mois, une œuvre, un grand classique, abordé comme si l'on déployait un univers entier, une époque, un style. *Polyeucte*, *Andromaque*, *Dom Juan*, *Le Lys dans la vallée*, *Le Rouge et le Noir*, *Germinal*, *Les Regrets*, *Les Contemplations*, *Les Illuminations*. Tout est lumineux dans les explications qu'il prodigue. Tout fait sens, de l'époque évoquée aux œuvres d'art convoquées. Les vers explosent dans leur beauté originelle et je ne mets pas longtemps à lire par moi-même quantité d'autres œuvres, tant j'en éprouve la curiosité, par la force de ce cours vivant, alerte et incarné.

À quoi tient le cours des choses ? Une année auparavant ma mère se désespérait de me voir ne rien lire, et je lui demande désormais de m'acheter livre sur livre. L'année suivante, en 2de, au lycée public de Clamecy où je rejoins mes parents pour cause de mutation professionnelle de mon père, j'ai encore la chance de croiser une exceptionnelle professeure de lettres. Pascale Lambert. Elle me fait découvrir la poésie contemporaine[1] qui ne m'a dès lors plus quitté. C'est également elle qui m'indique la possibilité de suivre une scolarité post-bac en classe préparatoire littéraire, formation dont, comme mes parents, j'ignore alors complètement l'existence. À partir du lycée, je suis ainsi globalement remis sur les rails : toujours obtus aux mathématiques, mais révélé en lettres, j'arrive à décrocher, trois ans plus tard, un baccalauréat littéraire assorti d'une petite mention. Je suis temporairement sauvé.

1. Elle a publié en 2015 un recueil de poèmes, *Les Enfants de Sarcelles* (Paris, SOS Éducation, 2015), inspiré de son expérience de professeure en banlieue parisienne.

2

Dans le secret de la classe...

De ce parcours qui m'a conduit cahin-caha jusqu'au baccalauréat, j'ai tiré la conviction que la relation maître-élève était le noyau dur de la mince frontière qui sépare une scolarité réussie d'un échec. La qualité de cette relation repose en grande partie sur le talent personnel et sur l'engagement de l'enseignant. Mais un ministère fort de plus de 800 000 professeurs ne peut compter sur la seule intuition pédagogique et sur l'investissement individuel : il doit ainsi veiller à ce que chaque professeur soit correctement outillé, d'un point de vue didactique et pédagogique, pour délivrer un enseignement efficace.

Pourtant, dans la succession effrénée des réformes de l'Éducation nationale, presque aucune ne pénètre dans le cœur de la relation pédagogique. Faut-il faire travailler les élèves le mercredi matin ? Le baccalauréat doit-il prendre en compte le contrôle continu ? Faut-il supprimer le diplôme national du brevet ? Des questions « organisationnelles » sans fin, qui ne sont pas sans impact sur la réussite des élèves, mais qui masquent le vrai problème, celui des méthodes employées dans la classe. Même les réformes des programmes contournent habilement cette question, s'attachant davantage aux contenus (ce que l'on doit enseigner) qu'aux méthodes (le « comment enseigner »).

Ainsi tous les projets de réforme s'arrêtent-ils prudemment au seuil de la classe, comme si la liberté pédagogique des professeurs interdisait qu'on y pénétrât. On s'écharpe par médias interposés sur la place de la Première Guerre mondiale dans le cursus de l'élève (en fin de 1re ? en début de terminale ?) mais on ne s'inquiète guère des démarches qui conduiront l'élève à en retenir quelque chose ou non. À quelques exceptions près, l'apprentissage de la lecture par exemple, la pertinence des méthodes d'enseignement est rarement mise sur le tapis par l'institution, qui y voit un sujet de fâcherie avec les professeurs. Les inspecteurs, prescripteurs au seul pouvoir de persuasion, restent prudents, n'ayant pas la « force de frappe » pour imposer quoi que ce soit. Et les familles n'entrent pas dans ces questions de « spécialistes », attendant seulement que les cahiers soient bien remplis et le travail donné à la maison, imposant, tous signes du sérieux du professeur.

Pourtant, pour un enfant qui passe vingt-quatre à trente heures hebdomadaires devant un ou plusieurs professeurs, la réussite ne se joue pas dans la modification des épreuves du baccalauréat ou dans le choix d'une semaine sur quatre ou cinq jours. Ces arbitrages participent du succès d'une scolarité. Mais ils ont beaucoup moins d'impact que la qualité de la réflexion didactique et pédagogique de chaque professeur, notamment pour les élèves les plus fragiles.

Qu'une méthode soit efficace ou non, un élève présentant des facilités ou aidé à la maison s'en sortira. Mais l'élève lambda, celui qui vient de nulle part et ne présente aucune disposition particulière, est entièrement dépendant de la relation qui se noue avec le professeur. Si je n'avais pas rencontré une poignée de pédagogues exceptionnels dans des styles pourtant très différents, soucieux des effets de leur enseignement, j'aurais rejoint la cohorte des élèves exclus du système. Tant mieux pour moi, mais une école moderne ne peut compter sur le seul hasard des rencontres pour faire réussir l'ensemble des élèves ! Face à l'échec de masse, face à la difficulté de fixer l'attention des élèves, nombre de professeurs ne ménagent pas leurs efforts pour proposer des approches innovantes et différenciées, adaptées à chacun. Mais que peuvent-ils individuellement, si cette ambition n'est pas partagée ?

Bien qu'elle s'en défende, l'institution reste frileuse à porter la question des méthodes auprès de ses personnels. Le totem de la liberté pédagogique, certaines expériences passées malheureuses et l'autoritarisme de quelques cadres idéologues, qui sont restés comme autant de traumatismes dans l'esprit des professeurs, ont rendu le système extrêmement prudent en matière de prescription pédagogique. Au risque que cette neutralité finisse par être synonyme de vide.

Dans le second degré, principaux et proviseurs, pourtant désignés par les textes comme les premiers pédagogues de l'établissement, ne se sentent pas légitimes dans ce rôle de pilote, qu'une majorité d'enseignants leur contestent. En effet, pour beaucoup de professeurs, c'est d'abord la maîtrise d'une discipline à haut niveau qui crée l'autorité et la légitimité. Or, même si nombre de chefs d'établissement ont été professeurs, ils sont perçus comme des « administratifs » et c'est comme s'ils perdaient avec leur statut le droit de porter une parole pédagogique. La plupart ne savent que par des « signaux faibles » ce qui se passe dans les classes, le nombre d'élèves renvoyés de cours, les plaintes ou les louanges des parents exprimés lors des conseils de classe. Ils n'osent y entrer qu'à l'occasion des rares visites d'inspection. Or, en 2022, on recensait 3 518 personnels d'inspection, premier et second degrés confondus, pour 853 682 enseignants, soit un inspecteur pour 243 professeurs : à raison de 80 visites par an, fourchette haute pour un inspecteur, dont les tâches se sont diversifiées, un professeur ne peut matériellement pas être visité plus d'une fois tous les trois ans. Et c'est une version très optimiste. Entre-temps : rien. Et dans les faits, le nouveau mode d'évaluation des professeurs mis en place en 2017 conduit à des « rendez-vous de carrière » de fréquence moindre encore, notamment pour les personnels les plus âgés[1].

On croit souvent, et j'ai été de ceux-là, que la crise de l'école tiendrait à l'introduction, à partir des années 1970,

1. Dans les faits, un professeur est plutôt inspecté une fois tous les sept ans.

de méthodes pédagogiques trop libérales, inspirées des thèses de Mai 1968. Portées par des idéologues, elles se seraient substituées à une transmission structurée et efficace des contenus, conduisant à une baisse globale du niveau des élèves. Centrée sur les besoins de l'enfant plutôt que sur la transmission des connaissances, l'école serait devenue laxiste et aurait renoncé à l'exigence intellectuelle.

La baisse des exigences est bien réelle. Mais elle est pour l'essentiel le fruit d'une interprétation erronée de la massification. S'adapter aux « nouveaux publics » a conduit certains enseignants et certains cadres à revoir leurs objectifs à la baisse, comme s'il était intrinsèquement impossible de faire accéder les petits enfants du peuple à la culture « classique », elle-même discréditée aux yeux des modernistes les plus convaincus.

Les performances globales très moyennes de l'école française sont aussi une réalité. Et il ne faut pas nier les délires pédagogiques de quelques-uns, appuyés parfois sur les meilleures intentions du monde. Mais la réalité des établissements est plus complexe : contrairement à ce que voudraient faire croire certains éditorialistes, il ne se joue aucune guerre entre « anciens » et « modernes » au sein des écoles, et les professeurs ne se positionnent pas comme « pédagogistes » ou « républicains » lorsqu'ils élaborent leurs cours. Tout au plus trouve-t-on quelques idéologues zélés et isolés parmi les cadres, dont la rencontre peut être douloureuse pour un professeur, mais dont l'impact reste faible : un chef d'établissement peu habile en la matière ne tient pas longtemps face à des équipes déterminées et la parole d'un inspecteur trop prescripteur est vite oubliée.

Sur le terrain, on est en réalité très loin de ces querelles médiatiques. Au-delà de quelques professeurs très engagés dans une démarche et qui le font savoir, la grande majorité d'entre eux pratiquent une forme d'« artisanat ». Largement livrés à eux-mêmes, ils tâtonnent, expérimentent, et construisent leur enseignement au gré de leurs échanges et rencontres. Le large succès des « tutoriels » auprès des jeunes professeurs en dit long sur ce qu'ils recherchent : des cours « clés en main » et des trucs et astuces pour tenir sa classe. Ce n'est pas condamnable en soi, mais cela ne peut suffire.

Si nous voulons élever le niveau des élèves et sortir du bricolage que chacun tente dans sa classe, avec plus ou moins de succès, il faut commencer par renforcer la connaissance des méthodes pédagogiques, de leur histoire, et de leurs performances comparées.

Parent pauvre de l'institution, la formation des maîtres, qu'elle soit initiale ou continue, ne laisse guère de place à la constitution de ce corpus théorique. Si tous les concours de recrutement de l'enseignement secondaire accordent une place à la didactique et à la pédagogie, le cœur de leurs épreuves reste ancré dans la maîtrise d'une ou de plusieurs disciplines. Le cursus antérieur des étudiants qui se présentent au concours y est pour beaucoup : centrée sur la maîtrise de contenus spécialisés, la formation universitaire fait peu de place à l'exposé des courants pédagogiques et à leur déclinaison dans les classes. Largement plébiscité, au regard d'une formation dans les instituts nationaux supérieurs du professorat et de l'éducation (Inspé) jugée déconnectée du terrain, le tutorat par les pairs, rassurant pour le professeur débutant, a aussi son revers : un apprentissage du métier exclusivement par mimétisme, fondé sur les seules observations réalisées lors de sa première année d'exercice, quelle qu'en soit la qualité.

Une fois l'enseignant titularisé, celui-ci peut très bien ne plus jamais croiser un formateur, sauf en période de réforme. Presque exclusivement fondée sur le volontariat, la formation continue propose des stages « didactiques », mais au compte-gouttes au regard des enjeux : tout au plus quelques journées par an. Et ils sont largement moins appréciés par les enseignants que les journées permettant d'enrichir sa formation disciplinaire : beaucoup de professeurs voient ainsi dans les stages d'approfondissement disciplinaire l'occasion de renouer avec le monde universitaire, celui des « adultes » et de leur âge d'or d'étudiants.

Vouloir enrichir ses connaissances disciplinaires est plus que légitime : sans une parfaite maîtrise des contenus, on n'enseigne rien. Mais ce n'est plus suffisant. D'autant que l'établissement n'est, paradoxalement, pas vraiment un lieu d'échanges pédagogiques entre pairs, lesquels pourraient compenser une formation institutionnelle insuffisante. Le conseil pédagogique, qui a mis près de vingt ans à se mettre en place dans certains établissements, n'est que rarement un espace de débat pédagogique. Il va servir d'abord à régler des questions opérationnelles ou à réfléchir dans une relative précipitation à la mise en œuvre d'une réforme vécue comme subie. De même, les conseils d'enseignement, entre professeurs d'une même discipline, servent d'abord à répartir les services entre enseignants ; tout au plus conduisent-ils à la préparation de devoirs communs, beaucoup plus rarement, à la construction de séquences de cours partagées.

Je ne dis pas qu'il n'y a pas de réflexion pédagogique au sein des établissements : mais je déplore qu'elle repose presque exclusivement sur les affinités personnelles, sur les échanges informels en salle des professeurs, et souvent uniquement entre professeurs d'une même discipline. On s'ouvre à certains collègues, de confiance, de ses difficultés de mise en œuvre d'une thématique ou d'une notion. Mais il est rare qu'on sollicite l'inspecteur, le conseiller pédagogique ou même le chef d'établissement sur un problème pédagogique. En cause, le caractère très individualiste de l'enseignement à la française : la classe est une « boîte noire », dans laquelle nul ne pénètre sinon son professeur attitré. Et la crainte du regard extérieur est fortement ancrée, au sein d'un système éducatif qui met davantage l'accent sur les erreurs que sur les réussites : c'est vrai pour les élèves, c'est tout aussi vrai pour les personnels.

Résumons : l'enseignant français, qui jouit d'une liberté pédagogique presque totale, ne bénéficie ni d'une formation initiale solide, ni d'un accompagnement au long cours lui permettant de tester et de renforcer l'efficacité de son enseignement. Cette liberté, systématiquement invoquée, n'est donc qu'un leurre. Et la « confiance accordée au terrain » par l'institution, une démission de fait, notre système éducatif naviguant pédagogiquement à vue, au mieux sans direction donnée, au pire selon des injonctions contradictoires d'une période à une autre. L'enseignement repose en fait principalement sur le talent individuel et sur la réflexion personnelle des uns et des autres. C'est ce flottement que j'ai connu, élève, et qui se perpétue aujourd'hui.

Renforcer l'outillage pédagogique des enseignants est une priorité. Mais jusqu'à quel point faut-il être prescriptif ? Faut-il bannir certaines méthodes, dont la science nous indique qu'elles produisent des contre-performances ?

Le débat sur l'apprentissage de la lecture est le plus emblématique. Cette bataille de « spécialistes », très médiatisée, ne reflète pas le quotidien des professeurs des écoles : loin d'être « polarisés » entre adeptes de la « syllabique » (ou de l'alpha-syllabique, plus exactement) et thuriféraires de la « globale » (ou idéo-visuelle dans le jargon des pédagogues), la quasi-totalité des enseignants de CP « naviguent » entre différentes méthodes mixtes, sans entrer dans ce débat qui passionne l'opinion publique. À noter que cette navigation à vue n'est pas sans écueils : en témoigne le retard pris dès le départ en lecture-écriture.

Disons quelques mots de ces deux approches. Remontant à la Grèce et à la Rome antiques, la méthode syllabique repose sur le décodage progressif et systématique des lettres et des syllabes. Les élèves apprennent d'abord l'alphabet, puis des syllabes simples, puis des combinaisons de lettres de plus en plus complexes. C'est le célèbre b.a.-ba, qui deviendra la méthode quasi officielle d'apprentissage de la lecture à la fin du XIXe siècle. L'école de Jules Ferry la retient parce qu'elle est reconnue pour ses résultats. L'association entre son et graphie permet aux enfants de décoder sûrement. Dans quel but ? En faire de bons lecteurs capables de comprendre ce qu'ils lisent, condition *sine qua non* pour qu'ils deviennent de futurs citoyens de la jeune République.

La méthode dite globale, qui apparaît au début du XXe siècle, s'inscrit, elle, dans le mouvement de l'Éducation nouvelle, qui naît à la fin du XIXe siècle mais prend son essor après la Grande Guerre, dans une logique associant quête démocratique, émancipatrice et pacifiste. Dans la perspective d'échapper au laborieux décodage pour aller immédiatement au sens, la méthode globale privilégie la mémorisation du mot entier voire de la phrase grâce à une image ou à une devinette. Comme souvent lorsqu'une méthode nouvelle émerge, la méthode globale naît de la volonté de rechercher des solutions pour les enfants en difficulté, et même parfois les élèves les plus en difficulté sur le plan cognitif. C'est dans cette perspective qu'Ovide Decroly, pédagogue belge, la formalise, dans les années 1900, en partant du postulat qu'il captera plus facilement l'attention de l'enfant. Ce dernier retiendra d'autant mieux un mot qu'il sera en rapport avec ses centres d'intérêt. Allant plus loin encore, Jean Foucambert promeut dans les années 1970 la méthode de lecture « idéovisuelle ». L'apprentissage de la combinatoire est rejeté au profit d'une mémorisation des mots dans leur globalité. L'enfant les photographie, sans apprendre à reconnaître les lettres et les syllabes. C'est cette méthode qui sera beaucoup décriée et jugée responsable de l'effondrement du niveau de lecture en France : dans les faits elle sera abandonnée dès les années 1980 et jamais réellement portée nationalement.

Car en réalité, les méthodes vont se combiner, avec toutes les nuances possibles, dès les années 1950. Avec l'après-guerre, le système éducatif, qui doit relever le défi d'accueillir les enfants de la massification scolaire, entre dans un foisonnement d'approches qui s'apparente à une véritable dérégulation méthodologique au sein d'une institution qui, depuis la IIIe République, organise à Paris l'ensemble des enseignements et de la pédagogie. Et, comme souvent lorsque l'on introduit de nouvelles méthodes, la formation des maîtres peine à suivre, et les élèves peuvent faire les frais de démarches moins assurées. C'est ainsi que commence une bataille des méthodes de lecture qui va durer des décennies, entre postures et caricatures, querelle entre une approche mécaniste « rébarbative » et un « laxisme » irresponsable, opposition entre déchiffrage et compréhension.

Aujourd'hui, les recherches sur le fonctionnement du cerveau et l'apport des neurosciences nous donnent des indications claires sur les méthodes qui fonctionnent pour le plus grand nombre d'enfants. En matière d'apprentissage de la lecture, les recherches effectuées par Franck Ramus mettent clairement en évidence la supériorité des approches phoniques, à savoir l'association du son et de l'écriture. Contrairement à l'oral, familier à notre cerveau depuis 200 000 ans, l'écrit est beaucoup plus récent, inventé il y a seulement un peu plus de 5 000 ans. Lire n'est pas naturel car l'écriture est trop récente pour avoir pu être automatisée par notre cerveau. Voilà pourquoi l'apprentissage de la lecture comme de l'écriture ne peut se développer spontanément. L'apprentissage de l'écrit est même l'un des plus complexes qui soient, et nécessite un effort immense de la part de l'enfant. Dans une langue alphabétique comme le français, le décodage des mots s'appuie sur la connaissance du code alphabétique. Il faut en effet apprendre la correspondance entre les sons de la langue, les « phonèmes », et les signes graphiques, les « graphèmes », qui lui correspondent. L'intérêt de cet apprentissage du code est qu'une fois acquis, l'enfant sait reconnaître toutes les combinaisons et devient autonome. Mais pour être pleinement lecteur, il faut savoir passer rapidement d'un enchaînement de lettres au mot et à la phrase. Cette étape d'automatisation de la lecture se met en place progressivement. Plus l'enfant lit, plus se renforce sa capacité à lire et à comprendre ce qu'il lit. C'est ainsi le temps que l'on consacre à l'entraînement à la lecture qui fera la différence de performance en lecture.

Dans ces conditions, on comprend mieux pourquoi la méthode « globale » est condamnée à ne pas fonctionner. Comme l'écrit Stanislas Dehaene dès 2007 dans *Les Neurones de la lecture*, s'appuyant sur l'expérimentation : « C'est l'imagerie cérébrale qui mit en évidence l'effet le plus spectaculaire : l'hémisphère droit s'activait pour la lecture globale, alors que l'attention portée aux lettres activait bien la région classique de la lecture, l'aire occipito-temporale ventrale gauche.

Autrement dit, l'apprentissage par la méthode globale mobilisait un circuit inapproprié, diamétralement opposé à celui de la lecture experte. [...] En effet [la méthode globale] attend de l'enfant qu'il reconnaisse un mot entier – "chaise", "vache", "lapin" – et non ses composantes autonomes, associations de graphèmes et de phonèmes, que l'enfant devra décomposer en lettres et en sons. Or ce sont bien sur ces segments, à commencer par les lettres, que travaille le cerveau, par exemple quand il mobilise ses algorithmes de reconnaissance des visages. Le "b.a.-ba" dont on s'est tant moqué est ce qui permet le mieux d'activer et de recycler les zones cérébrales adéquates. »

Même si on a pu le mesurer empiriquement très tôt, le véritable apport de Dehaene et des sciences cognitives dans la querelle sur la lecture aura été de légitimer scientifiquement la méthode syllabique, en démontrant son efficacité par rapport aux autres. C'est sans doute un moment clé dans l'approche des apprentissages à l'Éducation nationale, que l'on peut comparer au passage à la méthode expérimentale de Claude Bernard en médecine. Jusque-là, chacun avançait ses intuitions au pire, son expérience au mieux, quand ce n'était pas son désir ou son dogme. Il est vrai que, bon an mal an, on apprenait à lire à une grande majorité d'élèves. Mais avec des publics de plus en plus divers, issus de familles qui ne pouvaient compter que sur l'école pour apprendre à lire aux enfants, le recul de la méthode syllabique et l'expérimentation de méthodes globales ou semi-globales ne pouvaient que faire baisser le niveau de lecture de nos élèves. Cet égarement pédagogique de près d'un demi-siècle est une cause centrale du malaise de l'école : mise en accusation des professeurs par la société pour ne pas jouer leur rôle, culpabilité de ces derniers, tiraillés entre des injonctions contradictoires, cercle vicieux de l'échec et de la défiance des élèves et de leurs familles.

Le plus fort paradoxe est peut-être que ces tournants pédagogiques sont toujours négociés avec les meilleures intentions du monde. Ainsi, les tenants de la méthode globale la revendiquent pour les élèves de milieux défavorisés en grande difficulté (parce qu'elle permet effectivement d'augmenter très vite le « sac de mots », que les classes aisées transmettent « naturellement » à leur progéniture), alors même que l'on sait que la meilleure méthode pour tous les élèves, et en particulier pour les plus éloignés de l'école, est précisément la syllabique. Il faudra plus de cinquante ans pour en convaincre l'ensemble de la communauté éducative.

Si l'on repart du manuel de mon enfance, *Daniel et Valérie*, la combinatoire et le déchiffrage restent le fond de la méthode. Mais le départ est global : on commence par une phrase, inintelligible par nature à l'enfant qui ne sait pas lire. J'ai eu de la chance. Mon institutrice a dû largement tirer son enseignement vers le syllabique puisqu'il me semble que vers Noël, je me débrouillais assez bien. Sans compter la stimulation dont j'ai bénéficié, dans une famille où l'on aimait lire. Avec la dénomination « méthode mixte », on peut pointer le curseur plus ou moins vers la méthode globale, avec des dégâts redoutables pour la suite de la scolarité de nombre d'élèves quand sa part est très forte et même des dyslexies acquises dont on se déprend difficilement. C'est pourquoi la formation des professeurs des écoles est essentielle.

Avec les années et le recul pourtant, je ne dirais plus que certaines méthodes d'apprentissage, notamment les moins « guidées », seraient à rejeter par principe. En tant qu'élève, même si les cours très structurés ont sans doute été *in fine* les plus « rentables », je crois que certaines pratiques plus novatrices, laissant une large part à l'initiative individuelle et à la créativité, ont semé en moi quelques graines d'espoir qui m'ont évité de totalement décrocher.

L'année de ma naissance avait été inauguré le CES audiovisuel Louis-Lumière de Marly-le-Roi. Son projet pédagogique, impliquant travail de groupe, individualisation des apprentissages et travail autonome, inquiétait les familles d'élèves de CM2 des écoles avoisinantes. Mes parents ne faisaient pas exception. C'est pourquoi ils ne demandèrent pas de dérogation pour que j'intègre cet établissement, malgré sa proximité géographique et ses effectifs réduits par classe.

Je ne peux leur en vouloir d'avoir choisi une « formule » plus classique et *a priori* éprouvée, mais j'ai toujours pensé que j'aurais peut-être été moins en échec au collège de Marly. Au Pecq, j'ai connu des approches radicalement opposées, allant d'un enseignement directif et structuré, disons « classique », à un enseignement fondé sur la libre découverte des savoirs, appelons-le « constructiviste ». Je serais toutefois bien en peine d'établir une préférence nette entre les unes et les autres : la réussite d'une démarche pédagogique tenait d'abord au professeur qui la mettait en œuvre, à la rigueur de son travail de préparation et à son envie de conduire tous les élèves vers la réussite. En ce sens, une PEGC de lettres-histoire qui nous laissait libres de nos choix d'exposés fut objectivement plus efficace qu'une agrégée de lettres, qui nous transmettait pourtant des contenus plus exigeants.

Toutefois, il est désormais reconnu et prouvé que certaines méthodes d'apprentissage sont plus efficaces que d'autres. Ce qui ne signifie pas qu'elles sont adaptées à tous, et qu'elles doivent être appliquées de manière uniforme. L'institution doit promouvoir celles qui donnent les résultats les plus sûrs, sans s'interdire d'en proposer d'autres, quand celles qui donnent des résultats avec 80 % des élèves n'ont pas fonctionné.

Soucieux d'apporter ma pierre au renforcement des compétences des cadres de l'académie tout en valorisant des méthodes pédagogiques éprouvées, j'ai lancé, lors de ma dernière année à Paris, une sensibilisation à l'enseignement explicite, en invitant pendant quelques jours Steve Bissonnette, spécialiste québécois reconnu dans ce domaine. À rebours du socioconstructivisme, dans lequel la découverte, le tâtonnement et l'autonomie de l'élève tiennent une large place, l'enseignement explicite décrit par Steve Bissonnette prône l'« instruction directe » : pour acquérir une notion ou travailler une compétence nouvelle, l'élève n'est jamais seul, mais étroitement guidé par le professeur. Lors de la première étape, le « modelage », l'enseignant réalise lui-même la tâche devant les élèves, en énonçant les objectifs à atteindre, les prérequis nécessaires et la démarche à suivre. Non seulement il montre ce qu'il faut faire, mais il explique très précisément ce qu'il fait, mettant un « haut-parleur sur son cerveau » : il ne s'agit donc pas de « cours magistral » dans lequel l'élève écouterait et recopierait passivement, sans nécessairement les comprendre, les contenus dispensés par le professeur. Dans un deuxième temps vient la « pratique dirigée », qui vérifie que la démarche a été comprise : des exercices d'application sont proposés aux élèves, qui travaillent sous le regard et l'intervention régulière du professeur pour s'assurer de leur compréhension. Arrive dans un dernier temps la « pratique autonome », quand l'élève réinvestit seul ce qu'il a acquis au cours des deux étapes précédentes. Afin de ne perdre personne, les compétences ou les savoirs qui les composent sont décomposés en éléments simples. La tâche complexe, celle qui mobilise en même temps des compétences et connaissances variées, n'intervient qu'en fin de parcours, lorsque l'élève maîtrise les processus de résolution des tâches simples et a acquis les mécanismes adéquats. C'est exactement l'inverse des pédagogies de la « découverte », qui lui proposent de se confronter seul ou en groupe, sans connaissances ou compétences préalablement apportées par l'enseignant, à une « situation-problème ». Une démarche intellectuellement ambitieuse mais efficace pour des élèves dont le fonctionnement intellectuel est très spécifique, les fameux HPI[1] par exemple,

1. Hauts potentiels intellectuels.

qui appréhendent un problème dans sa globalité : nul besoin de « pas à pas », au risque de les décourager ; ou pour des élèves acculturés par leur milieu social aux exercices scolaires, qui remobilisent immédiatement connaissances et compétences implicitement acquises à la maison.

Je me garderai bien de faire de l'enseignement explicite le remède miracle à l'échec scolaire. Steve Bissonnette lui-même évalue à 20 % la proportion d'élèves avec lesquels la méthode ne fonctionnera pas en première instance : il faudra remettre l'ouvrage sur le métier, en proposant davantage d'étayages, voire des approches différentes. Mais le suivi, depuis plusieurs décennies, d'importantes cohortes, montre que les méthodes les plus directives – entendons les plus guidées par le professeur – sont celles qui fonctionnent avec le plus grand nombre d'élèves, notamment les plus éloignés de l'école. Le Maroc, dont les résultats étaient encore catastrophiques il y a quelques années, a connu une augmentation sensible du nombre d'élèves en situation de réussite à la suite de la mise en place récente d'un plan de développement de l'enseignement explicite. Mais combien de professeurs français, de directeurs d'école, de chefs d'établissement, et même de conseillers pédagogiques ou d'inspecteurs, combien même de ministres de l'Éducation nationale passés et présents connaissent le nom de Steve Bissonnette ou de ceux qui ont popularisé l'enseignement explicite en France ?

Il ne s'agit donc pas de remettre en cause la liberté pédagogique des professeurs en imposant la même démarche partout. Il convient en revanche de la consolider des apports de la recherche, afin que chacun puisse choisir son approche en connaissance de cause. La responsabilisation des professeurs, libres de choisir leur méthode, mais capables de s'en justifier au regard des résultats obtenus, devrait ainsi être au cœur du contrat avec l'institution.

On m'accordera que, pour faire un choix éclairé entre des démarches plurielles, il faut d'abord les connaître très finement, dans leur philosophie comme dans leurs modalités de mise en œuvre. Sans ce préalable, on risque de basculer d'une méthode à l'autre en fonction des modes comme dans un passage des *Caractères* de La Bruyère. On constate ainsi depuis une dizaine d'années un fort engouement pour la « pédagogie inversée » : cette démarche n'est pas sans intérêt, mais mise en œuvre par nombre de professeurs sans formation spécifique, elle produit des résultats aléatoires.

C'est donc au prix d'une formation initiale et continue autrement plus dense, plus rigoureuse et appuyée sur les travaux de la recherche, que nous pourrons sortir de « l'artisanat » pédagogique, qui n'est pas sans intérêt mais dont le succès dépend du talent individuel et du charisme de chaque professeur. C'est aussi en renforçant l'encadrement pédagogique sur le terrain, et en établissant des temps de concertation au sein des établissements, que l'on pourra susciter une réflexion pédagogique collective, source d'une plus grande cohérence des pratiques.

Alors que, faute de vivier suffisant, arrivent dans les établissements des professeurs encore moins armés que leurs aînés, et que l'hétérogénéité des élèves n'a jamais été aussi forte, les professeurs doivent être outillés et accompagnés au quotidien. Créer des « corps intermédiaires » de référents pédagogiques au sein des établissements, afin de lutter contre le sous-encadrement de terrain est, notamment, un enjeu majeur de l'école à venir.

Au sein d'un système qui prévoit dans ses moindres détails, avec force circulaires, tous les aspects de la vie de l'élève, le degré d'amateurisme avec lequel nous nous occupons de ce qui se passe au cœur de la classe est indigne d'une démocratie moderne. Le débat sans fin sur les contenus (faut-il enseigner les mathématiques en 1re ? Les guerres napoléoniennes ont-elles toute leur place dans les programmes ?) occulte le fait que la question de la transmission, des méthodes, celles qui marchent, pourquoi et avec quels élèves, est largement sous-investie.

C'est d'autant plus vrai que l'on s'élève dans les niveaux d'enseignement : le supérieur est à cet égard un angle mort de la réflexion pédagogique, malgré sa démocratisation et la croissance forte des effectifs depuis les années 1960[1]. Comme l'indique un rapport récent de l'Inspection générale de l'Éducation, du Sport

1. Entre 1960 et 2020, la population étudiante a été multipliée par 9, passant de 300 000 à 2,8 millions. À l'université, le nombre d'étudiants a doublé entre 1980 et 2020.

et de la recherche (Igesr), « les réflexions relatives à la pédagogie se développent mais restent insuffisamment investies par les enseignants ». Il y a loin à dire que cette insuffisance est directement responsable des 55 % d'échec en licence, mais la mission propose des pistes étonnamment proches de celles que l'on peut souhaiter pour le pré-bac, lorsqu'elle souligne notamment le « rôle crucial de la "proximité pédagogique" (entendue comme l'ensemble des interactions entre étudiants et enseignants comme entre étudiants eux-mêmes) ». Plus intéressant encore, le rapport évoque la nécessité de lutter contre le « *curriculum* caché », c'est-à-dire l'ensemble des implicites auxquels sont confrontés les entrants à l'université. Ces mêmes implicites, prérequis, attendus, méthodes, organisation du travail personnel, auxquels sont déjà confrontés les élèves du CP à la terminale, au détriment de ceux qui sont les moins familiarisés avec l'école.

Dans un premier contexte de massification de l'enseignement primaire, la « communale » avait compris la nécessité de doter ses « hussards » d'outils leur permettant d'être immédiatement opérationnels : elle avait ainsi multiplié les approches pratiques, notamment en mathématiques, formalisé la leçon de choses, la méthode d'apprentissage de la lecture et de l'écriture, s'appuyant sur une formation extrêmement sérieuse des institutrices et des instituteurs dans les écoles normales. La Ve République ne s'est curieusement pas donné les mêmes moyens de son ambition pour l'enseignement secondaire.

De même, contrairement à bon nombre de pays, la France n'a pas fait le choix d'une école dite moyenne. Elle a aligné le collège unique sur les ambitions du lycée destiné aux enfants de la bourgeoisie au lieu de réfléchir à un programme et à des méthodes adaptés.

Quant à l'université, malgré d'importants et récents efforts d'adaptation aux « nouveaux publics », elle compte principalement sur les quelques professeurs issus du secondaire, PRAG et PRCE[1], pour porter la nécessaire réflexion pédagogique, ses missions « nobles » restant tournées vers la recherche.

Dans un contexte où la réflexion sur l'efficacité des méthodes d'apprentissage reste erratique, seul fruit de la bonne volonté d'enseignants et de cadres curieux et expérimentateurs, et face à un public aussi hétérogène, il est ainsi presque inespéré que les résultats ne soient pas plus mauvais encore. J'y vois le signe d'un investissement individuel extrême d'une grande majorité de professeurs, de directeurs, d'inspecteurs et de chefs d'établissement, au prix d'un lourd tribut individuel en termes de santé physique et psychologique. Chacun tente de conjurer la difficulté scolaire de son mieux, au prix d'une grande dépense d'énergie personnelle, sans véritable relais de l'institution. Non pas qu'elle ne partage pas la nécessité d'accroître le professionnalisme de ses professeurs : mais les leviers qui permettraient de le faire, des temps de concertation institutionnalisés, un encadrement pédagogique de terrain renforcé et une

1. PRAG : professeur agrégé enseignant dans le supérieur ; PRCE : professeur certifié enseignant dans le supérieur.

formation mieux ciblée ne sont pas mobilisables en l'état de l'organisation du système éducatif.

Créer des collectifs de réflexion dans les écoles et les établissements ; donner du temps pour se former et, pourquoi pas, rendre la formation obligatoire, tout en la rémunérant ; laisser aux équipes, sur le terrain, des marges de manœuvre pour inventer de nouvelles formes de transmission, en les faisant accompagner par des équipes de chercheurs : autant de leviers qui permettraient de renforcer le professionnalisme des personnels, tout en les responsabilisant.

L'évaluation des pratiques, qu'elle soit individuelle à travers les (rares) visites de l'inspecteur, ou collective à travers les évaluations nationales ou les enquêtes internationales, n'a pas bonne presse parmi les professeurs, qui y voient une remise en cause de leur professionnalisme. Il n'est pourtant pas illégitime, dans une démocratie, et alors que nos performances sont très moyennes à l'échelle internationale, de demander des comptes à l'ensemble de la chaîne pédagogique : professeurs, conseillers pédagogiques, formateurs, chefs d'établissement, directeurs, mais aussi recteurs et inspecteurs d'académie. Pas pour sanctionner, 95 % des personnels font leur travail avec un engagement remarquable, mais pour dynamiser la réflexion collective, seule capable de nous tirer du marasme pédagogique dans lequel nous sommes embourbés.

L'errance pédagogique que j'ai subie en tant qu'élève, toujours présente aujourd'hui, fruit de dogmes parfois mais avant tout de la force de l'habitude dans les pratiques professorales, ne peut perdurer, sauf à considérer qu'il est normal que la famille compense ces aléas de scolarité. À quelques exceptions près, on enseigne en France comme on a été enseigné, comme on a vu enseigner, plus rarement en s'appuyant sur une démarche dont on connaît *a priori* les effets sur les résultats des élèves. Échaudée par des réformes parfois trop prescriptives et dans l'incapacité matérielle de prendre en charge un encadrement pédagogique soutenu des professeurs, l'institution ne produit pas de réel discours de la méthode, confiant aux programmes et aux inspecteurs disciplinaires le soin de porter dans les classes des « pistes » de mise en œuvre des programmes.

Alors on pourra bien s'écharper dans les médias et dans les salles des professeurs sur le contenu des épreuves du baccalauréat, la place des mathématiques au lycée ou encore les groupes de niveau au collège, tout cela restera vain si à aucun moment nous ne sommes capables, sans dogmatisme mais avec lucidité, de prendre nos responsabilités pour mettre au cœur de nos préoccupations la qualité de la relation pédagogique maître-élève.

3

Un étudiant dans le grand bain parisien

Nous voici en 1985. Repêché *in extremis* de l'enseignement secondaire, j'obtiens mon baccalauréat, le premier de la famille : orphelin placé chez les « enfants de troupe », mon père a décroché son brevet, ma mère, son certificat d'études. Signe de la démocratisation toujours en marche, c'est cette même année qu'est lancé le baccalauréat professionnel, qui permettra de doubler le nombre de lauréats du « bachot ». Mais en juillet 1985 nous ne sommes encore que 30 % d'une classe d'âge à l'obtenir. Très loin des 80 % promis par Jean-Pierre Chevènement alors ministre de l'Éducation nationale, pour l'an 2000, qui ne seront atteints qu'en 2012.

Suivant les conseils de ma professeure de lettres de 2de et ma passion naissante pour la littérature, je me suis mis en tête d'entrer en hypokhâgne[1]. Parcoursup, instrument décrié mais qui a le mérite de proposer, sur une même plateforme, la quasi-totalité de l'offre de formation post-bac, n'est pas encore à l'ordre du jour. En 1985,

1. Première année de classe préparatoire littéraire.

il faut contacter chaque lycée pour glaner quelques maigres renseignements, et les critères d'admission, les fameux « attendus » de Parcoursup, sont opaques. Nous remplissons sans grande aide extérieure un dossier « papier », dans lequel nous classons les lycées sollicités par ordre de préférence, mais nous savons que tout se joue sur le premier vœu : les dossiers circulant par voie postale, une candidature refusée en première instance arrive en général trop tard pour être examinée par le lycée suivant, qui a déjà sélectionné ses élèves. L'autocensure joue donc à plein : pas question de demander Louis-le-Grand ou Henri-IV, si cela réduit les chances d'être accepté dans un lycée moins « coté ». En ce qui me concerne, peu importait la stratégie puisque mon dossier fut égaré et n'arriva dans aucun des deux établissements sollicités, Condorcet et Duruy. La souplesse « pré-Parcoursup » permettait toutefois de retenter sa chance, en postulant sur les places laissées vacantes. À l'été, je fis donc la tournée des lycées parisiens, nouveau dossier sous le bras. La proviseure de Lamartine, agacée de cette mésaventure administrative dont elle m'imputait la responsabilité, l'accepta du bout des lèvres.

Me voici donc à la rentrée 1985 dans cette petite classe préparatoire du joli lycée du faubourg Poissonnière, hôtel particulier du XVIIIe siècle pour les bureaux et les logements, lycée en brique de la fin du XIXe pour la partie enseignement, qui lui vaut le surnom de lycée rose.

Première expérience dans un lycée classique, premiers pas dans des bâtiments scolaires historiques, moi qui ai surtout connu les cubes et Pailleron des années 1960. L'hypokhâgne a sa salle dédiée, un peu à l'écart, au dernier étage. Un privilège qui permet de se distinguer de la masse des collégiens et lycéens besognant aux étages inférieurs. Une seule classe préparatoire dans votre établissement, et son aura en est rehaussée !

Cette année d'hypokhâgne est passionnante, mais rude. Les efforts produits les années antérieures n'ont rien de comparable à ce qui est désormais exigé : une masse impressionnante de livres à lire, de dossiers à préparer et de leçons à ingurgiter en un temps record ; une rigueur à apporter aux versions et thèmes anglais, désormais hebdomadaires, que l'on n'a jamais exigée de moi. Il faut aussi se mettre au latin, auquel j'ai été très sommairement initié, et au grec, que j'ignore.

Les premiers résultats sont faibles, mais personne ne s'affole : les notes indécentes sont un rite de passage auquel peu d'étudiants échappent. Elles donnent la mesure des progrès à accomplir. Alors nous persévérons, conscients de notre bonne fortune : les cours sont intéressants et les professeurs, de grande qualité. Pas vraiment de méthodologie – il aurait été étonnant que le supérieur soit plus investi, en la matière, que le secondaire –, mais à force d'exercices, de ratés, d'échanges, chacun progresse. Nous croisons des personnalités exceptionnelles, qui nous font aimer des disciplines pour lesquelles nous n'avons que peu d'appétence *a priori* : Jean-Pierre Allix, par ailleurs artiste peintre à ses moments perdus, nous enseigne la géographie les lundis et mardis de 16 heures à 18 heures.

Sur cet horaire plutôt ingrat, cet homme nous raconte des histoires et nous emmène en voyage. Son don de la description est extraordinaire. Il maîtrise à la perfection l'art de planter un décor, de partir d'un détail pour donner une vision globale, et nous sommes subjugués. C'est ainsi que je découvre Ouroumski, au fin fond d'une URSS finissante, que je côtoie les bouddhas géants d'Afghanistan et que je me retrouve au pied d'Ayers Rock en Australie. Bien peu se destinent à des études de géographie, mais c'est pourtant le cours que nous attendons avec le plus d'impatience.

Je conserve donc un excellent souvenir de cette année d'hypokhâgne, qui achève de me réconcilier avec l'école et de me laisser penser que je ne suis pas si mauvais. Convaincu que le travail et la persévérance paient, je me prends à rêver : pourquoi ne pas essayer d'entrer à l'ENS, l'école normale supérieure, Normale sup, l'école de Georges Pompidou et de Romain Rolland ? Pour mon camarade Patrick Brunet et moi-même, issus de la classe moyenne, entrer à Normale sup est non seulement prestigieux mais opportun : ce sont des études rémunérées jusqu'au professorat, auquel nous nous destinons. Avec le recul, je mesure ce que cette projection, partagée par une majorité de mes condisciples, peut sembler datée sinon naïve. Les « normaliens » d'aujourd'hui ne souhaitent plus être professeurs, même en classes préparatoires ou à l'université. Quant aux khâgneux en général, qui se sont vu ouvrir les portes des grandes écoles de commerce, combien se destinent à des professions autrement plus lucratives ?

La fin de l'année arrive vite et il faut malheureusement quitter notre « cocon ». L'hypokhâgne du lycée Lamartine est « orpheline » : nous ne pourrons pas poursuivre notre cursus dans le même établissement. Il faut donc postuler pour une khâgne ailleurs, en évaluant nos chances d'être pris à l'aune de la réputation comparée des lycées. Nos professeurs nous conseillent sagement Jules Ferry ou Condorcet, avec une alerte sur ce dernier : de fortes chances d'intégrer Normale sup, mais un niveau d'exigence très élevé. Fort des résultats honorables obtenus en fin d'hypokhâgne, je dépose un dossier pour Condorcet, où je suis accepté.

À la rentrée 1986, me voici donc dans l'une des « meilleures » khâgnes de France. Entendons-nous : je ne me prépare pas à intégrer la prestigieuse école de la rue d'Ulm, mais celle de Fontenay-Saint-Cloud, aujourd'hui Lyon, moins cotée. Car si vous n'avez pas été latiniste depuis le collège et sans discontinuer, il n'est même pas envisageable de préparer le concours de la rue d'Ulm, plus « classique ». Tant pis pour ceux qui ne le savaient pas. L'élite de l'élite, destinée dès le berceau à la rue d'Ulm, se prépare depuis la maternelle. Je retrouverai quelques-uns de ces brillants sujets plus tard, lors de mes expériences en cabinet ministériel. Au regard de mon parcours antérieur, je suis déjà très content de me retrouver en prépa, filière « moderne », dans ce prestigieux lycée qui a vu passer toute la bourgeoisie de la rive droite depuis un siècle, les fameux « petits messieurs », mais aussi des grands noms comme Proust ou Aron.

Quinze minutes de transports en commun séparent le lycée Lamartine du lycée Condorcet, mais je découvre encore une fois un autre monde. Une classe beaucoup plus nombreuse, près de cinquante élèves, dont bon nombre ont effectué leur scolarité secondaire dans les « grands lycées » parisiens. La mention « très bien » au baccalauréat est la norme, quand j'ai péniblement décroché « assez bien ». Quelques provinciaux détonnent dans cette marée d'élèves parisiens de longue date, principalement issus de la bourgeoisie intellectuelle.

De boursiers, aucune trace.

L'atmosphère quasi familiale de Lamartine fait place à un climat beaucoup plus concurrentiel. Les étudiants ne sont pas là pour l'amour des belles lettres ou pour échapper à l'anonymat de l'université : programmés pour réussir, ils ont pour unique but l'intégration des grandes écoles. Comme une évidence. Les professeurs rappellent chaque jour les exigences d'un concours qui sera là dès le printemps. Pas de temps à perdre. Pas de temps pour s'adapter non plus. Moi qui pensais avoir rejoint le peloton, je m'aperçois que je suis loin du compte. L'année précédente, c'était un bonheur de passer de notion en notion et d'auteur en auteur. Désormais, même en m'accrochant, il me manque indiscutablement un certain nombre de prérequis. Moi qui croyais maîtriser les attentes de la dissertation, je me retrouve face à un exercice devenu étranger. Et aucune explication n'est apportée au 4 sur 20, note que j'obtiens, devoir après devoir, en philosophie. Je parviens un jour à atteindre le 6 sur 20, avec ce commentaire à l'oral :

« Kerrero, toujours pas philosophe. » Lorsque j'accéderai enfin – et une seule fois – à la moyenne, je ne saurai pas davantage pourquoi.

Attentes, notes, commentaires sur les notes : nous sommes sommés de décoder l'implicite qui émane des professeurs. La quadrature du cercle pour un élève non familier des codes scolaires et des filières d'élite. Et comme si le classement par les notes ne suffisait pas, une autre hiérarchie structure la classe, fondée sur les spécialités choisies, assumée par les professeurs, acceptée par les élèves : tout en haut les philosophes, l'élite ; immédiatement après les historiens ; puis les littéraires, dont je suis ; et enfin les anglicistes. « L'anglais, ça s'apprend ? » répète inlassablement le professeur de philosophie, en même temps qu'il gratifie le groupe des linguistes d'un peu flatteur « option zéro ». Heureusement il y a le cours de littérature française et son emblématique Jean Pihin. Il détonne au milieu des autres professeurs, qui le fréquentent peu et se méfient de lui. Passionné de Proust, féru de Mallarmé, il propose un cours tout aussi savant qu'il est original, et par là même déconcertant : entrant dans l'intimité de chaque œuvre par une connaissance extrêmement fine des textes, Jean Pihin ouvre les livres comme autant d'univers, et sait nous subjuguer. Lui aussi est un conteur. Et c'est avec lui que j'apprends ce que doit être un professeur de français : quelqu'un qui se met au service du texte, qui ne l'alourdit pas de critiques et autres métatextes ; qui éclaire seulement un contexte, une formule, un vers, avec le doigté d'une plume pour révéler tout l'éclat du style.

Mais malgré ces moments de grâce, la marche est décidément trop haute. Même si, semaine après semaine, je sens que je progresse, notamment en français, je suis parti de trop loin. Je ne suis pas mal formé. Simplement, j'ai rejoint des élèves qui ont pris beaucoup d'avance, dès les petites classes. Ils sont passés par des écoles et des lycées où on les a préparés dès le primaire, avec la complicité de leurs parents, à être les futurs élèves de ces classes préparatoires d'élite et des grandes écoles.

Cela ne les exempte pas, d'ailleurs, de quelques contradictions. Lorsque survient la réforme Devaquet, en cette fin d'année 1986, je ne suis pas engagé en politique, d'abord tourné vers des études qui m'accaparent. Et je me vois mal dénoncer la sélection, moi qui suis inscrit dans une classe très sélective et qui prépare à des concours qui le sont davantage encore. Ma surprise est donc non feinte de voir nombre d'élèves de ma classe aller manifester contre la loi. Devant mon faible engagement, l'un d'entre eux, très meneur, me traite de bouffon bourgeois. Cette année-là, non seulement il s'offrit le luxe de s'engager pour une cause et de sécher quelques cours qu'on ne lui reprocha pas, mais il intégra Normale sup ; de mon côté, besogneux et assidu, je ne fus bien entendu même pas admissible, ni même gardé au lycée Condorcet pour pouvoir y khûber[1].

Ce fut donc le lycée Jules Ferry qui m'accueillit pour une troisième année de CPGE. Mais la dynamique était

1. Redoubler la deuxième année (la khâgne) afin de préparer à nouveau le concours.

rompue. Quelle qu'ait pu être la qualité des professeurs, je n'y croyais plus. Soit que j'eusse mesuré la distance qui me séparait d'une éventuelle réussite au concours, soit que la démotivation coïncidât avec un passage par Condorcet que je ressentais comme un échec, j'étais déjà ailleurs. Il n'y eut donc pas de surprise et la suite se déroula à l'université.

Je n'en avais jusque-là qu'une approche toute théorique. En prépa, chaque lycée établit une convention avec une université. En échange de cette convention, l'université donne l'équivalence d'une puis de deux années de licence. Lamartine était liée à Paris X-Nanterre.

Au début de l'année scolaire, on partait donc s'inscrire dans ce campus vaste et impersonnel dont on connaissait l'histoire. Mais on n'était familier que des bâtiments administratifs, puisqu'il fallait passer de bureau en bureau avant d'obtenir sa carte d'étudiant et de s'acquitter des frais d'inscription.

Ma première expérience de cours à l'université commença seulement après mes années de prépa. La faculté faisait confiance au niveau académique des CPGE pour la littérature et nous accordait des équivalences dans ce domaine. Mais il fallait rattraper un certain nombre de cours dans les disciplines non enseignées en prépa pour obtenir la licence avant de pouvoir s'inscrire en maîtrise, comme l'ancien français ou la linguistique. C'est à ces seules occasions que j'ai suivi quelques cours en amphithéâtre, pour valider les unités de valeur manquantes. Je me souviens d'un professeur, grammairien célèbre, qui pouvait lire son cours sans se soucier du brouhaha ou des allées et venues dans l'amphithéâtre. Mais j'ai très peu connu ces ambiances.

En maîtrise, puis en DEA, à Nanterre comme en Sorbonne, il s'agissait de suivre quelques séminaires en petit comité, ce qui était très proche de ce que l'on voit en prépa. Des professeurs de renom qui vous initient à la recherche. Pour le reste, j'ai suivi les cours de préparation à l'agrégation. Sur la forme, cela ressemblait également au modèle de la prépa, les devoirs et les khôlles en moins, les spécialistes reconnus des auteurs au programme en plus.

Après l'encadrement tel que je l'avais vécu en lycée, l'année qui suivit me donna une impression un peu étrange comme si je n'étais pas préparé à tant de liberté. Un rythme plus ralenti, un emploi du temps moins lourd et des travaux personnels de nature différente. On pouvait se cultiver en assistant à des cours de tout premier ordre sur tel ou tel auteur, mais l'impression d'être livré à soi-même dominait.

Je retiens de cette période certains séminaires du Collège de France, avec un Marc Fumaroli qui ouvrait sur des temps et des espaces en ligne de fuite comme dans une toile de la Renaissance. Je me souviens de nos conversations dans son bureau quand, alors que j'étais jeune professeur en banlieue, il avait accepté de me suivre en DEA sur un travail relatif à l'œuvre de Jean-Baptiste Massillon. Je n'eus pas la force de poursuivre en thèse alors qu'il m'y invitait. Je me souviens du projet de titre cependant : « J.-B. Massillon à la cour du Régent : ultimes feux de la prédication sacrée du Grand Siècle ».

Mes études m'ont conduit au professorat. Comme tel était le métier que je souhaitais exercer, j'avais atteint mon but. Mais ma forte croyance en la méritocratie républicaine en avait pris un coup. J'avais compris que l'on ne partait pas tous de la même ligne de départ et que l'implicite des études classiques excluait nombre d'élèves des classes défavorisées et moyennes.

4

De la méritocratie, de l'élitisme républicain et autres mythes

Notre pays voue un culte à la méritocratie républicaine. Avec la quasi-gratuité de l'enseignement, même dans le supérieur, les mécanismes de compensation pour les jeunes socialement les plus fragiles, les concours anonymes pour l'accès aux filières d'élite, on estime que tout élève, d'où qu'il vienne, peut réussir. S'il échoue, c'est qu'il ne le méritait pas : alors que la société lui a accordé les mêmes droits, voire un peu plus, il ne s'en est pas saisi. C'est sa très grande faute.

Tel est le mantra républicain. Telle est la fausse promesse.

Dans ma jeunesse, j'ai cru très fort à l'égalité des chances. Cette croyance s'est effritée au fil du temps, pour représenter désormais un leurre à mes yeux. Tous les jeunes accèdent au collège et 80 % d'une classe d'âge obtient le baccalauréat. Mais en réalité, les portes des places fortes de l'élitisme scolaire, celles qui conduisent à l'exercice du pouvoir, politique, économique, culturel, se sont à peine entrouvertes. Dans la khâgne de Condorcet, aucun de ceux qui venaient de la petite classe moyenne, je ne parle même pas d'enfants d'ouvriers, égarés au sein de cette classe programmée pour réussir, n'intégra Normale sup.

Bien sûr, tout le monde a un contre-exemple en tête : un boursier brillant, un enfant d'ouvrier ou de paysan qui intègre une grande école, cela existe. Mais au compte-gouttes : dans une étude datée de 2021, Julien Grenet[1] indique ainsi que, « en 2016-2017, les étudiants issus de catégories socioprofessionnelles (PCS) très favorisées [...] représentaient 64 % des effectifs des grandes écoles, alors que seuls 23 % des jeunes de 20 à 24 ans [...] étaient issus de ces catégories sociales. À l'inverse, les étudiants des grandes écoles n'étaient que 9 % à être issus de PCS défavorisées [...], alors que c'était le cas de 36 % des jeunes de 20 à 24 ans[2] ». Toutes les grandes écoles ne sont pas uniformes dans leur degré de sélectivité. Mais on n'y trouve jamais plus de 10 % d'étudiants issus de PCS défavorisées. Et moins de 5 % dans les 10 % les plus sélectives. Et point besoin d'être bourdieusien pour voir que les chiffres se sont encore figés depuis les années 1960. Si l'on est né dans le ghetto, désormais, on y reste.

Les disparités sociales se doublent d'une discrimination géographique : *Paris et le désert français*[3],

1. Julien Grenet est directeur de recherche au CNRS, professeur à l'École d'économie de Paris et directeur adjoint de l'Institut des politiques publiques. Il enseigne l'économie publique et l'économie de l'éducation.

2. « Quelle démocratisation des grandes écoles depuis le milieu des années 2000 ? », rapport IPP n° 30, janvier 2021.

3. Essai de Jean-François Gravier publié en 1947 expliquant la macrocéphalie parisienne et proposant des solutions qui seront reprises dans les politiques d'aménagement du territoire des années 1960 et 1970.

ce n'est pas qu'un titre de Jean-François Gravier ! En 2016-2017, les jeunes ayant passé leur baccalauréat dans un lycée parisien ne représentaient que 3 % des étudiants français, mais 27 % des effectifs de HEC et de Polytechnique et 24 % de ceux de l'ENS. Comme le montre Julien Grenet, « en 2016-2017, la moitié [des effectifs des 10 % des grandes écoles les plus sélectives] provenaient de seulement 8 % des lycées généraux et technologiques ». Soit moins de 200 lycées en France, public et privé confondus, sur près de 2 500. À l'inverse, 50 % des lycées français n'envoyaient aucun étudiant à l'ENS. À l'école polytechnique, l'ENS Ulm, HEC et l'IEP Paris, un tiers des étudiants ont effectué leurs études secondaires à Paris. Il ne faut pas trop s'étonner, ensuite, que nos élites semblent très éloignées des préoccupations de la « France périphérique ».

Ces disparités d'accès n'ont pas varié d'un iota depuis vingt ans, malgré toutes les initiatives entreprises pour diversifier le recrutement, mesures d'accompagnement (tutorat, mentorat, cordées) ou de discrimination positive (quotas, concours réservés), signe que le problème réclame des solutions qui vont bien au-delà d'initiatives charitables et isolées.

Les élèves de terminale issus de familles très favorisées ont neuf à dix fois plus de chances d'accéder à une classe préparatoire que les enfants de milieux défavorisés. Pourtant, ce n'est pas exactement au moment de l'entrée en CPGE que les élèves provinciaux ou issus de milieu modeste se cognent au plafond de verre : Parcoursup impose désormais des quotas de boursiers, y compris dans les plus prestigieuses des classes préparatoires ; et de nombreuses ouvertures de CPGE ont eu lieu dans les dernières décennies, conduisant à un doublement des effectifs étudiants entre 1980 et 2020 : ainsi les « prépas de proximité » des petites villes, des Drom, ou des lycées moins « prestigieux » des grandes agglomérations ont-elles été ouvertes pour renforcer l'attractivité de leurs établissements d'implantation, tout en proposant à de bons élèves une alternative à l'entrée à l'université.

Mais il y a loin entre l'admission en CPGE et l'accession aux écoles les plus prestigieuses. Peut-on lutter à armes égales avec ceux dont toute l'éducation n'a eu pour but que de leur donner les clés de ces établissements, et qui évoluent en classe préparatoire avec l'aisance et les certitudes de l'aristocratie ? Malgré leur souci de prendre en charge chaque étudiant, les professeurs se trouvent en connivence naturelle avec ce public favorisé, qui sait si bien ce qu'on attend de lui. La jeune Diane jouée par Marie Colomb dans *La Voie royale*[1], enfant de la bourgeoisie intellectuelle lyonnaise, enfant chérie de ses professeurs, sûre de ses capacités et de ses objectifs, Polytechnique et rien d'autre, survole avec grâce et fausse nonchalance sa classe préparatoire scientifique, sans qu'aucun effort, aucun stress et aucun doute ne transpirent. À l'inverse de sa coturne[2] Sophie, fille d'agriculteurs, qui court après un temps qu'elle

1. *La Voie royale* est un film franco-suisse réalisé par Frédéric Mermoud et sorti en 2023.

2. Camarade de chambre.

ne rattrapera jamais, Diane se paie le luxe de sorties et d'activités qui enrichissent son patrimoine culturel et relationnel, sans que ses résultats en souffrent. Diane est-elle seulement une dilettante douée ? Son aisance et son indifférence affichées reflètent surtout un capital culturel constitué depuis sa naissance, lui permettant de savoir où faire porter ses efforts, quand d'autres, Sophie en tête, bachotent sans percevoir le sens, ou trop tardivement, des efforts demandés.

Ce film reste une fiction. Mais il illustre parfaitement le mythe de « l'élitisme républicain », visage socialement acceptable du délit d'initié et de la reproduction sociale. Le « juge de paix » du concours est une autre forme de glissement sémantique orwellien : lorsque ses épreuves sont exclusivement fondées sur des exercices auxquels on s'acculture « naturellement » dans les milieux les plus aisés, il est vain de croire que les petits enfants du peuple, même les plus doués, s'en tireront aussi bien.

Sciences Po est l'une des rares institutions à avoir porté une véritable politique d'égalité des chances, avec Richard Descoings, son sulfureux mais emblématique directeur. En 2021, toujours dans cette optique, lorsque la rue Saint-Guillaume modifie son concours de recrutement pour diversifier son public et supprime les épreuves écrites disciplinaires pour accorder davantage de place à l'expression de la motivation et de la personnalité du candidat, le landerneau des familles des PCS supérieures crie au scandale. Une habitude chez elles, dès que l'on dérange leur confort intellectuel.

Mais derrière le discours sur la baisse du niveau qui en découlerait fatalement se cache autre chose : l'angoisse de devoir changer rapidement de logiciel et de former ses enfants à de nouveaux attendus, pour lesquels ses avantages comparatifs ne seront plus aussi évidents. Je ne peux d'ailleurs m'empêcher de penser que c'est là l'une des raisons des critiques virulentes dont Sciences Po fait l'objet depuis quelque temps. Car le militantisme extrémiste existe hélas dans bien d'autres universités et reste le lot de quelques-uns, pas forcément issus des milieux modestes. Quand la Sorbonne fut occupée et dégradée entre les deux tours de la présidentielle de 2022, beaucoup d'ulmiens de bonne famille n'étaient pas les derniers à mener la « lutte ». Il fallut 800 000 euros d'argent public pour remettre en état les locaux.

Chacun ne part donc pas avec les mêmes avantages et l'école est loin de combler ce fossé. De quoi parle-t-on ? D'un capital culturel « classique », constitué de lectures, de sorties et d'échanges au sein d'un milieu qui parle la même langue, celle de l'école ; d'un capital économique *a minima*, qui permet d'offrir « petits cours » et stages de réussite ; d'un capital relationnel, qui ouvre les portes d'une grande entreprise ou d'un cabinet ministériel, quand d'autres devront se contenter d'effectuer leur stage de 3e chez le commerçant du coin. Mais ce sont aussi des choix stratégiques d'options, de spécialités, de sections, avec la complicité d'une institution qui les multiplie à l'infini : une langue vivante rare (hier l'allemand, aujourd'hui le coréen), étudiée depuis l'enfance dans une section internationale, est un atout majeur pour se distinguer dans un concours et permet de bénéficier, en CPGE, de cours à effectif réduit ; la formation antérieure acquise au sein d'un conservatoire peut être valorisée par le choix d'une spécialité musique au concours d'entrée à Normale sup[1] ; quant aux CPGE scientifiques, *a priori* moins discriminantes[2], elles pratiquent pourtant une sélection explicite entre la première et la seconde année, où seuls les étudiants des classes « étoilées » sont habilités à présenter les concours des écoles les plus prestigieuses. Comme un fait exprès, les quotas de boursiers difficilement atteints en première année grâce à Parcoursup chutent brutalement dans les classes de MP* et PC*, les plus sélectives. D'aucuns en déduiraient que les pauvres sont plus bêtes, alors qu'ils sont seulement moins formés. Moins programmés. Alors qu'ils ne sont simplement pas sur les rails depuis la maternelle.

Les jusqu'au-boutistes de l'élitisme « à la française » me rétorqueront que, dans un système pensé pour servir l'intérêt général, et historiquement l'État, il est juste que les moins bons, les désormais fameux « derniers de cordée », soient écartés des filières et des postes les plus prestigieux. Tant pis si ce sont aussi les moins favorisés. De quoi se plaindraient-ils d'ailleurs ? Nous nous achetons une bonne conscience à

1. On remarquera, à l'inverse, qu'aucune spécialité EPS n'est proposée à l'entrée à Normale sup, alors même qu'il existe une agrégation de cette même discipline…

2. Tous les étudiants, sauf accident de parcours, obtiendront une école d'ingénieurs après deux ou trois ans de CPGE.

peu de prix, à coups de bourses, quotas ou « cordées ». Là où le bât blesse, c'est que, comme le montre encore Julien Grenet[1], « les inégalités d'accès aux classes préparatoires et aux grandes écoles ne s'expliquent qu'en partie par les écarts de performance scolaire entre les groupes d'élèves considérés ». Ainsi, de meilleures performances scolaires n'expliquent que 60 % de la différence d'accès en CPGE et 40 % de la différence d'accès à une grande école constatée entre les élèves issus de PCS très favorisées et les élèves issus de PCS défavorisées. En clair, d'autres facteurs jouent au moins autant que les résultats scolaires dans la possibilité de réussir : intégrer une grande école, est-ce seulement une question de mérite, vraiment ?

On peut très bien réussir ses études, comme sa vie, sans être entré à Polytechnique. Heureusement ! Et les classes préparatoires ne sont qu'un tout petit monde : à peine 8 % des étudiants inscrits en première et deuxième année du supérieur. Dès lors, pourquoi focaliser notre attention sur ces modèles d'hyper-réussite ? Rancœur personnelle de l'ancien étudiant n'ayant pas intégré une grande école ? « Prépa-bashing » du recteur vaincu par sa réforme des classes préparatoires ?

Nullement. C'est surtout parce que leur fonctionnement, pétri de concurrence, d'individualisme et d'hyper-sélectivité, fait figure de modèle pour l'ensemble du système éducatif français. Un modèle de qualité certes, dans sa capacité à extraire une élite.

1. « Quelle démocratisation des grandes écoles depuis le milieu des années 2000 ? », étude citée.

Mais un modèle devenu obsolète pour répondre aux grands défis d'aujourd'hui ; un modèle illégitime dans une société démocratique qui doit répondre aux besoins de l'école de masse ; et au fond, un modèle inadapté à la formation des élites de demain et même d'aujourd'hui.

Faisons un peu d'histoire. La construction du modèle préparationnaire et, au-delà, de tout le modèle éducatif français, relève d'une double influence : celle du mandarinat, modèle d'administration et de recrutement des élites chinoises ; et celle du *ratio studiorum*[1], le standard pédagogique des collèges jésuites, qui s'appuie sur le classement et sur la concurrence entre élèves, au service d'un enseignement destiné à distinguer les meilleurs.

Né au IIIe siècle avant notre ère en Chine, sous la dynastie des Hans, le mandarinat est un système de recrutement des élites bureaucratiques fondé sur le classement des candidats selon leurs capacités. Jusqu'en 1905, la haute administration impériale, centrale et locale, est dirigée par une caste recrutée sur la base de concours extrêmement difficiles, qui reposent sur deux principes : le mérite intellectuel et l'anonymat. Les empereurs chinois sont les précurseurs de l'idée moderne de méritocratie. On peut aussi se risquer à l'anachronisme en parlant d'égalité des chances : en théorie, tout adulte de sexe masculin peut se présenter aux concours et, s'il réussit, devenir un fonctionnaire

1. Littéralement « plan des études », paru en 1599, c'est un document définissant le système éducatif jésuite.

de haut rang, quelles qu'aient été son origine sociale et sa richesse. En réalité, le processus de préparation aux concours est long et coûteux. Les candidats sont donc très majoritairement issus de familles fortunées, à l'exception de quelques personnages de premier plan qui parviennent, tout au long de l'histoire de la Chine, à contrer une origine sociale de peu de prestige. L'accès aux fonctions administratives exigeant la connaissance fine des textes classiques confucéens[1], ces derniers constituent le socle, sinon le programme, des examens impériaux : à partir d'une citation extraite de ce corpus, les candidats doivent en développer le sens en huit paragraphes, selon un modèle qui rappelle notre dissertation. Cet exercice nécessite une très grande préparation, qui se professionnalise peu à peu, au sein d'écoles spécialisées : la prépa est née ! Sous la dynastie des Song (960-1279), on recense ainsi 400 académies, offrant une formation longue et fastidieuse, pour un résultat aléatoire puisque seuls 5 % des candidats sont retenus. Un miroir assez saisissant de notre modèle préparationnaire et de recrutement des élites !

Revenons en France : le renforcement progressif de l'État et le développement d'un modèle centralisateur nécessitent la constitution d'un corps de « fonctionnaires » efficaces et loyaux. En reprenant très exactement les principes du mandarinat.

---

1. Le *Canon des poèmes*, le *Canon de l'histoire*, le *Livre des mutations* ou *Yi King*, le *Livre des rites*, les *Annales des printemps et des automnes* ; la *Grande Étude*, l'*Invariable Milieu*, les *Entretiens* de Confucius, le *Mencius*.

Au Moyen Âge, les charges royales se développent, mais leur vénalité est un frein à l'efficacité du pouvoir royal, les privilèges et l'argent l'emportant sur les compétences. Dans un premier temps, les rois, et notamment Louis XIV, contournent la difficulté en recrutant leurs grands commis en marge de la noblesse, Colbert par exemple. Dans un second temps, à partir du XVIIIe siècle, la création de concours permet de repérer les meilleurs dans les corps techniques : dans les écoles militaires, d'abord ; mais aussi et surtout dans les écoles d'ingénieurs, notamment des Ponts et chaussées (1747) ; les écoles de construction des vaisseaux royaux (1741) ; les Mines (1783) ; l'École royale du génie (1748).

Ce système est repris par la Révolution et ne cesse de se perfectionner tout au long du XIXe siècle, pour répondre à une nécessité : doter l'État d'une élite suffisamment forte pour l'administrer et le renforcer. Sous l'Ancien Régime, les collèges jésuites et les grandes écoles remplissent cet office. Puis c'est au tour, à l'époque napoléonienne, des lycées et des universités impériales. Et pour trier, sélectionner, classer, on installe la notation, qui gagne peu à peu l'ensemble de l'école et le baccalauréat. D'abord pensée comme une évaluation informelle, elle devient chiffrée sur une échelle de 0 à 5 sous le Second Empire. La notation sur 20 apparaît en 1890. Au primaire, on instaure une notation sur 10 qui est utilisée lors du certificat d'études.

Le système d'enseignement, mis au service du pouvoir, s'éloigne ainsi progressivement du modèle gratuit de la *paideia*[1], au sein duquel la notion de classement n'a pas de sens : dans la *paideia*, on est en compétition avec soi-même, pour mettre au jour ce qu'il y a de meilleur en soi, sans comparaison avec les autres. Donner des notes dans un enseignement pluriel, c'est automatiquement glisser vers le classement entre les individus. Ce sont les Jésuites qui introduisent ces notions, avec un objectif : dégager une élite capable d'encadrer le peuple et de le maintenir hors de l'hérésie. L'enseignement des Jésuites est novateur mais exigeant et concurrentiel : ainsi apparaissent les compositions classées. Le premier porte le titre d'empereur, titre qu'il peut perdre à chaque composition. En fin d'année, on classe les élèves en six catégories, des meilleurs à ceux qui doivent redoubler : les meilleurs (*optimi*) passent, les incertains (*dubii*) redoublent, et les insuffisants (*inepti*) sont renvoyés. Ce classement prévoit aussi des prix et décorations pour les meilleurs, et des punitions pour les moins performants.

Émerge ainsi historiquement en France un nouveau modèle d'enseignement, qui n'est ni gratuit comme la *paideia* des Grecs, ni purement utilitariste comme sera conçue au XIXe siècle l'école du peuple. La compétition est ouverte à tous les individus, et la bourgeoisie est la classe sociale qui adhère le mieux à ce modèle :

1. La *paideia*, en grec l'éducation des enfants, est un modèle d'éducation complet destiné à rechercher l'excellence que l'on a en soi. Gratuit, complet, idéal, c'est aussi un modèle élitiste. Il repose en effet sur le préceptorat et n'est destiné qu'à la jeunesse aristocratique d'Athènes, les *kaloi kagathoi*, les jeunes gens beaux et bons. Eux seuls sont dignes de vertu et les éduquer, c'est simplement les accompagner pour qu'ils retrouvent cette essence de beauté et de bonté qui est en eux.

elle scolarise ses enfants dans les collèges jésuites, encourageant un système qui lui permet de supplanter la noblesse. Le collège de Clermont, établissement jésuite ouvert en 1563, qui deviendra le lycée Louis-le-Grand, connaît une affluence immédiate et un succès durable. En 1802, il devient le premier lycée français sur proposition de Chaptal. On voit bien comment, à la suite du collège de Clermont, pouvaient se développer les modèles du secondaire français, des grandes écoles et des grands corps. Il ne sera d'ailleurs pas fermé sous la Révolution, ayant compté Robespierre parmi ses élèves : l'« ancien élève » est désormais une donnée avec lequel les politiques, qui eux-mêmes sortent souvent de ces cursus élitistes, devront apprendre à vivre.

Les principes du mandarinat, l'enseignement des collèges jésuites et l'émergence d'un État absolu centralisateur font naître le modèle éducatif français, qui se veut à la fois émulatif, compétitif et sélectif. Il permet l'extraction d'une élite dont l'État a besoin, c'est déjà explicite sous Napoléon, mais instaure également un climat de compétition qui va gagner tous les niveaux d'enseignement.

Il est relativement confortable tant que les deux écoles, celle du peuple et celle de la bourgeoisie, se côtoient sans jamais se rejoindre. Mais les choses se compliquent au XXe siècle. D'abord sous la pression démocratique, en particulier après 1918. Ensuite parce que les mutations socio-économiques renouvellent les attentes vis-à-vis de l'école. De l'apparition des Compagnons de l'Université nouvelle[1] jusqu'à la Ve République en passant par Jean Zay sous le Front populaire, le rapprochement entre les deux écoles devient, décennie après décennie, plus concret.

Pour l'école, ce sont autant d'assauts et de chocs auxquels elle n'est pas préparée. L'entrée des enfants du peuple dans un système qu'on aligne par le haut, c'est-à-dire en fixant les exigences du lycée comme étalon pour tous, en constitue un premier. Le système va alors s'adapter, mais sans modifier ses préceptes implicites. L'arrivée de plus en plus massive d'élèves dans le secondaire français est l'occasion de revivifier la méritocratie républicaine, par l'élargissement du vivier. Mais l'école du tri persiste, jouant seulement sur des masses plus importantes et plus turbulentes d'élèves, temporisant grâce à la création de filières différenciées dans l'enseignement secondaire. Ce modèle ne soulèvera pas de problème saillant jusqu'aux années Giscard, c'est-à-dire au moment où l'on parachève la réunion des deux écoles par le collège unique, et où la crise économique s'installe.

Il faut se remémorer la France de l'ingénieur Bertin[2], celle du Concorde, des TGV et des centrales nucléaires, aujourd'hui mythique et fantasmée. Une petite élite hyper-sélectionnée et excellemment formée, à Polytechnique, Normale sup ou l'ENA, permet au pays de garder son rang. Tant qu'il y a du travail pour chacun, de

1. Les Compagnons de l'Université nouvelle est un mouvement d'universitaires qui a défendu des valeurs d'égalité et de mérite dans l'enseignement au début du XXe siècle.

2. Jean Bertin (1917-1975), ingénieur français, polytechnicien, inventeur du coussin d'air permettant les aéroglisseurs et le prototype de l'aérotrain.

la croissance, et que chaque génération, quelles que soient ses origines, voit son niveau de vie progresser, un contrat social tacite permet le maintien de hiérarchies dont les plus fragiles ne souffrent pas. Dans ces conditions, obtenir une place tout en haut du système est moins prégnant qu'aujourd'hui, et la pression scolaire est relative. Le plein-emploi est là, les salaires augmentent, même si c'est au prix de luttes sociales intenses. Et voient le jour de nouvelles filières qui sont autant de chemins vers la promotion sociale, même si elles ne conduisent pas à l'X[1] : baccalauréat technologique à la fin des années 1960, institut universitaire de technologie (IUT)…

Cet équilibre se rompt avec les chocs pétroliers des années 1970, l'arrivée du chômage de masse et l'entrée dans la crise économique. Face à un marché du travail plus incertain à proposer des parcours professionnels ascendants, on se tourne vers l'école pour réussir et surtout pour éviter de perdre ce que les générations du baby-boom ont acquis. D'autant que la mise en place d'un premier cycle du secondaire quasiment unifié, le collège unique, stimule l'ambition des familles et leur ouvre le champ des possibles.

Cette école qui forme parmi les meilleures élites du monde, pourquoi mon enfant n'en serait-il pas ? Mais il n'y a pas de places supplémentaires ou très peu en haut de l'échelle. Et le modèle éducatif reste pensé et organisé pour sortir du lot les forts en maths et les forts en thème. Il valorise jusqu'à la caricature les savoirs abstraits, ceux pour lesquels les « nouveaux publics »

1. Surnom couramment donné à l'École polytechnique.

doivent fournir le plus d'efforts d'acculturation et le choix d'options distinctives que l'on ne trouve que dans certains établissements. La « modernisation » des enseignements, qui restreint la place du latin dans le cursus et promeut celle des mathématiques, l'introduction des langues vivantes, ne se fait qu'au prix de combats épiques.

Et la dissertation reste l'exercice de référence des examens et concours. Emblématique de l'excellence « à la française », elle est pourtant vécue par les élèves comme un grand mystère du rite scolaire. Et pour cause. Qui parmi nous a réellement appris sa méthode et s'y est entraîné à la hauteur de l'importance qui lui est donnée dans le *cursus honorum* français ? Aussi bien au lycée qu'en classe préparatoire, nous étions censés maîtriser l'exercice de toute éternité. Un peu comme Obélix, tombé petit dans la marmite de potion magique dont les effets sont chez lui permanents. Et dans les faits, oui, certains, ceux qui avaient suivi un certain cursus, dans certaines écoles, dans certains lycées, avaient appris très tôt et presque sans en être conscients ce qu'était cet exercice. Pour les autres, il faudrait beaucoup de coups d'essai. Ce n'est que très tardivement, en préparant l'agrégation, que j'ai enfin compris ce qui était attendu.

Notes, orientation, concours, options distinctives : le modèle français est toujours organisé pour classer et repérer la future élite. Il faut l'isoler de la masse, qui pourrait la « freiner ». Dans certains « grands » lycées, on voit toujours des classes de terminale « étoilées », à l'image des deuxième année de prépas scientifiques.

Quel que soit le niveau moyen d'une classe, médiocre ou excellent, l'institution distinguera toujours un premier et un dernier. Y compris à Henri-IV ou à Louis-le-Grand, avec des élèves recrutés en 2de à plus de 18 sur 20 de moyenne générale en 3e. Nombre de professeurs conçoivent encore leurs contrôles, non pas pour évaluer l'acquisition des connaissances et compétences travaillées en classe, mais pour valoriser les élèves qui sont allés « au-delà ». Un devoir sur table qui donnerait lieu à l'attribution de la note maximale à une majorité d'élèves, sinon à tous les élèves, ne serait ainsi pas perçu comme le fruit du succès de leur enseignement, mais plutôt comme l'expression d'une trop grande facilité des exercices, voire d'une forme de démagogie.

Alors que les Français sont peut-être attachés à l'égalité plus qu'aux deux autres mots de la devise républicaine, leur système éducatif s'acharne donc à produire de l'inégalité, comme si l'exigence ne pouvait se concevoir qu'à travers la concurrence. Une situation génératrice d'un stress plus marqué chez les élèves français que chez leurs condisciples de l'Organisation de coopération et de développement économiques (OCDE)[1], et d'une moindre confiance en soi, y compris chez les meilleurs. Une situation qui n'encourage pas non plus la collaboration et l'échange entre élèves, ces *soft skills* qu'aucun mot français ne me vient à l'esprit pour désigner, alors qu'ils sont essentiels dans l'économie contemporaine.

1. Pisa, 2022.

Des hiérarchies sans fin, donc. Entre les savoirs d'abord. En France, le savoir encyclopédique noble d'un côté s'enseigne dans les lycées généraux, quand l'apprentissage des compétences « techniques » ou « manuelles » est abandonné aux lycées professionnels et technologiques, comme un lointain héritage médiéval des arts libéraux en surplomb des arts mécaniques. Un anachronisme, et même une absurdité : le niveau de connaissances théoriques requis pour exercer quelque profession que ce soit n'a cessé de croître au cours des dernières décennies. Il suffit de se rendre dans les ateliers d'un lycée professionnel industriel et d'observer les élèves s'exercer sur les derniers logiciels informatiques ou programmer une imprimante 3D pour comprendre que le temps de la clé à molette est révolu. Par ailleurs, depuis des décennies, plus de la moitié des effectifs du lycée professionnel évoluent dans des filières tertiaires[1] : l'accueil, la logistique, le commerce, l'assurance… des métiers « manuels », vraiment ? Alors que ce sont des formations qui exigent, pour y réussir, des qualités d'expression orale et écrite équivalentes à celles qui sont travaillées dans la voie générale ?

En parallèle, aucun enseignement « pratique » n'est jugé nécessaire aux lycéens de la voie générale, réputés esprits purs et parfaits. Prenons quelques exemples : l'enseignement de « Prévention santé environnement » (PSE) n'est destiné qu'aux lycéens professionnels,

1. 57 % en 2023 ; 55,3 % en 1995, source : Repères et références statistiques (RERS), 2023.

alors que les thèmes abordés, l'organisation du système de santé, la prévention des addictions, le droit du travail… seraient utiles à toute une classe d'âge. Alors que les élèves de lycée professionnel bénéficient d'un enseignement d'arts appliqués, pas seulement ceux des filières des métiers d'art, aucune pratique artistique n'est prévue en voie générale du lycée, hormis pour les optionnaires. Personne n'en est gêné. Je revois encore certaines familles, lorsque nous tenions audience au moment de la réforme de l'affectation au lycée, me demander de supprimer du barème d'affectation les notes obtenues dans les disciplines « mineures » au collège, ou parce qu'elles ne seraient plus enseignées au lycée général et technologique : pour certains parents, il était insupportable que l'éducation physique et sportive (EPS), les arts plastiques, l'éducation musicale, mais surtout la technologie, puissent hypothéquer la possibilité d'obtenir le lycée d'élite convoité.

Du primaire jusqu'au baccalauréat se perpétue ainsi une hiérarchie immuable entre les disciplines scolaires, atteignant jusqu'aux relations entre les professeurs. Hors des mathématiques, point de salut ! Une place dans le panthéon scolaire qui tient de l'idolâtrie, défendue jusqu'à l'absurde par les associations de spécialistes comme par le grand public : que de débats, que de temps perdu, entre 2018 et 2023, pour finir par remettre les mathématiques dans le tronc commun du lycée général ! Et que dire des études de médecine, pourtant récemment réformées, où les mathématiques décident toujours du passage en deuxième année, alors qu'elles n'ont aucune utilité pour le praticien ? Paradoxalement, alors que tous les élèves bénéficient de cours de mathématiques jusqu'en 1re au moins, on forme de moins en moins de « vrais » mathématiciens en France, et pas suffisamment d'ingénieurs au regard des besoins[1].

La vérité, c'est que les mathématiques, comme le latin autrefois, ne sont qu'un outil de sélection. Si le débat portait réellement sur le développement de l'esprit scientifique des petits Français, on ne le réduirait pas au lycée général. Le pourcentage de bacheliers généraux dans une classe d'âge n'excède pas 40 %. Pour les 60 % qui restent, le débat sur la place des mathématiques est sans objet, car ils ne servent pas à alimenter les filières d'élite ! Non, si tous ces contempteurs du système étaient honnêtes et voulaient réellement former tous les élèves à l'esprit scientifique, ils concentreraient leur combat sur l'école primaire et sur le collège.

L'enseignement des sciences, j'y inclurais volontiers les mathématiques, est à revoir de telle sorte qu'il fasse envie. Mais comme la véritable logique est celle du tri, pourquoi mettre en place une quelconque réflexion pédagogique et se préoccuper d'un autre niveau que le lycée ? C'est de ce côté qu'il faut rechercher le tarissement des vocations scientifiques. Si l'on approchait les sciences dans une logique intégrée et concrète lors de la scolarité obligatoire, on aurait sans doute plus de chances d'y intéresser davantage d'élèves, garçons et filles réunis.

---

1. L'économie française a besoin de 60 000 ingénieurs par an et les écoles françaises n'en forment que 40 000. Encore un effet du malthusianisme élitiste français !

À l'autre bout de l'échelle, tout en bas, se pressent les arts, le travail manuel et l'éducation physique et sportive, témoins de l'importance que nous accordons au développement psychomoteur de l'enfant, à sa santé, ainsi qu'au développement de sa sensibilité et de sa créativité. Le choix de supprimer la technologie en 6e, à la rentrée 2023, s'est fait dans une indifférence quasi absolue : peu de protestations, aucune manifestation.

Le 1er août 2024, un article du *Figaro étudiant* consacré aux résultats du concours général[1] rappelle très clairement quels sont les fondamentaux du système français : une place de choix pour les mathématiques, les langues anciennes et la philosophie, dont les noms des heureux lauréats et de leurs lycées occupent la quasi-totalité de l'article ; et quelques lignes, dans le dernier paragraphe, pour évoquer les épreuves des disciplines « professionnelles[2] », avec pour seule illustration le palmarès en bâtiment et travaux publics. Un condensé assez juste de la perception des enseignements et de leur place en France.

---

1. À l'origine du concours général, il y a le legs de l'abbé Le Gendre, chanoine de Notre-Dame de Paris, qui demande à l'université de Paris d'organiser tous les quatre ans un concours ouvert à tous, couronnant les plus belles pièces de poésie et de musique composées à la gloire de la France et de ses grands hommes. Le concours devient annuel en 1747, décerné en Sorbonne, et concerne les français, latin, grec, histoire, mathématiques, physique et philosophie. Il s'ouvre en 1981 aux disciplines technologiques et en 1995, aux disciplines professionnelles. Dans les faits, les « grands lycées » sont encore ceux qui obtiennent le plus de lauréats.

2. Les spécialités professionnelles ont été introduites au concours général en 1995, soit depuis bientôt trente ans…

L'organisation du lycée en filières, générale, technologique, professionnelle, parachève la hiérarchie des disciplines. Les familles ne s'y trompent pas, qui ont bien saisi que les voies « nobles » sont celles de l'esprit, celles dans lesquelles on ne met jamais « la main à la pâte ». Ainsi demandent-elles à près de 70 % une orientation post-3e en 2de générale et technologique plutôt qu'en voie professionnelle. Une tendance qui se renforce puisqu'elles n'étaient « que » 64 % dix ans plus tôt[1], et qui s'observe dans toutes les catégories socioprofessionnelles, même dans les milieux les plus populaires : si 49 % des familles d'ouvriers qualifiés demandaient en 2010-2011 une 2de générale et technologique pour leur enfant, contre 90 % des familles de cadres, elles étaient près de 59 % à effectuer le même choix dix ans plus tard. Et quand il apparaît qu'il n'y a pas d'autre option que la voie professionnelle ou technologique, la préférence des familles se porte prioritairement, à quelques exceptions près[2], sur les formations perçues comme les plus « proches » de la voie générale : ainsi 50 % des orientations en 1re technologique se concentrent-elles sur la série sciences et technologies du management et de la gestion (STMG), « petite voie générale » pour les élèves en difficulté en 2de générale et technologique refusant une réorientation en voie

---

1. « L'orientation en fin de troisième reste marquée par de fortes disparités scolaires et sociales », note d'information de la DEPP, n° 2340, septembre 2023.

2. Les métiers de l'hôtellerie-restauration (cuisine, pâtisserie), de la mécanique et de la maintenance de véhicules à moteur, les métiers de l'esthétique.

professionnelle. Une série qui n'en peut plus d'absorber ces jeunes présents par défaut et qui peine à fournir des professeurs d'économie-gestion à la hauteur des besoins. Et un bien mauvais rôle donné aux disciplines de l'économie et de la gestion, qui passionneraient nombre de lycéens si elles étaient accessibles à tous et non marquées du sceau de l'exclusion.

Dans un pays qui n'aime rien tant que classer et exhiber chaque année, comme un trophée, son plus jeune bachelier, les établissements, pas plus que les individus, ne sont épargnés par cette course folle à la recherche de la « performance », une compétition dominée par les familles les plus acculturées au système. Si personne n'est capable de définir objectivement ce qu'est un « bon lycée », le terme est pourtant omniprésent dans l'imaginaire collectif, notamment lorsque sont publiés les palmarès des « meilleurs » établissements.

Que peuvent ressentir, lorsque sortent ces « marronniers », les élèves et les professeurs des établissements explicitement désignés comme des « lycées poubelles » par certains éditorialistes[1] ? Comme si les programmes scolaires n'étaient pas les mêmes sur tout le territoire national ! Comme si la performance avait quelque chose à voir dans l'affectation des professeurs, alors qu'ils sont nommés selon un barème qui ne prend en compte que des critères d'ancienneté et de situation personnelle et familiale ! Comme si les élèves scolarisés

1. Sophie Coignard, « Lycées parisiens. Affelnet, les incohérences d'un système injuste », *Le Point*, 31 mars 2024.

dans les lycées où le taux de réussite au baccalauréat est inférieur à la moyenne nationale étaient condamnés à échouer ! Il ne faut certes pas être naïf : il est plus facile d'enseigner dans certains lycées que dans d'autres ; et le niveau d'exigence n'est pas tout à fait le même lorsque les élèves arrivent du collège avec une moyenne au brevet de 16 sur 20, ou de 8 sur 20. Pour autant, si la réussite et l'épanouissement n'étaient au bout du chemin que pour les lycéens de la petite dizaine d'établissements occupant le haut du classement national, il y aurait de quoi s'interroger sur le régime dans lequel nous vivons.

Ces hiérarchies délétères, disciplines, établissements, filières, se retrouvent dans la perception des degrés d'enseignement. L'école primaire, dont le rôle est déterminant dans l'avenir d'un élève, devrait être considérée comme la « mère des batailles ». Elle est pourtant regardée de très haut par le secondaire, et reste le parent pauvre du système éducatif, malgré les efforts de rattrapage consentis au cours de la dernière décennie. En 2022, le coût d'un élève du premier degré était ainsi de 7 910 euros par an, contre 9 520 euros pour un collégien, 11 940 euros pour un lycéen général et technologique et… 17 760 euros pour un étudiant de classe préparatoire.

Chaque acteur du système regarde ainsi le degré précédent avec quelque condescendance, quand il ne le juge pas responsable du piètre niveau des élèves. Le lycée toise le collège, qui regarde de haut l'école élémentaire et ne parlons pas de la maternelle, que certains considèrent toujours comme une halte-garderie. L'université dédaigne le secondaire et les classes préparatoires ignorent les facultés. Les textes officiels ont longtemps conforté l'idée que chaque entité était une réduction de l'entité immédiatement supérieure. Le collège est conçu comme un petit lycée, et un cours sera jugé de grande qualité quand il fait le programme de la classe supérieure. La logique d'un *curriculum* cumulatif du cours préparatoire jusqu'à la terminale générale, les mêmes disciplines enseignées, enrichies des apports de la classe supérieure, fait du niveau supérieur le pilote de ce qui se passe en amont.

Les différences de statut des professeurs reflètent ces distinctions, même si la pénurie de professeurs titulaires et l'afflux de contractuels brouillent partiellement les hiérarchies établies. Professeur des universités, de chaire supérieure, maître de conférences, agrégé, certifié, professeur des écoles, professeur de lycée professionnel, contractuel… les temps ne sont pas si lointains où l'on trouvait deux salles des professeurs distinctes, jusqu'à des fauteuils ou des chaises selon sa condition. J'ai moi-même vécu une scène hallucinante où une professeure de prépa revendiquait de passer devant l'ensemble de ses collègues à la photocopieuse au nom de son statut.

Même hiérarchie chez les cadres de l'Éducation nationale, y compris lorsqu'ils assument des responsabilités identiques. Certes la distinction entre personnels de direction de première et de seconde classe, fondée sur la détention ou non de l'agrégation, a été supprimée : il devenait complexe d'expliquer les différences de rémunération entre les premiers et les seconds, alors qu'ils assuraient les mêmes missions. Mais les différences de statut persistent entre inspecteurs : malgré tous les efforts pour créer un corps unique, les IEN (inspecteurs du premier degré et inspecteurs des lycées professionnels) n'accèdent pas au titre des inspecteurs d'académie, dénomination réservée aux inspecteurs pédagogiques régionaux (IPR), principalement anciens agrégés. Là encore, il est étonnant que ce soit la réussite à un concours passé il y a plus de vingt ans qui soit à l'origine des différences de statut.

Où serais-je sans l'agrégation ? Objectivement, si je n'avais pas persévéré à passer ce concours, ou si je ne l'avais pas obtenu, je serais le même. Et pourtant, mon parcours aurait été bien différent. Sans ce concours, je n'aurais pas été regardé de la même façon et n'aurais pas connu les mêmes opportunités. À quoi cela tient-il ? À une réputation bien plus qu'à une valeur intrinsèque.

Revenons aux classes préparatoires. Pinacle du système, elles sont le miroir grossissant d'un modèle qui classe, exclut, et ne valorise que les exercices académiques comme les savoirs les plus abstraits. Pire : ce sont elles qui affichent le plus explicitement la nécessité, pour un élève qui veut réussir, de posséder une culture allant bien au-delà des savoirs transmis dans la classe : exaspérée par son étudiante « empotée » issue d'un milieu populaire, la jeune et brillante professeure de physique du film *La Voie royale* finit par lui jeter à la figure son profil trop « scolaire » de besogneuse. Pour réussir en classe préparatoire, il ne suffit pas d'être doué et de suivre consciencieusement les cours dispensés. Il faut, en particulier dans les disciplines humanistes, mobiliser une culture générale qui va bien au-delà des attentes scolaires. Un principe délétère pour les étudiants issus des classes populaires, qui n'ont que les cours pour réussir.

Même si elles n'accueillent qu'une toute petite partie des étudiants, les classes préparatoires fixent toujours le cap de l'enseignement secondaire, voire primaire dans certaines écoles fréquentées par les enfants de la bourgeoisie. Imposant leur modèle d'abstraction, d'exigence, de pression et de concurrence. Lorsque j'étais proviseur adjoint à Neuilly, l'école Michelis était appelée par les parents la « prépa Pasteur » parce qu'elle était considérée comme celle qui y conduisait le plus sûrement.

Dans ces conditions, et malgré toutes les bonnes volontés affichées, il est illusoire de penser « revaloriser » un jour la voie professionnelle. Les enfants de la bourgeoisie ne vont pas en voie professionnelle et n'iront jamais, sauf lorsque l'un d'entre eux, qui ne trouve guère de sens à son école de management, décide de passer un CAP pâtissier ou bronzier après avoir préalablement obtenu une double licence et un master. Ainsi les efforts portés par l'institution sur la voie professionnelle ont-ils surtout pour objectif d'y faire converger de leur plein gré, plutôt que par la contrainte, les élèves en échec.

Et souvent aussi les plus pauvres. En France, bien plus qu'ailleurs, les élèves des milieux économiques défavorisés sont surreprésentés dans les filières professionnelles : 33 % d'entre eux y sont scolarisés, contre 17 % en moyenne dans l'OCDE ; à l'inverse, la voie professionnelle ne scolarise que 6 % des élèves les plus favorisés, contre 7 % en moyenne dans l'OCDE. Il est donc vain de penser que l'on peut promouvoir ce qui est explicitement vécu comme une double exclusion, sociale et scolaire. La qualité des professeurs, les excellentes perspectives d'emploi ou d'études supérieures en alternance n'ont que peu d'effets sur les représentations des jeunes et de leurs familles : à de rares exceptions, les formations en esthétique, en hôtellerie-restauration ou dans la maintenance automobile, l'apprentissage précoce d'un métier est perçu comme une sortie de route, hors de la « voie royale ». Et peut-on blâmer les familles de résister à l'orientation forcée en voie professionnelle quand elle conduit, en France plus qu'ailleurs, à creuser les écarts de performance entre jeunes ? Dans la dernière enquête Pisa, les élèves scolarisés dans ces filières (20 % de la population scolaire globale) ont obtenu des résultats inférieurs de 90 points en mathématiques à ceux obtenus par les élèves scolarisés dans les filières générales et technologiques, contre 59 points dans la moyenne de l'OCDE.

Cette situation fausse complètement le rapport à l'orientation. Il est sain que les élèves découvrent progressivement leurs centres d'intérêt et leurs appétences. Mais au collège, les dispositifs de découverte des métiers ne sont proposés qu'aux élèves en échec et les entretiens avec les psychologues de l'éducation nationale (Psy-EN), pas suffisamment nombreux, leur sont prioritairement réservés. Ceux qui n'ont pas de difficultés scolaires sont peu incités à envisager leur avenir avant la classe de 1re, voire de terminale, et paniquent lorsqu'ils sont sommés, en quelques semaines, de formuler des vœux sur Parcoursup. Une orientation trop souvent gérée dans l'urgence, fondée sur des représentations factices et des idées reçues, et qui conduit à des désastres dans le supérieur : démotivation, décrochage, réorientations, échec aux examens. Et parfois des dépressions sévères.

Depuis cinquante ans, si notre système éducatif s'est largement ouvert à l'ensemble d'une génération, y compris aux élèves en situation de handicap, son organisation ne permet pas de remettre en cause les hiérarchies constituées. Comme le souligne un récent rapport de France Stratégie, « dès l'âge de deux ans, les enfants issus d'un milieu socialement ou culturellement favorisé maîtrisent davantage de compétences utiles pour l'acquisition ultérieure des savoirs scolaires que les enfants de milieu défavorisé. [Par la suite], ils maintiennent cet avantage à l'école [et] cet écart persiste les années suivantes : ainsi, en fin de 3e, seuls 10 % des enfants de cadres et professions intellectuelles supérieures figurent parmi le quart des élèves qui réussissent le moins bien, contre environ un tiers des enfants d'ouvriers[1] ». J'entends d'ici les thuriféraires de la méritocratie : « Mais si ces élèves sont en échec, alors même qu'ils ont passé dix ans au sein du

1. France Stratégie, « Scolarités, le poids des héritages », 2023.

système, c'est qu'ils ne sont pas faits pour. Ou qu'ils ne se sont pas donné les moyens de réussir… »

Implacable raisonnement, qui fait d'un adolescent de 15 ans le seul responsable de son échec. Oubliée, l'étroite connivence intellectuelle des classes favorisées avec le système scolaire, celle qui leur permet à la fois d'être en phase avec les attendus académiques et de choisir habilement filières et établissements. Passés sous silence, ces parents de PCS favorisés, maîtres d'eux comme de l'univers, pour paraphraser Corneille, qui osent plus que les autres s'opposer à une orientation précoce. Balayée, l'iniquité des conditions de scolarisation, quand un élève de CP de Seine-Saint-Denis attend plusieurs mois un maître ou une maîtresse pour commencer à apprendre à lire, ou que se succèdent devant sa classe de jeunes contractuels à peine plus armés que des lycéens.

Si notre système ne se contentait que d'être injuste… Mais malgré, ou peut-être plutôt à cause, de son tri socioscolaire à tous les étages, ses performances restent moyennes à l'échelle des pays de l'OCDE. Ses résultats dégringolent même à chaque nouvelle enquête Pisa, y compris pour les meilleurs élèves. Dans les évaluations Pisa, réalisées tous les trois ans auprès des jeunes de 15 ans des pays de l'OCDE, il apparaît en effet que la France est un élève très moyen. C'est le paradoxe de la prétendue « excellence ». Dans l'étude TIMSS 2023 (*Trends in Mathematics and Science Study*), la France est le dernier pays de l'Union européenne en mathématiques en CM1, avec 484 points, contre 615 pour Singapour, qui est au premier rang. Elle est également en queue de peloton en classe de 4e, avec une baisse de 46 points depuis 1995. Ainsi les collégiens français de 4e en 2023 sont-ils au même niveau que les élèves de 5e en 1995. Comble de l'ironie, nous avons peu d'élèves de haut niveau : ils ne représentent que 3 % de nos contingents, contre 9 % en moyenne dans l'Union européenne et 49 % à Singapour. En 4e, le nombre des élèves très faibles est passé de 3 % en 1995 à 12 % en 2019 pour atteindre 17 % en 2023... alors que les mathématiques sont omniprésentes dans les emplois du temps et que la France s'honore de nombreuses médailles Fields.

Là encore, certains interpréteront cette « baisse du niveau » comme le résultat du maintien, au sein du système scolaire, des élèves les plus en difficulté, les « boulets » des « premiers de cordée ». Et de réclamer pour ces mauvais sujets un examen de passage en 6e ou l'assignation à résidence dans des filières de « remédiation », loin de leurs enfants. Là non plus il ne faut pas être naïf : la forte hétérogénéité est un défi épuisant pour les professeurs, qui effectuent la quasi-totalité de leur service en classe entière ; et les élèves en échec sont souvent les trublions des classes, il faut bien se distinguer d'une manière ou d'une autre.

Mais choisir de se débarrasser, le plus tôt possible, des élèves considérés comme « inadaptés » au système n'est ni moral, ni humain, ni efficace.

Immoral quand, au sein d'une société démocratique, on estime que tous les enfants ne sont pas capables d'apprendre et de progresser. Inhumain au regard de l'image désastreuse de lui-même que se construit l'élève précocement rejeté et isolé du reste de sa classe d'âge. Inefficace, car ces élèves, regroupés au sein de sections socialement et scolairement homogènes, ne progresseront pas, venant grossir les rangs des travailleurs peu qualifiés, ou, pire, des décrocheurs. Notre malthusianisme scolaire a un prix social et économique très élevé. Il faut être éhontément sûr de soi, comme élu du peuple, pour penser que l'on peut se passer systématiquement d'un quart d'une génération. C'est d'abord prendre un risque énorme en termes de cohésion sociale. On ne voit déjà que trop les effets des rancœurs contre l'institution scolaire, incapable d'intégrer ces jeunes au sein du projet républicain. Et c'est faire fi des conséquences de la sous-qualification ; très prosaïquement, on écarte du marché du travail, parfois définitivement, des milliers de jeunes dont l'économie française a cruellement besoin dans de nombreux secteurs en manque de main-d'œuvre qualifiée.

La France est un petit pays à l'échelle du monde. Elle ne peut plus se permettre de trier ou d'écarter des pans entiers de sa propre population. Dans la compétition mondiale qu'elle subit, elle a besoin de tous ses bras et de toutes ses têtes : ainsi, une école uniquement organisée pour extraire de la masse une infime élite, qui plus est immuablement choisie dans le même vivier, ne remplit ni sa fonction d'élever le niveau de qualification, ni son objectif de cohésion nationale.

Cette élite en est-elle d'ailleurs encore une ? Est-elle adaptée aux nouveaux défis mondiaux, alors même qu'elle est recrutée sur des épreuves académiques presque immuables ? Et joue-t-elle encore le rôle pour lequel elle a été conçue, le service de l'intérêt général, lorsqu'elle s'expatrie vers des carrières plus rémunératrices à l'étranger ou qu'elle pantoufle à la sortie des grandes écoles ? Quel est le sens de rémunérer, à Normale sup, des étudiants issus à 95 % de milieux ultra-favorisés, alors qu'aucun ne souhaite enseigner ?

Un système construit sur une logique sélective, forgé sur la croyance qu'une petite élite gouverne tout, régit tout, est encore plus inadapté en temps de crise. Chacun doit s'accommoder au quotidien de services publics exsangues, malgré une fiscalité forte : la défiance de la population vis-à-vis des hauts fonctionnaires et des élus en est renforcée.

Mais surtout, notre système éducatif est largement inadapté à une société complexe aux défis considérables. Pour les relever, il faut l'adhésion de tous et la mobilisation de chacun. Or, un système éminemment sélectif est porteur d'un idéal seulement individualiste. Partout les entreprises, les laboratoires, exigent désormais de la coopération entre les individus. Comment un système fondé sur le concours et la concurrence peut-il répondre à ces exigences ? Le Japon et la Chine pratiquent la sélection scolaire à outrance. Mais le premier s'inscrit dans un système de valeurs dans lequel le collectif l'emporte sur l'individu, conduisant l'ensemble du système scolaire à acculturer ses élèves à la coopération. Et le second peut se permettre de trier au regard de son poids démographique :

ses élites se comptent en millions d'individus, et l'industrie manufacturière intègre encore les masses peu qualifiées. C'est beaucoup moins le cas de la France qui, dans une économie postmoderne, de plus en plus centrée sur les « services », doit d'abord compter sur ses cerveaux.

Depuis la pandémie, une question me taraude. Comment le pays de Pasteur, celui de très grands laboratoires pharmaceutiques de rangs mondiaux, a-t-il pu passer à côté de la découverte d'un vaccin contre le Covid ? Je forme l'hypothèse que la réponse est contenue dans la formation de nos élites. Chacun veut arriver en tête, est persuadé qu'il détient la solution et qu'il va réussir seul. Les rivalités ont tenu lieu de réflexion collective. Pendant ce temps-là, les États-Unis ou la Grande-Bretagne ont su mettre de côté les *ego* de chercheurs venus de tous horizons et travailler ensemble sur un projet commun. C'est une culture différente, celle des projets Manhattan ou Apollo. Ce n'est pas le projet d'une femme ou d'un homme seul, mais bien d'un collectif. La science évolue, les difficultés pour répondre à la complexité des enjeux nécessitent la mobilisation d'intelligences diverses et nombreuses. C'est la tendance que l'on constate d'ailleurs dans l'attribution des prix Nobel. De plus en plus souvent, on ne récompense pas un seul individu, ils sont deux ou trois à recevoir le prestigieux prix, qui récompense des travaux souvent réalisés il y a plusieurs décennies. Pour les découvertes plus récentes, ce sont des équipes entières qui seront récompensées.

Ce qui caractérise le système français est pratiquement en opposition avec les attentes d'aujourd'hui. Ce souci sinon cette obsession française de la sélection et du tri conduit à ce que chaque élève entre dans un véritable lit de Procuste[1]. Que de souffrance et de gâchis ! À côté de combien de talents passons-nous ? Alors que notre société manque de ressources dans tous les domaines d'activité, de la restauration au bâtiment, des métiers de la médecine à ceux de l'ingénieur en passant par les professeurs et chercheurs, nous en sommes encore à repérer les élèves qui pourraient prétendre aux grandes écoles. Et pour quel résultat ? Les normaliens ne se destinent pas au professorat et nombre de polytechniciens préfèrent la City de Londres à une carrière d'ingénieurs français. Encore à la rentrée dernière, 3 400 professeurs manquaient officiellement à l'appel.

Nous ne pouvons résolument plus nous permettre cette école du tri qui produit une société du gâchis. La question n'est pas de sélectionner quelques talents, mais de repérer et de promouvoir dans chaque élève le talent dont il pourra faire bénéficier la société en s'épanouissant. C'est une question de survie pour la société française que d'élargir le vivier et de recourir à l'ensemble des talents dont elle dispose. C'est une question de survie démocratique aussi. À force d'exclure des pans

1. Personnage du mythe de Thésée, qui possédait un lit si particulier qu'il ne s'adaptait à personne, ce qui contraignait Procuste à scier ceux qui étaient trop grands et à allonger ceux qui étaient trop petits. Nous parlerions aujourd'hui de double contrainte.

entiers de la population française, on fournit aux démagogues de tous horizons le matériau inflammable de la guerre civile. C'est donc en posant ces deux principes, utilité sociale, unité nationale, qu'il faut se demander quel modèle d'école, de collège et de lycée nous voulons pour faire à nouveau société.

Pour répondre à la fois aux exigences du marché du travail de demain et à celles de la cohésion nationale, il est urgent de proposer de nouvelles formes d'organisation du travail scolaire, valorisant la collaboration entre élèves et l'acquisition des *soft skills*. Il ne s'agit pas de naïveté ou de grands idéaux. Il s'agit de pragmatisme. Les habiletés que l'on appelle compétences psychosociales, qui aident à avoir davantage confiance en soi et dans les autres, sont encore largement ignorées des cursus scolaires, alors même qu'elles permettent de faire face aux exigences et aux défis de la vie d'aujourd'hui, en particulier ceux de la vie professionnelle.

La société présente de telles attentes qu'il est nécessaire que l'école développe le collectif et permette de retrouver le sens de l'intérêt général. Sinon, nous risquons une fragmentation de la société qui conduira à des crises majeures. Partager et faire vivre au quotidien les valeurs de la République ne se décrète pas, ni ne se transmet *in abstracto*. On peut répéter à l'envi son amour de la laïcité, de la liberté ou de l'égalité et de la fraternité : si ces concepts ne sont pas incarnés dans une politique et dans un quotidien, ils resteront factices, à l'image des sépulcres blanchis de la Bible. Aussi est-il essentiel d'accorder de l'importance au développement des compétences psychosociales dès la maternelle, de cultiver l'engagement des élèves tout au long de leur cursus, en le valorisant dans les évaluations et en favorisant les travaux le développant.

Enfin, alors que l'exclusion scolaire renforce les fractures déjà béantes de la société française et ne tire personne vers le haut, il est temps de construire un modèle de l'école « moyenne », inclusive de la maternelle à l'université.

Pour cela, l'école de la République doit renouer avec ce qui l'a fondée : l'exigence en matière de savoirs fondamentaux, ces savoirs de base dont la maîtrise seule garantit l'émancipation intellectuelle de chacun et qu'il est plus difficile d'acquérir à un âge avancé. Cette exigence ne doit pas se confondre avec une excellence qui serait le paravent de l'exclusion du plus grand nombre et d'une sélection qui ne permet même plus de pourvoir au fonctionnement minimal de nos services, de nos hôpitaux et de notre économie.

Si l'on doit rechercher pour chaque élève, le plus précocement possible, la maîtrise de la langue (orthographe, grammaire, élocution), du calcul, sans doute également aujourd'hui de l'anglais et du numérique, il faut s'assurer dans le même temps que notre système scolaire fasse lui-même nation. Autrement dit, il ne doit pas confondre l'exigence scolaire avec une logique de concurrence effrénée qui débouche sur la seule sélection de quelques-uns, car en plus d'être immorale dans une société démocratique, celle-ci représente un suicide en termes de compétences perdues pour son économie au sens large.

Au cours de ces dernières années, un fort investissement matériel et pédagogique a été consenti dans le premier degré, notamment par le dédoublement des classes de grande section, CP et CE1 en éducation prioritaire et le plafonnement à vingt-quatre élèves par classe sur ces mêmes niveaux hors de l'éducation prioritaire. Grâce aux évaluations nationales de début et de mi-CP comme de début CE1, on a constaté des premiers fruits : les résultats en français et mathématiques en 6e à la rentrée 2022 étaient supérieurs à ceux observés en 2017. En français notamment, la part des élèves dans les groupes de bas niveau a diminué en réseau d'éducation prioritaire REP + (– 6,9 %). L'étude Pirls, publiée en mai 2023, qui mesure les compétences en lecture et compréhension des élèves de CM1, met en évidence que la France est le seul pays de l'Union qui a vu progresser, en cinq ans, ses résultats à l'école primaire : elle a divisé son retard par deux.

Dans le premier degré, il convient donc de conforter ces acquis, en renforçant les compétences des professeurs pour transmettre de manière efficace les savoirs fondamentaux et les compétences psychosociales. Cela passe par le développement de la formation continue. Il convient aussi de s'appuyer sur la baisse démographique pour rejoindre d'ici 2030 la moyenne de l'Union européenne de la taille des classes au primaire (pour mémoire, vingt-deux élèves en moyenne au primaire en France contre dix-neuf dans les pays de l'Union). À noter qu'au cours de ces dernières années, les efforts consentis par la nation ont permis une baisse de près de deux élèves par classe en moyenne au primaire.

Dans le second degré, il convient de dessiner un parcours scolaire sans exclusion jusqu'à 18 ans, qui laisse à chaque élève le temps de renforcer les savoirs abstraits à son rythme. Ainsi un socle commun de connaissances et de compétences « revisité » pourrait-il être validé par étapes *via* des certifications dans chaque discipline, sur le modèle de la certification européenne en langues vivantes. Mieux que le baccalauréat ou le brevet actuels, dont la note moyenne aux épreuves de l'élève ne dit pas grand-chose de ses compétences réelles, ces certifications conçues au niveau national donneraient aux familles, aux acteurs du monde professionnel, mais aussi aux formations supérieures, une idée réelle de ce que sait et sait faire tel élève. Elles pourraient être passées dès qu'il est prêt, et non selon une logique de génération, qui ne tient pas compte du développement personnel de chacun[1].

Pour cela, il est nécessaire de faire éclater le modèle de l'enseignement simultané pour aller vers l'enseignement individualisé, où chacun avance à son rythme, et vers l'enseignement mutuel, où les élèves collaborent entre eux. Si on continue de penser l'enseignement comme un face-à-face pédagogique entre un professeur

1. C'est ce qui a été réussi avec la plateforme PIX, un service public en ligne d'évaluation et de certification des compétences numériques dont l'objectif est d'évaluer le niveau de maîtrise des connaissances et des compétences numériques de chacun tout au long de la vie. Tout citoyen peut s'inscrire gratuitement sur cette plateforme, avec une adresse mail pour évaluer ses compétences numériques et les développer

et une classe, on ne pourra sortir de l'ornière actuelle. Il est possible de penser d'autres organisations dans les établissements, mobilisant d'autres adultes, des assistants d'éducation (AED) aux missions enrichies notamment, sur des séances d'entraînement, d'application ou d'étayage ; ou encore de définir autrement le service des professeurs, en incluant des tâches d'accompagnement pédagogique conduisant à une revalorisation salariale ; ou bien de penser une organisation scolaire au lycée alternant, comme à l'université, des cours de type « conférence » avec des séances en petits groupes. Le modèle d'enseignement simultané, qui domine tout le système scolaire, est à cet égard un piège pour les professeurs, qui y sont pourtant attachés : des cours donnés presque exclusivement en classe entière, où l'on s'adresse à tous et à personne ; un mode « dialogué », alternance de questions-réponses pour ne pas dire qu'on dispense un cours magistral dans lequel ce sont toujours les mêmes qui répondent et qui ne permet pas de vérifier les acquis.

On ne dira jamais assez non plus comme ce modèle isole le professeur. L'isolement-désolation du professeur est à mon sens le sujet principal du film *Pas de vagues*, sorti en 2024 et réalisé par Teddy Lussi-Modeste. Il s'inspire d'une histoire vraie vécue par le réalisateur en 2020, lorsqu'il était professeur de français dans un collège d'Aubervilliers et fut accusé à tort de harcèlement par une élève. Julien, le jeune enseignant interprété par François Civil, tente de prouver son innocence. Mais face aux pressions du grand frère de la jeune fille et de ses camarades de classe, il n'obtient pas de soutien de ses collègues ni de sa hiérarchie. On assiste à la détresse d'un professeur qui se débat seul à la suite d'un simple malentendu, confronté aux mécanismes du groupe et de la rumeur, de la peur et de la lâcheté. Inéluctablement, les autres membres du collège agissent comme une communauté à la recherche d'un bouc émissaire.

Au cours des dernières décennies, sans doute l'institution n'a-t-elle en effet pas assez été dans le soutien de ses personnels en général, de ses professeurs en particulier. Mais ce n'est à mon avis pas le seul problème. Face à tout ce qu'ils vivent aujourd'hui, face à des élèves et à des parents qui n'hésitent pas à défier l'autorité et ne connaissent plus certaines limites, les réponses doivent être beaucoup plus collectives. Julien tente de transmettre avec passion la littérature. Comme il le dit à ses collègues qui lui reprochent ses maladresses, lui, du moins, s'y essaie.

Imaginons que ce professeur enthousiaste puisse bénéficier d'heures de formation, d'échanges de pratiques avec ses collègues. Imaginons aussi qu'il bénéficie du regard de collègues plus expérimentés, de co-interventions de ses pairs ou d'AED ; que le modèle d'enseignement soit moins simultané. Le scénario serait-il le même ? Je crois aujourd'hui que ce modèle solitaire d'enseignement, non seulement ne permet pas au professeur de transmettre efficacement, mais encore le met potentiellement en fragilité sinon en danger.

À terme et pour parachever la réunion effective des deux écoles, l'orientation post-3e devrait être supprimée pour tendre vers un « lycée unifié », tout en conservant certaines formations que les élèves choisissent par goût et qui proposent une insertion professionnelle effective après le baccalauréat ou le CAP, ou encore les voies où l'apprentissage fait largement ses preuves.

Plutôt que d'envoyer sur le marché du travail des élèves de baccalauréat professionnel ou de CAP que les entreprises hésitent à recruter au regard de leurs lacunes dans les disciplines « générales » ou de leur jeune âge, il serait préférable de leur permettre de renforcer leurs compétences dans un *continuum* de formation collège-lycée, qui permette le choix indifférencié de modules généraux, technologiques ou professionnels pour tous les élèves. C'est la seule façon d'en finir avec la hiérarchie entre filières, élèves et professeurs, et de conduire les élèves vers les enseignements professionnels sans que cela soit vécu comme un échec. Combien d'élèves de 3e ou de 2de générale et technologique souhaiteraient aujourd'hui suivre un enseignement de mécanique ou d'économie-gestion sans pour autant se spécialiser ? Pourquoi un élève orienté précocement en voie professionnelle en raison de ses résultats de 3e en français et en mathématiques ne pourrait-il pas suivre un enseignement d'informatique ou d'art ainsi qu'en bénéficient actuellement ses homologues de la voie générale ?

L'accompagnement à l'orientation gagnerait à ces découvertes précoces, mais sans engagement. Cela permettrait aux élèves, d'une part de développer d'autres compétences, d'autre part de choisir leur orientation postbac de manière plus concrète et plus réfléchie.

Un secondaire unifié devrait ainsi nécessairement proposer des enseignements artistiques, pratiques, techniques/technologiques communs, pour tous les élèves, jusqu'à la fin de la scolarité obligatoire, avec la possibilité de les approfondir pour ceux qui le souhaitent. Comment peut-on sérieusement penser qu'en restant dans l'entre-soi, sans jamais avoir approché les réalités du travail de production, on sera un bon manager ? Lors d'un voyage au Japon, j'ai assisté dans un lycée à un cours de mécanique en atelier. Les élèves regroupés étaient futurs ouvriers qualifiés, techniciens ou ingénieurs. Cela permettait à chacun de développer des compétences différentes. Les plus avancés aidaient ceux qui peinaient davantage et s'assuraient ainsi d'avoir eux-mêmes bien compris l'ensemble des tâches.

Au collège, comme au lycée, les élèves devraient donc pouvoir choisir leur parcours dans le cadre de programmes faisant une plus large part à tous les types de savoirs. On pense notamment à l'introduction du numérique et du codage, à la possibilité de renforcer les activités artistiques ou encore à la réintroduction du travail manuel. En Suède, chacun suit des cours de cuisine, de travail du bois et de l'acier, ce qui permet la maîtrise de compétences que les élèves n'appréhendent plus par ailleurs, comme de révéler certains dans ces domaines. Cela contribue parfois à les remotiver dans d'autres disciplines. Pourquoi pas chez nous ? Cela ferait aussi beaucoup plus dans la lutte contre les discriminations, le regard sur les métiers, l'égalité filles-garçons, que bien des discours !

Enfin, à tous les niveaux de la scolarité, face aux forts enjeux de santé mentale et physique des élèves, le parcours scolaire doit placer l'activité physique et sportive au centre de ses préoccupations et chaque établissement doit pouvoir disposer d'un psychologue expérimenté. Il faut proposer des activités sportives qui permettent à la fois de travailler sur l'endurance et la persévérance, sur l'apprentissage de l'analyse et de la stratégie, sur la motricité fine et le collectif. L'horaire du sport à l'école, à tous les niveaux de scolarité, doit au moins être égal ou supérieur à une heure par jour, avec des activités diversifiées. Les complémentarités avec le mouvement sportif doivent être développées. Pourquoi ne pas imaginer des défis à l'intérieur et entre établissements ? Une journée du sport, comme au Japon ? Il ne s'agit pas d'une énième journée gadget, mais d'une véritable fête des sports qui arrive comme un point d'orgue et consacre l'entraînement et les efforts des élèves tout au long de l'année, renouant avec la devise : « Un esprit sain dans un corps sain ».

Dans la logique du renforcement de l'encadrement adulte en établissement, recruter davantage de psy-EN (psychologues de l'Éducation nationale) est incontournable. La dimension psychologique des élèves est insuffisamment prise en compte. Or, cette prise en charge est devenue une nécessité face à des enfants et à des adolescents en souffrance de plus en plus aiguë. Sur une population de mineurs estimée à 14 millions, 1,6 million souffrent d'un trouble psychique alors que 750 000 à 850 000 seulement bénéficient de soins psychiatriques[1].

En contrepoint de ces chiffres impressionnants, le nombre de pédopsychiatres a diminué de 34 % entre 2010 et 2022, passant de 3 113 en 2010 à 2 039 en 2022 tandis que 58 % des lits de pédopsychiatrie ont été supprimés. Si l'on ajoute le manque de coordination entre les acteurs de premier niveau (école, protection maternelle et infantile, médecins généralistes, pédiatres) et les équipes spécialisées en pédopsychiatrie, le tableau est particulièrement inquiétant. Et je ne parle là que des maux les plus graves. Or, nous ne pouvons compter à l'Éducation nationale que sur un psychologue pour 1 500 élèves, soit deux fois moins qu'au Danemark, par exemple. Nous devrions nous donner pour horizon de doubler le nombre de ces professionnels.

Sur ces différents champs, on gagnerait à lancer des appels à projets, des expérimentations sur la base du volontariat, et à les évaluer.

Et après le baccalauréat ? Le système des classes préparatoires est bon, et il ne s'agit pas de le saborder. Les professeurs qui y exercent sont de grande qualité, et font preuve d'un engagement sans faille auprès

1. « La pédopsychiatrie. Un accès et une offre de soins à réorganiser », communication à la commission des affaires sociales de l'Assemblée nationale, Cour des comptes, mars 2023.

de leurs étudiants. Le fort encadrement (48 élèves par classe au maximum, mais dans les faits plutôt entre 30 et 40), la densité d'heures hebdomadaires et la diversité des enseignements proposés assurent une poursuite d'études réussie à chacun en deux ou trois ans, même si tous n'entrent pas à Polytechnique ou à Normale sup. Les entraînements y sont nombreux, à l'écrit comme à l'oral, préparant les étudiants à subir sans crainte examens et concours à venir.

Revers de la médaille, le système est coûteux. Pour les seules interrogations orales, les fameuses « khôlles », la facture s'élève à Paris à près de 300 postes équivalents temps pleins (ETP), un chiffre vertigineux lorsqu'on le compare aux négociations à l'heure près qui se déroulent entre les collèges et à la division des moyens au moment de l'attribution des heures d'enseignement. Dans ce cadre, il n'est guère étonnant que le coût d'un élève de classe préparatoire soit de 17 260 euros par an contre 11 190 pour un étudiant en licence.

Voilà pourquoi conserver le modèle des classes préparatoires ne peut se concevoir que si cela répond à un double objectif : celui d'être ouvert à toutes les classes sociales et celui de répondre aux besoins de la société.

Ce modèle devrait notamment s'adresser à des étudiants qui ne sont pas nécessairement en difficulté, mais qui ont besoin d'être plus accompagnés que les autres, en raison par exemple de leur origine sociale ; et quitte à ce qu'il soit coûteux, qu'il permette de former ces jeunes aux métiers en tension. Ces classes devraient devenir un grand vivier pour nos professeurs, techniciens, ingénieurs de production, personnels de santé, cadres de la fonction publique.

Afin de lutter contre l'autocensure et le tri social implicite, le lycée d'origine devrait être « anonymisé » sur Parcoursup et une réflexion engagée sur les critères d'admission dans les filières sélectives, afin de diversifier les profils accueillis : actuellement, la suprématie des « grands lycées » et des attendus académiques, non seulement écarte les potentiels candidats issus de milieux moins favorisés, mais conduit à la reproduction d'élites peu agiles et peu innovantes lorsqu'elles sortent de leur zone de confort.

5

Le plus beau métier du monde

Début des années 1990. Au terme d'une scolarité chaotique, mais qui m'aura finalement conduit à une maîtrise de lettres, je peux enfin réaliser le projet qui me tient à cœur depuis le lycée, et qui s'est renforcé au cours de mes études supérieures : devenir professeur, c'est-à-dire passer les concours du Capes et de l'agrégation. La curiosité qui ne m'a jamais quitté, la figure d'enseignants qui ont su l'aiguiser, la réussite qui est venue tardivement, tout cela a forgé en moi la vocation d'enseigner. Cela tombe bien puisque, au début des années 1990, le besoin de professeurs est déjà si criant que le ministre de l'Éducation nationale, Lionel Jospin, lance de nombreuses campagnes de recrutement.

Au printemps 1991, après une année de préparation à l'université de Nanterre, je passe donc les écrits de ces deux concours à la Maison des examens d'Arcueil. Les générations de futurs professeurs qui ont pénétré dans ces locaux se retrouveront sans doute dans le mélange de frayeur et de solennité que l'on y éprouve. À deux pas de l'avenue Vladimir-Ilitch-Lénine, on n'échappe pas au côté monumental et impersonnel du bâtiment qui rappelle d'emblée que l'institution scolaire est d'abord une machine aussi froide que gigantesque. J'obtiens le Capes et j'échoue à l'agrégation. Même si c'est bien sûr une déception, je suis heureux de devenir professeur stagiaire, remettant à plus tard une nouvelle préparation de l'agrégation.

C'est alors *via* le Minitel que l'on postule et découvre son affectation. Avec un nombre de points minimal, il faut exprimer des vœux larges pour espérer obtenir un poste. Même les académies de Versailles et de Créteil sont trop chères. Pour mon année de stage, je suis donc nommé au lycée Raymond-Queneau d'Yvetot, dans l'académie de Rouen. Un établissement neuf au cœur du pays de Caux, à l'ombre de Maupassant, de Victor Hugo et de ses fantômes.

J'appréhende cette rentrée dans un mélange de sentiments confus, entre exaltation et peur quasi panique. Je n'ai pour bagage que la fréquentation des œuvres littéraires et ma propre scolarité.

J'ai pour habitude, ironie de tout mon parcours, d'« inaugurer » les nouveaux dispositifs mis en place par l'Éducation nationale. Cette rentrée 1991 est aussi l'an I des instituts universitaires de formation des maîtres (IUFM), qui doivent renforcer le professionnalisme des jeunes professeurs en adossant plus étroitement leur formation à la recherche. Deux journées sont donc prévues à Mont-Saint-Aignan avant que nous rencontrions nos classes. Mais rien n'est véritablement prêt, ni préparé. Deux professeurs, sans doute repérés par l'inspection pédagogique régionale, sont chargés de nous accueillir et de nous donner quelques clés du métier : prise en main de la classe, exemple de cours… Le kit de survie pour tenir quelques heures, et rien de plus.

Début septembre 1991, je me retrouve donc face à une classe de plus de trente élèves de 2de sans autre préparation. Heureusement, nous bénéficions aussi d'un tuteur dans notre établissement d'exercice. Pierre Blanchard est un professeur de lettres classiques expérimenté, cultivé et affable. Âgé d'une quarantaine d'années, il me met immédiatement en confiance. C'est à ses côtés que je vais apprendre les rudiments du métier, dans l'observation croisée de nos cours respectifs. Une méthode qui permet d'être immédiatement opérationnel, même si l'on peut regretter qu'elle arrive un peu tard dans la formation. Sans jamais plus d'un cours d'avance, il faut s'adapter à grande vitesse, car les élèves n'attendent pas.

Pour mes débuts, j'ai de la chance : la classe est agréable, et même si tous les élèves ne sont pas passionnés de littérature, ils veulent leur baccalauréat et sont polis. Cela ne signifie pas que tout est simple et qu'ils écoutent toujours avec attention. D'autant que je commence en m'appuyant sur des cours d'enseignement supérieur que j'essaie de mettre au niveau d'élèves de 2de. C'est évidemment maladroit, d'autant que la lecture des premières copies met en évidence une maîtrise très hétérogène de la syntaxe et de l'orthographe. J'ai beau avoir eu une scolarité difficile, ces lacunes me surprennent. Malgré cela, il faut préparer les élèves à des exercices ambitieux et je passe mon année à courir après un temps insuffisant pour m'occuper à la fois de méthodologie de la langue et des contenus littéraires.

La gestion de l'hétérogénéité de la classe est alors un sujet central en salle des professeurs, comme à l'IUFM, source de fortes tensions et interrogations. Je peine à me forger un avis, pris entre enseignants syndiqués qui déplorent le manque d'heures, notamment en demi-groupe, pour s'occuper de chaque élève, ceux qui regrettent l'arrivée au lycée d'un public diversifié et ceux qui, comme nos formateurs, prônent une pédagogie ésotérique dans un langage codé. Ne faut-il travailler que pour les élèves qui boivent vos paroles et semblent très heureux de ce que vous leur racontez ? Ou passer plus de temps avec les plus en difficulté, au risque de ne plus nourrir suffisamment les premiers ? À ces questions essentielles, l'institution ne répond pas, sinon par une surenchère de formalisme jargonnant : à l'IUFM, il ne faut pas parler de cours mais de *séances* réunies en *séquences* ; les élèves sont des *apprenants* que l'on *met en activité* ; les exercices sont des *évaluations formatives* et les contrôles, des *évaluations sommatives*.

Au moins avons-nous affaire, avec nos deux formateurs, à des professeurs expérimentés qui connaissent les classes et les élèves. Même si leur cours ne rencontre pas toujours ce que je connais de la littérature, et c'est un euphémisme, il y a des choses à glaner entre la présentation de l'objet-livre et celle de l'*incipit* en littérature.

Ce n'est pas du tout le cas avec les cours « théoriques », enseignés par des universitaires et des militants associatifs, expression même de la bonne intention manquée. L'histoire de l'éducation comme la psychologie de l'enfant arrivent un peu tard et sont autant de savoirs déconnectés de notre quotidien de classe. J'en concevrai, comme beaucoup de jeunes enseignants, une grande méfiance pour les sciences de l'éducation. C'est d'autant plus dommageable que je sais aujourd'hui l'importance de former les professeurs aux différentes méthodes pédagogiques, en s'appuyant sur les résultats de la recherche.

Plus difficile encore est pour moi une approche des textes simpliste et corsetée, loin de la littérature qui raconte et qui fait rêver. Les dérives que j'avais déjà perçues à l'université dans la méthode d'analyse des textes deviennent ici la règle. Les champs lexicaux, sémantiques, les tableaux de classement des textes découpés en thèmes et complétés de croix, les focalisations zéro, interne et externe[1] dans lesquelles aucun grand texte ne rentre pourtant jamais me sont une souffrance. Je ne suis pas le seul : pour mon tuteur, ces approches sont les fossoyeurs de la littérature et sont responsables de la baisse du niveau des élèves. Bon an, mal an, je fais comme lui : je m'accommode des injonctions de l'institution, arrivant à conserver de l'exigence

1. Selon le critique littéraire structuraliste Gérard Genette (1930-2018), la focalisation est le point de vue adopté par l'auteur dans la conduite de son récit. En focalisation zéro, le récit est raconté selon le point de vue d'un narrateur omniscient, qui connaît tout de l'action et de la psychologie des personnages. En focalisation externe, le narrateur raconte les événements comme un témoin. En focalisation interne, on représente les événements à travers la sensibilité et le regard d'un personnage.

dans le choix des textes proposés aux élèves et une certaine liberté dans leur approche.

La réalité institutionnelle me rattrape lorsque je dois produire et présenter mon « mémoire professionnel », commande nouvelle des IUFM, qui doit me conduire à « problématiser » une séquence.

Nous sommes tous très réticents devant cet exercice dont les agrégés sont dispensés, ce qui en dit long sur la réflexion pédagogique que l'on attend des professeurs réputés les plus qualifiés. Personnellement, je ne me résous pas à proposer un corpus de textes découpés comme du jambon sous cellophane et agrémentés d'une différence entre imparfait et passé simple dans le récit. Je veux produire un cours adapté aux élèves, mais qui ne renie en rien la transmission de la littérature. Partir d'un genre, obligatoirement. Introduire de l'histoire ensuite, de l'anecdote autour de l'environnement des élèves, un tableau ou un monument. En bref, procéder comme j'ai moi-même été formé à la littérature, par de nombreux détours contextuels. Les grands professeurs qui faisaient référence à l'époque, comme Marc Fumaroli ou Jacqueline de Romilly, utilisaient toutes sortes de chemins de traverse pour capter, charmer et convaincre leur auditoire.

Je me suis donc lancé dans un travail d'équilibriste, qui devait satisfaire aux exigences formelles de l'institution sans sacrifier à l'âme des textes choisis. Tout en s'adaptant au niveau de chaque élève, mais sans rien connaître des méthodes d'enseignement et de leurs effets sur les différents publics. Je choisis de traiter de l'éloge en littérature. Le Grand Siècle est au programme d'histoire de mes élèves, ce qui me permet de confronter un éloge de Louis XIV par Charles Perrault à *La Gloire du Val-de-Grâce* de Mignard. L'occasion d'embarquer mes petits Normands dans un voyage à Paris, pour une déambulation du Louvre au Val-de-Grâce, de l'œuvre d'art vers le texte, et finalement du concret vers l'abstrait.

Content de moi, même si ma « séquence » est loin d'être parfaite, n'ayant bénéficié d'aucun apport « scientifique » dans ma démarche pédagogique, je vis pourtant ici ma première confrontation « idéologique » avec l'institution. Je soutiens ainsi mon mémoire professionnel devant un auditoire agacé et soupçonneux, qui m'indique clairement que je ne suis plus à l'université, qu'il faut que je m'adapte au public lycéen, et que je dois donc me méfier de ma tendance à mettre en avant des textes dits « patrimoniaux ». Bref, je dois revoir mes ambitions à la baisse si je ne veux pas aller au-devant de lourdes déconvenues : « Quand vous serez en ZEP, monsieur Kerrero, croyez-vous que vous pourrez enseigner des textes classiques ? » – voilà le mépris dont certaines bonnes consciences couvrent les plus défavorisés. Dès ma première année d'enseignement, le ton était donné : l'exigence et l'excellence académique ne sont pas pour tous les élèves. Je fais profil bas tout en me promettant de ne jamais rien lâcher de ce côté-là.

Et malgré cette déconvenue et ce désaveu institutionnel, je suis titularisé.

Toujours parisien, je demande à me rapprocher de la capitale dès la rentrée suivante. C'est peut-être une erreur : j'aimais cette Normandie cauchoise, sa mer crayeuse et ses hêtraies majestueuses. Je m'en retrouve de fait très loin, dans l'académie de Créteil, dans un collège de Claye-Souilly, en Seine-et-Marne, en tant que titulaire sur zone de remplacement (TZR), autrement dit, un poste provisoire pour une année scolaire.

Cette affectation réveille mes terreurs de collégien. J'ai beaucoup aimé le contact avec les lycéens, qu'en sera-t-il avec des élèves plus jeunes, à travers lesquels je revois mes terribles années au collège ? D'autant que, dernier arrivé et petit jeune d'une équipe bien installée dans cet établissement, j'ai droit à un cadeau de bienvenue : une classe « un peu à part », *dixit* le principal adjoint. En clair, une 3e d'insertion. Oh, que je me rassure, ils ne sont pas très nombreux. Pas bien méchants non plus. Non, on a simplement regroupé là les élèves les plus faibles de l'établissement, ceux qui ne peuvent pas suivre la scolarité du collège unique et que l'on destine au mieux au CAP, autre marque du mépris dans lequel on tient les métiers manuels. L'objectif est donc modeste : les conduire au certificat de formation générale (CFG), diplôme de fin de scolarité obligatoire qui garantit une toute petite maîtrise des compétences de base en français et en mathématiques.

Cette expérience est un choc, pour moi comme pour les collégiens. Je n'ai jamais été confronté à des élèves dans une telle difficulté scolaire et à ce point en rébellion contre l'école. Très rapidement, je me trouve démuni. Il faut calibrer les exercices, les textes, et beaucoup ont de telles lacunes qu'ils déchiffrent à peine. Ce qu'ils me demandent, c'est de leur passer des films. Obtenir leur attention est un défi de tous les instants, qu'il faut gérer seul. Il est clair qu'aucun professeur de français n'a souhaité prendre en charge cette classe : une sorte de mauvaise conscience flotte donc dans l'équipe de lettres, mais nul collègue ne me propose son aide. La seule écoute que je reçois vient d'un professeur de technologie, dont l'essentiel de la carrière s'est déroulé en section d'enseignement général et professionnel adapté (Segpa) et en lycée professionnel. Il tente de m'expliquer le sentiment d'échec constant de ces élèves, leur animosité à force d'être exclus.

Cette expérience sera déterminante dans ma conviction que le regroupement d'élèves en grande difficulté dans une même classe est vain, sinon contreproductif. J'ai vécu ce sentiment d'exclusion en tant qu'élève, condamné aux groupes de soutien. Mais ce n'est rien à côté de ces collégiens qui nous font payer leur scolarité apocalyptique, tout à fait conscients d'être comme parqués dans cette classe qui se révèle d'insertion comme « la liberté, c'est l'esclavage » chez Orwell.

Mieux armé, j'aurais été plus efficace. Mais je n'aurais pu faire de miracles : les lacunes en lecture et en écriture doivent se traiter beaucoup plus en amont, pas à 15 ans, au sein de classes de relégation. J'apprendrai beaucoup plus tard, par mes lectures, qu'il est extrêmement difficile de compenser un mauvais apprentissage de la lecture et de l'écriture après 11 ans[1]. Et que les classes de niveau, si elles répondent au besoin d'entre-soi d'un certain nombre de parents et semblent être frappées du sceau du « bon sens », ne permettent pas aux plus faibles de progresser[2].

Cette année en demi-teinte s'achève et je ne souhaite pas poursuivre au collège : est-ce par volonté de rejoindre le lycée où je me suis épanoui comme stagiaire ? Est-ce pour sortir du statut peu confortable de TZR ? Dans la presse syndicale, la seule à nous informer de ce qui se passe dans la maison Éducation nationale, j'ai vu passer la création d'établissements dits « sensibles » : un nouvel essai de sauvetage, par l'institution, de collèges et de lycées accueillant un taux élevé d'élèves issus de milieux défavorisés et en difficulté scolaire, et où règne un climat d'insécurité, marqué par un taux d'incidents important. Bref, des ghettos scolaires au cœur des ghettos sociaux.

---

1. C'est notamment Stanislas Dehaene, spécialiste des neurosciences cognitives, qui a démontré que des changements dans la plasticité cérébrale rendent l'apprentissage de la lecture plus difficile à partir de la fin de l'enfance, soit autour de 10-12 ans. L'hypothèse des « fenêtres d'opportunité » pour l'apprentissage, fondée sur la plasticité cérébrale, montre que des circuits neuronaux spécialisés dans la reconnaissance des lettres et des mots se *développent* plus facilement pendant l'enfance. Après 11 ans, la plasticité cérébrale diminue, et le cerveau s'est davantage spécialisé dans d'autres domaines, rendant ainsi l'apprentissage de la lecture plus difficile, mais pas impossible.

2. Anne Mazenod, « Classes de niveau : variations internationales dans les regroupements d'élèves et la constitution de classes au collège », *Revue de pédagogie française*, 2021, p. 93-108.

Les avantages ne sont pas négligeables : valorisation salariale des personnels et moyens renforcés pour les classes : dédoublement, soutien scolaire, études dirigées, renforcement du nombre d'adultes, deux professeurs principaux par classe. La communication du ministère insiste aussi beaucoup sur leur autonomie et sur la pédagogie innovante qui doit s'y développer. On donne au chef d'établissement la possibilité de choisir les nouveaux professeurs, après lettre de candidature et entretien de motivation. Une petite révolution largement dénoncée par les organisations syndicales, mais où je vois alors la possibilité d'exercer mon métier avec plus de liberté et de responsabilités. Peut-être aussi de l'apprendre avec des personnels motivés. Un poste en lettres est proposé au lycée polyvalent Arthur-Rimbaud de Garges-lès-Gonesse, dans l'académie voisine de Versailles. Je suis retenu.

Il me faut chaque jour une trentaine de minutes, depuis la gare du Nord, pour rejoindre le lycée. Presque exclusivement tourné vers les formations professionnelles, avec une dominante autour de l'automobile, l'établissement ne doit son titre de lycée polyvalent qu'à la présence de trois petites classes technologiques : une 2de « technologie des systèmes automatisés » (TSA), assortie d'une 1re et d'une terminale « sciences et technologies industrielles » (STI). Ce sont ces trois classes qui doivent former mon service principal, mais le compte d'heures n'y est pas, aussi le proviseur me propose-t-il d'enseigner également l'histoire-géographie. Pédagogiquement, ce n'est guère conforme, seuls les professeurs de lycée professionnel (PLP) lettres-histoire étant habilités à intervenir dans plusieurs disciplines. Mais le proviseur m'assure, avec un large sourire, que l'inspection ne s'en mêlera pas.

Et je me retrouve bivalent, heureux de cette nouvelle expérience qui me permet de renouer avec ma passion pour l'histoire. Enseigner plusieurs disciplines dans la même classe donnera aussi plus de temps et de possibilités pour « accrocher » les élèves, face aux enseignements technologiques qui occupent une bonne quinzaine d'heures.

Dès lors, contrairement à ce que beaucoup m'avaient prédit, je passe six années très stimulantes à Arthur Rimbaud. Non seulement j'y apprends mon métier, profitant de la grande liberté pédagogique laissée par le proviseur et de contacts riches avec mes collègues ; mais je constate chaque année davantage combien l'on peut être utile au contact d'élèves issus de milieux défavorisés. Et sur le plan matériel, il est difficile de reprocher quoi que ce soit à l'institution : en série technologique, les classes ne dépassent pas la vingtaine d'élèves et les dédoublements permettent d'avoir des groupes très réduits plusieurs fois par semaine.

Toujours mal outillé sur le plan théorique, la formation continue ne compensant pas ce manque, je construis cependant peu à peu ma « méthode » : fondée sur le projet et la démarche inductive, partant du réel et du concret, à l'image de ce que les élèves apprécient et vivent en construction mécanique. Grâce aux petits groupes et aux études dirigées, je peux travailler en étroite collaboration avec les professeurs documentalistes, le CDI devenant une annexe de la classe.

Ayant gardé en mémoire le succès de la sortie culturelle organisée lors de mon année de stage, j'essaie de faire déboucher chaque nouvel objet d'étude sur une découverte culturelle. La plupart de mes élèves ne se rendent jamais à Paris, alors qu'ils en sont si proches. Je découvrirai, avec une grande surprise mêlée d'amusement, qu'ils s'y sentent en insécurité. Aucun n'est allé dans un musée de la capitale. Dans le meilleur des cas, ils connaissent le Forum des Halles. Grâce au coordinateur ZEP, nous mettons en place une convention qui nous vaut un accueil « VIP » dans les institutions culturelles les plus prestigieuses de la capitale, assurant le succès de nos sorties. Le fait de pouvoir passer d'une œuvre à son contexte permet de travailler sur la réalité d'une époque, sur la totalité d'une histoire qui fait sens.

À la rentrée suivante, le proviseur me demande de prendre en charge une classe de bac pro tertiaire. Autant mes classes de STI sont faites de garçons taiseux qu'il faut mettre en confiance, autant ces classes de futurs vendeurs sont animées. Le ton est bon enfant, mais il faut plus de vigilance et de ruse pour obtenir leur attention. À l'inverse de mes STI, qui se sont toujours « accrochés » malgré leurs difficultés, mes élèves de bac pro tertiaire ont souvent « dévissé » dès la 6e : beaucoup ont un fort potentiel mais ne sont pas entrés dans le moule scolaire, faisant souffrir plus d'un professeur et d'une classe au collège. Au lycée, les enjeux sont différents et les relations avec l'institution, un peu apaisées : ils prennent ce qui leur semble utile, tout en se projetant plus ou moins dans l'insertion professionnelle proche.

J'essaie de parler sans fard. Du bonheur insigne que peut procurer l'enseignement, comme de la difficulté de son exercice. Même si je conserve un très bon souvenir de mes années de professorat, il y avait déjà un certain nombre de signes annonciateurs de l'irruption de facteurs étrangers à l'école, dont la place croissante, au fil des années, a rendu l'exercice du métier extrêmement difficile.

Dès les années 1990, il fallait composer avec des publics hétérogènes dont certains ne maîtrisaient pas les rudiments de notre langue. Mais on ressentait aussi la crise de l'autorité qui se traduisait par des relations tendues avec certains élèves et leurs parents. Et c'est à Arthur Rimbaud, sur une période pourtant courte de six années, que j'ai aussi assisté à l'irruption de la violence.

Même s'ils ne bénéficiaient pas de la caisse de résonance des réseaux sociaux, encore inexistants, les incidents de vie scolaire et toutes sortes de microviolences rythmaient le quotidien. Cela allait d'un ballet incessant d'élèves auteurs d'incivilités qui passaient de la classe au bureau de la vie scolaire jusqu'à de la maltraitance de collègues, comme ce professeur qui se retrouvait à la fin de chaque cours, entouré de tables et de chaises, formant une sorte de prison dans laquelle les élèves s'amusaient à l'enfermer. Parfois, on assistait à des mouvements de foule dans la cour après l'envoi de fumigènes depuis la rue, ou encore à des intrusions d'individus armés de couteaux qui voulaient en découdre avec un élève d'un quartier ou d'une bande rivale.

À mon arrivée, le proviseur, qui avait ouvert le lycée, appréhendait ces sujets avec pragmatisme et un brin de fatalisme. Pour éviter les intrusions, il avait fait rehausser les grilles et clôtures, puis les avait fait couvrir de graisse de moteur. Cela dissuadait les jeunes, souvent habillés d'un survêtement à la marque au crocodile qu'ils tenaient impeccable, de les escalader. J'ai encore le souvenir des milliers d'insectes surpris qui s'y retrouvaient piégés.

Nombre d'élèves, arborant un large sourire commercial, vous proposaient aussi des costumes de marque « tombés du camion », ne voyant pas du tout où était le problème. On ne ressentait pas encore l'omniprésence de la drogue, même si la somnolence de certains indiquait déjà une consommation suspecte. En fait, toutes les situations auxquelles l'école doit aujourd'hui faire face dans la quasi-totalité des établissements de France étaient en germe dans ce lycée de la banlieue parisienne. Je me souviens du récit glaçant d'un professeur qui nous racontait des scènes entendues d'élèves relatant des combats de chiens dans les caves sinistres des grands ensembles. Pour les entraîner, on livrait aux féroces molosses des chats auxquels on avait préalablement retiré les griffes. Je me souviens aussi de cette principale d'un collège voisin de Sarcelles qui faisait parler les filles livrées à des viols dans les caves, les fameuses « tournantes ». Le Mal, la seule vraie question pour l'être humain, était bien là, au milieu de l'institution scolaire, très loin de l'idéal humaniste que je devais transmettre par la littérature.

Le sujet religieux commençait également à se poser. On l'avait vu apparaître dans l'actualité en 1989 avec l'affaire du voile à Creil. Le lycée Arthur-Rimbaud jouxtait une mosquée. Le vendredi, encouragés par l'imam à participer à la prière plutôt qu'aux cours, certains élèves n'étaient pas là. Ce n'était pas un sujet pour les autorités académiques : c'était à l'équipe de direction de régler les choses. Le proviseur allait donc chercher les lycéens pendant la prière, après des explications musclées avec l'imam. Ferait-il de même aujourd'hui, au risque d'affronter l'emballement des réseaux sociaux et de se voir menacé de mort ?

À la rentrée 1995, l'arrivée d'un nouveau proviseur, Patrick Sorin, acheva de me convaincre du rôle majeur que peut jouer le chef d'établissement, notamment dans un contexte difficile. Lorsque j'étais élève, on s'en souciait peu : c'était un personnage un peu lointain, mystérieux aussi, qu'on ne côtoyait qu'à travers sa signature en bas des bulletins. Le rencontrer, en chair et os, était uniquement mauvais signe, conséquence d'une bêtise ou d'une orientation délicate à venir.

Ancien professeur d'éducation physique et sportive, Patrick Sorin avait une approche globale et méthodique de l'élève, assortie d'une inébranlable volonté d'agir, qui fit souffler un vent de dynamisme, de modernité mais aussi d'espoir sur l'établissement. Il voulait transformer le lycée : développer une approche que l'on pourrait qualifier de systémique ; anticiper les difficultés, sans laisser les événements quotidiens phagocyter sa gestion de l'établissement.

Il appliqua la méthode du « carreau cassé » et, très vite, le lycée parut plus sûr, les couloirs se vidèrent des élèves exclus. Mais au-delà, fort de premiers succès « sécuritaires » auprès des professeurs, il engagea les équipes dans une réflexion d'ensemble sur la vie scolaire et la pédagogie.

C'était la première fois que je voyais un établissement au complet prendre le temps de poser un diagnostic sur ce que l'on vivait au quotidien, échanger des points de vue, demander de l'aide aussi. Patrick Sorin essayait de répondre, invitant des experts des sujets qui nous touchaient le plus. Il fit ainsi venir au lycée Jacques Pain, universitaire pionnier sur la question des violences en milieu scolaire.

L'idée n'était pas de nous faire la leçon, et nous ne le vivions pas ainsi. Plutôt de mettre des mots sur les problèmes rencontrés, d'envisager des solutions et, plus globalement, d'ouvrir nos horizons. À chaque nouvelle réunion nous avions soif d'en savoir davantage, enclenchant un mécanisme vertueux de demandes de formation et d'échanges entre professeurs, au-delà des traditionnels conseils d'enseignement. On était dans une démarche innovante, quelque chose entre ce que l'on appellerait plus tard le conseil pédagogique et une auto-évaluation débouchant sur un projet d'établissement.

Bien des années après, Patrick Sorin me confia ses doutes : lorsqu'on lui avait demandé de prendre la direction du lycée, il pensait que c'était injouable. La concentration des difficultés était telle que changer la donne par la simple volonté était un leurre. On pouvait agir sur certains leviers, pacifier l'établissement, ce qu'il fit. Mais face à des élèves en aussi grande difficulté scolaire, confrontés à des problèmes sociaux immenses, avec des professeurs souvent inexpérimentés, parfois mal formés et en souffrance, quelle était sa réelle marge de manœuvre ?

Malgré ces réserves, l'expérience de deux chefs d'établissement engagés, chacun à leur manière, m'avait permis d'exercer mon métier dans les meilleures conditions possibles, eu égard au contexte de l'établissement. C'est pourquoi, à l'arrivée d'un proviseur qui me semblait beaucoup moins volontaire, je ne voulus pas poursuivre l'expérience à Arthur Rimbaud : après six années passées au lycée, je fis comme beaucoup de professeurs et demandai ma mutation pour un endroit moins difficile.

À la rentrée 1999, fort d'une bonification de points afférente à mes années en établissement sensible, je suis nommé au lycée Marie-Curie de Versailles. Je fais face à une configuration plus « classique » : préparer des élèves de série générale au baccalauréat de français, des lycéens dans l'ensemble attentifs et des objectifs disciplinaires plus ambitieux. Mais je ne retrouve pas le plaisir du métier. Les classes chargées – plus de 35 élèves – ne se prêtent guère à des travaux par projets, lesquels sont par ailleurs regardés avec un peu de soupçon dans cet environnement beaucoup plus conservateur. On écrit donc beaucoup et l'on fait beaucoup écrire, la valeur des cours étant d'abord appréciée par les élèves et leur famille au poids du cahier. Beaucoup de ces derniers maîtrisent la syntaxe, les attendus des exercices, mais ne perçoivent pas la littérature comme un objet de plaisir : ils sont là par devoir, pour obtenir un examen qui leur permettra de voguer vers d'autres horizons plus choisis. Quelle frustration de devoir faire vite, de ne pouvoir prendre quelques chemins de traverse pour aller plus loin, même si je parviens à m'éloigner des carcans et diverses grilles de lecture alors en vogue. J'emmène mes élèves au théâtre pour donner sens au *Jeu de l'amour et du hasard* que nous travaillons en classe. Je tente des passerelles entre disciplines, avec quelques collègues volontaires, dont une remarquable professeure d'histoire, Catherine de Crémiers : partageant une classe de sciences médico-sociales, nous profitons de la proximité du château pour incarner, sur le terrain, notre cours commun sur les Lumières.

Mais la dynamique collective que j'ai vécue à Garges me manque, d'autant que j'ai pris conscience du rôle moteur du chef d'établissement pour la construire.

En 2002, je me décide à présenter le concours de personnel de direction.

6

Une école sans professeurs

Une rentrée scolaire peut se dérouler sans ministre ou avec un ministre démissionnaire, cela s'est vu. Mais sans professeurs, l'école n'est rien.

Pourtant, chaque année, des milliers de postes ne sont désormais pas pourvus aux concours de recrutement[1]. Une réalité que les parents perçoivent dans la difficulté à remplacer les enseignants absents, ou même tout simplement à nommer un professeur des écoles ou de mathématiques dès la rentrée. Ce ne sont pas les moyens qui font défaut : les postes existent, les heures de remplacement sont budgétées. Non, ce sont les personnes, en chair et en os, capables de prendre en charge la prunelle de la nation, qui ne sont pas au rendez-vous.

Car le plus beau métier du monde est en crise. Crise de légitimité de l'institution scolaire et de l'autorité de

1. En 2024, un total de 27 589 postes était ouvert (dont 23 696 dans le public et 3 983 dans le privé sous contrat). Cependant, à la clôture des concours, 3 185 postes sont restés non pourvus, 2 925 dans le public et 260 dans le privé.

ses représentants, entre montée des violences et contestations de toutes natures. Crise des rémunérations, malgré les efforts de revalorisation des dernières années. Crise de la transmission, alors que les classements Pisa montrent la plongée continue des résultats des élèves. Crise morale, plus largement, quand la société dans son ensemble doute de l'efficacité de son école.

Parmi les étudiants les plus brillants, qui constituaient hier le vivier des concours de recrutement, qui veut aujourd'hui devenir professeur ? Comment sortir du cercle vicieux qui les éloigne chaque année davantage des métiers de l'enseignement, et conduit une part croissante de professeurs, encore très minoritaire heureusement, à jeter l'éponge ?

Première certitude, l'école ne peut pas tout. Il est tentant, parce qu'elle rassemble une classe d'âge, de lui demander de prendre en charge tous les maux de la jeunesse. Un problème de société surgit ? Mais que fait l'école ? La voici chargée de le résoudre, lestée d'une nouvelle circulaire et d'un appendice supplémentaire aux programmes.

Il n'est pas illégitime que l'école éduque, en même temps qu'elle instruit. Mais il faudra bien, à un moment donné, se mettre collectivement d'accord pour distinguer parmi ses missions actuelles ce qui est essentiel et ce qui est secondaire, ou moins prioritaire. Et mettre d'autres administrations, mais aussi les familles, en les outillant si nécessaire, devant leur responsabilité partagée d'éducation. Faute de quoi la dispersion des objectifs et la superficialité des apprentissages deviendront la norme.

Seconde certitude : le modèle de l'enseignant, seul face à sa classe, a vécu. S'il veut survivre au défi d'élever le niveau global de compétences d'une jeunesse qui ne va pas bien, il doit désormais se penser comme le maillon d'une chaîne organisée de prise en charge, collective et soudée, de l'élève.

C'est dans l'histoire et la construction du système éducatif qu'il faut chercher ce qui conduit à une conception très individualiste de l'enseignement « à la française ». Dès l'instauration du ministère de l'Instruction publique, sous Guizot, la France fait un choix très clair en matière de pédagogie, celui d'un enseignement dit simultané, c'est-à-dire celui du face-à-face entre un maître et une classe. Les obligations réglementaires de service actuelles des professeurs français, fondées sur un nombre d'heures de cours à dispenser en « face à face pédagogique », en découlent. Le principe est simple : le maître dispense une même leçon à des élèves d'un même âge et de même niveau. Cette méthode, née des Frères des écoles chrétiennes, est préférée à l'enseignement individuel que l'on trouvait souvent dans les écoles rurales, et qui consistait à ce qu'un maître fasse travailler chaque élève tour à tour individuellement, avec le défaut que, pendant ce temps, les autres attendent.

L'enseignement simultané est également préféré à une autre méthode, née en Angleterre à la fin du XVIIIe et au début du XIXe siècle, issue des pédagogues Bell et

Lancaster : l'enseignement mutuel, où l'on réunit dans une salle un maître et un grand nombre d'enfants de tous âges et de tous niveaux, que l'on regroupe selon leurs aptitudes. Le maître désigne parmi les élèves des moniteurs, relais de son enseignement, qui transmettent les connaissances à leurs camarades, sorte de tutorat avant l'heure. Chaque groupe est réuni en fonction de son niveau de compétences, en lecture, en écriture ou en calcul, et réparti sur des bancs formant autant de groupes, du huitième, le plus confirmé, au premier, formé des débutants. À la tête de chaque groupe, l'élève le plus avancé reçoit des instructions de l'élève du groupe supérieur et les transmet à ses camarades. Le maître n'enseigne qu'à la huitième classe, et forme chacun des élèves les plus avancés de chaque groupe. Fortement encouragée sur notre territoire par Benjamin Constant, Germaine de Staël ou encore le marquis de Lafayette, cette formule ne sera pas retenue par la France dans son long chemin vers l'éducation de tous.

Or ce choix historique de l'enseignement simultané n'est pas sans conséquences sur la crise actuelle du professorat. Tant que le système éducatif écartait ceux qui ne s'y conformaient pas, le modèle du professeur « en chaire », transmettant un savoir uniforme à une classe homogène, pouvait fonctionner. Il ne produisait qu'un échec résiduel, celui des « cancres volontaires ». À partir du moment où l'enseignement secondaire se massifie et s'unifie, conduisant à une forte hétérogénéité des classes, ce modèle ne tient plus.

Dans un premier temps, le système s'en sort en excluant progressivement, vers d'autres voies, ceux qui perturbent, dans tous les sens du terme, un enseignement uniforme, aligné sur les performances des meilleurs. Les professeurs tentent toutefois, à des degrés divers, empiriquement ou influencés par certains courants pédagogiques, d'adapter leur enseignement : méthodes plus « actives », censées susciter l'adhésion des nouveaux publics notamment. L'institution prend progressivement le relais, suggérant la différenciation pédagogique dans les textes officiels pour affronter l'hétérogénéité, mais sans s'étendre sur la manière de faire, encore moins en se donnant les moyens de former ses troupes. Un pas important est toutefois franchi avec la loi du 1er février 2005 pour « l'égalité des droits et des chances, la participation et la citoyenneté des personnes handicapées » : l'école inclusive se met progressivement en place, faisant de la scolarisation en milieu « ordinaire » la norme, hors des institutions spécialisées, encore que les moyens de cette inclusion fassent parfois défaut.

Mais les principes généraux du système éducatif français demeurent, gestion d'un groupe-classe réputé homogène et segmentation des enseignements par discipline, solutions confortées par une majorité de syndicats attachés à un statut professoral fondé sur le service d'enseignement et rien d'autre.

Dans ce cadre, les leviers pour mettre en place d'autres organisations scolaires sont limités : les faibles marges d'autonomie des collèges et des lycées servent à dédoubler les classes et à créer des groupes à plus faibles effectifs, dans lesquels le professeur enseigne comme il l'aurait fait en classe entière, en disposant seulement d'un peu plus de temps pour accompagner chaque élève ; la co-intervention, qui non seulement permet un partage des rôles entre professeurs face à une même classe, mais aussi de créer du lien entre disciplines, n'est obligatoire, très marginalement, qu'en voie professionnelle.

Le professeur passe donc la majeure partie de son temps seul face à sa classe hétérogène, dans le meilleur des cas avec un effectif réduit, quand il faudrait penser des prises en charge individualisées du point de vue des élèves et plus collectives de celui des professeurs.

Prenons l'exemple de la maîtrise de la lecture, qui doit être considérée comme le préalable à toute scolarité réussie : il n'est pas rare de trouver, à l'entrée en 6e, dans une même classe, 20, 30 ou même 40 % d'élèves en difficulté. Si l'on considère qu'il appartient au seul professeur de lettres d'y remédier, non seulement les difficultés ne seront pas surmontées, mais ce dernier deviendra une sorte de bouc émissaire en souffrance.

Réglons dès maintenant la question des effectifs, dont la plupart des syndicats font un préalable à la réussite des élèves. Comme l'OCDE le rappelle régulièrement, il n'y a pas nécessairement de corrélation entre le nombre d'élèves par classe et les résultats des élèves. Toutefois, lorsqu'il s'agit d'élèves en difficulté, les effets d'une réduction drastique du nombre d'élèves par classe sont sensibles. Et des effectifs pléthoriques constituent incontestablement une charge de travail supplémentaire pour les professeurs, de surcroît quand il s'agit de publics hétérogènes. Il n'y a guère que tout en haut du système, dans les CPGE dont les effectifs peuvent atteindre plus de 40, qu'un grand nombre d'élèves d'un niveau homogène est vivable.

La France reste, à cet égard, le pays qui compte le plus d'élèves par classe en primaire et au collège[1]. Dans les vingt-deux pays de l'Union européenne membres de l'OCDE, on compte en moyenne 19 élèves par classe à l'école élémentaire et 21 au collège, contre 22 par classe à l'école élémentaire en France et près de 26 au collège. Non seulement la France est loin des pays qui comptent le moins d'effectifs (la Lettonie par exemple, a 17 élèves par classe en moyenne), mais elle présente la taille moyenne de classe la plus élevée à l'école élémentaire et au collège. Là encore, l'organisation traditionnelle de la classe, en France, contribue à figer le système : sortir du dogme de l'enseignement simultané permettrait certainement de retrouver des marges de manœuvre pédagogiques et des espaces de respiration pour les professeurs. Reste à en évaluer le coût.

Il existe des possibilités de dégager du temps d'enseignement en groupes à effectifs réduits : accepter de confier certaines tâches pour lesquelles la valeur ajoutée d'un professeur recruté à bac + 5 n'est pas évidente, par exemple la surveillance des évaluations, à des assistants d'éducation aux missions élargies ; au

1. Direction de l'évaluation, de la prospective et de la performance, « L'Europe de l'éducation en chiffres », 2022.

lycée, différencier des temps d'enseignement magistral, qui peuvent se penser avec un effectif supérieur à celui d'une classe, des temps d'entraînement à l'apprentissage d'une compétence, qui devraient se tenir en tout petits groupes. Cela suppose toutefois de penser des organisations communes à plusieurs professeurs, d'une même discipline ou d'une même équipe pédagogique : des progressions coordonnées, la banalisation de créneaux hebdomadaires communs... toutes choses qui peuvent être perçues comme la remise en cause de la liberté pédagogique de chacun.

Mais le sentiment d'usure des professeurs n'est pas seulement lié à des organisations pédagogiques inadaptées ou à des effectifs trop chargés. Le consumérisme élevé au rang de divinité, la place centrale prise par les réseaux sociaux dans le cerveau des adolescents et même des enfants relativisent plus que jamais le poids de leur parole et des valeurs qu'ils portent. Comment convaincre des jeunes filles de l'étonnante actualité d'un cours sur les philosophes des Lumières quand elles sont convaincues que leur salut proviendra d'abord d'un « tuto » permettant de dissimuler les cernes d'une soirée trop longue ? Comment lutter contre ce vertige narcissique d'adolescents qui se noient dans le reflet de « youtubers » érigés en modèles de réussite sociale ? La quête permanente d'images putassières se double de dérives amplifiées par la chambre d'écho que constituent les réseaux sociaux : harcèlement, menaces, prosélytisme religieux. Et quand ce n'est pas la folie des réseaux qui s'immisce dans l'esprit des élèves, ce sont les drogues qui s'en chargent, le phénomène étant devenu un problème de santé publique majeur en même temps que de sécurité.

Violence, abêtissement, fanatisme. Certes, l'école n'a jamais été un sanctuaire, et penser qu'elle serait impénétrable aux « vents mauvais » est un leurre. D'abord parce qu'elle est le reflet de la société. De ses atouts comme de ses maux. Ensuite parce qu'avec les élèves entrent leurs problèmes plus ou moins graves, ceux d'adolescents ordinaires comme les difficultés sociales les plus aiguës. On ne peut en faire abstraction : encore faut-il savoir et pouvoir les prendre en charge.

En écoutant beaucoup de témoignages de professeurs relatant leur quotidien, parfois leur mal-être, je me suis dit que nos professeurs se vivent souvent comme les fantassins de 1915 ou 1916. Ils se considèrent comme abandonnés. Abandonnés de la société, abandonnés de tous. Seuls et en première ligne face à des problèmes immenses qu'on leur demande de résoudre au prix de leur santé.

Les cadres ne sont pas épargnés, en premier lieu les chefs d'établissement, vers qui convergent mal-être des personnels et stress des usagers, en même temps qu'ils font face aux injonctions, pas toujours claires, de l'institution. Tout se déroule comme si le reste de la société leur demandait de régler l'ensemble des sujets qu'elle ne veut pas voir ou ne considère pas comme étant de son ressort.

Or, de quels moyens disposent-ils ? Je ne parle pas seulement des moyens horaires, mais aussi organisationnels, des relais de terrain, de souplesse d'exécution, d'autonomie. Quel regard portent-ils sur leur hiérarchie ? Elle se contente souvent de donner des instructions par circulaire qu'ils ne peuvent recevoir que comme autant de demandes décalées ou de priorités démultipliées. Le pire est que chacun essaie de faire au mieux. L'administration centrale cherche à aider écoles et établissements, cadres et personnels en produisant une multitude de textes et de ressources. Elle doit aussi obéir au politique, élu, qui veut des résultats rapides et ne cesse de demander pourquoi le niveau est si bas en lecture et en mathématiques, comment il faut agir pour rétablir les choses. Ce qui débouchera immanquablement sur un plan ou sur une loi, chacun décliné en autant de circulaires et textes d'accompagnement. Tout cela renforce l'idée d'une pression redoublée, qui *in fine* retombe sur les épaules du professeur dans sa classe.

Professeurs dans les années 1990, nous n'aurions jamais envisagé de quitter l'Éducation nationale. Mais face à l'étendue des enjeux et des difficultés, partir n'est plus un tabou. Au cours de l'année scolaire 2021-2022, 2 836 démissions de professeurs ont été enregistrées, ce qui reste marginal au regard des 877 500 enseignants des premier et second degrés. Toutefois, le taux de démission des professeurs a explosé depuis dix ans, passant de 0,06 % à 0,34 %, soit une augmentation de 567 %, qui touche majoritairement les personnels non débutants, mais aussi, de plus en plus fréquemment, les professeurs stagiaires ; 2021-2022 : 3,75 % d'entre eux ont choisi de renoncer à l'enseignement, contre 2,6 % en 2017 et seulement 0,9 % en 2008.

Pourquoi rester ? Pourquoi rejoindre les rangs des professeurs, lorsque le marché de l'emploi offre des perspectives autrement favorables, à diplôme égal, en termes de rémunération ? Car au-delà des difficultés du quotidien, et malgré les récents efforts de revalorisation salariale, la paupérisation et le déclassement des professeurs sont une réalité.

Alors que le Smic a été augmenté de 66 % depuis 1980, le salaire des professeurs a, lui, baissé de 15 %. Quand j'ai commencé, au début des années 1990, je percevais environ 1,5 Smic. Comme le montre Lucas Chancel[1], si le salaire moyen des enseignants équivalait à 2,17 fois le Smic en 1980, il ne représente plus que 1,10 fois le Smic en 2024 (1,38 si l'on inclut les indemnités de base). Dans le même temps, le coût du logement, dans la plupart des grandes villes et dans certaines régions frontalières ou hautement attractives, a fortement réduit le pouvoir d'achat des professeurs, comme celui de nombreux autres corps de la fonction publique. Jeune professeur certifié, j'avais réussi à louer un petit deux-pièces rue Hermel, dans le XVIIIe arrondissement : dans les grandes agglomérations, combien de professeurs débutants sont aujourd'hui contraints à la colocation s'ils ne veulent pas se retrouver dans une chambre de bonne ou dans un lieu très éloigné de leur travail ?

---

1. Lucas Chancel, « La chute du salaire des enseignants (1980-2023) », document de travail, site de Lucas Chancel, septembre 2024.

Comme le souligne par ailleurs un rapport d'information du Sénat[1], le revenu des professeurs se situe très au-dessous de celui des actifs du privé ayant atteint le niveau de la licence : il est inférieur de 20 % pour les enseignants de maternelle, de 22 % pour les professeurs d'école élémentaire, et de 12 % pour les enseignants de collège. Seuls les professeurs de lycée ont un revenu équivalent en raison de la part des professeurs agrégés qui y enseignent, notamment en classes préparatoires.

Certes, les rémunérations dans le secteur public ont toujours été inférieures à celles du privé. Mais même lorsque l'on compare les rémunérations des professeurs à celles des autres fonctionnaires, le compte n'y est pas. Au milieu des années 1980 déjà, Jean-Pierre Chevènement, ministre de l'Éducation nationale, expliquait que les professeurs n'avaient plus un traitement équivalent à la solde d'un capitaine mais d'un sergent : « Par rapport aux autres fonctionnaires, le salaire net des enseignants se rapproche de celui des brigadiers et gardiens de la paix, en dépit d'un traitement indiciaire brut des enseignants du secteur public équivalent à celui des attachés d'administration et des capitaines et lieutenants de police. Les primes représentent en effet un tiers de la rémunération de ces derniers contre 15 à 18 % seulement pour un professeur. » Cette situation n'a pas évolué : comme le souligne aujourd'hui l'Observatoire des rémunérations et du bien-être des personnels du

1. Gérard Longuet, « Comparaison européenne des conditions de travail et de rémunération des enseignants », rapport d'information, Sénat, 8 juin 2022.

ministère de l'Éducation nationale, le salaire net moyen des fonctionnaires civils à temps complet en 2018 s'élevait à 3 650 euros pour les capitaines et lieutenants de police, à 3 642 euros pour les professeurs agrégés, à 2 888 euros pour les professeurs de lycée professionnel, à 2 792 euros pour les brigadiers (y compris chefs et majors), à 2 752 euros pour les professeurs certifiés, à 2 460 euros pour les professeurs des écoles, à 2 265 euros pour les gardiens de la paix.

En termes de comparaisons internationales, les traitements moyens des enseignants français sont enfin loin d'être les plus élevés de l'OCDE, à chaque niveau d'enseignement. Ils se situent plus près des traitements des professeurs italiens que de ceux des professeurs allemands ou autrichiens.

Rémunérations en berne, concurrence des valeurs, conditions de travail difficiles... Comment inverser la tendance et faire revenir vers l'enseignement ceux des étudiants qui ont la « vocation », mais préféreront se tourner vers des professions moins exposées et plus lucratives ?

Cela passe par un nouveau contrat entre les professeurs et la nation : une revalorisation significative des conditions matérielles d'exercice, en y incluant parfois le logement, en échange d'une redéfinition du métier permettant de mieux prendre en charge l'ensemble des élèves. Au regard de l'importance de la formation dans l'évolution des pratiques enseignantes et de l'amélioration de la performance des élèves, celle-ci doit être inscrite dans le temps de service des professeurs. Si, dans le premier degré, 18 heures sont bien inscrites au service des professeurs des écoles[1], ce n'est pas du tout le cas pour ceux du secondaire. Pourtant, si on a pu accompagner les dédoublements de classes en éducation prioritaire, mettre en place des plans en français et en mathématiques et observer un certain frémissement dans les évaluations de nos élèves du primaire, c'est grâce à cette inscription dans le service des professeurs des écoles. Pour pouvoir aller plus loin, il faut augmenter encore le temps de formation obligatoire pour les enseignants du premier degré et l'instituer dans le service de chaque professeur du second degré.

Mais d'autres missions tout aussi essentielles que l'enseignement doivent également être intégrées au service des professeurs : des moments institutionnalisés de concertation entre enseignants ; des temps de rencontre avec les familles ; des séances d'accompagnement individuel de l'élève, de tutorat, de soutien. Bien entendu, cela passe par une revalorisation de leur traitement. On pourrait par exemple partir du rapport Legrand[2] comme base de négociation : 16 heures de cours en collège, 3 heures de tutorat et trois heures de concertation, pour parvenir à dégager les heures de

1. Chez les professeurs des écoles, aux 24 heures d'enseignement hebdomadaire s'ajoutent 108 heures annuelles pour les missions liées à l'activité d'enseignement (36 heures d'activités pédagogiques complémentaires, 24 heures pour identifier les besoins des élèves, 24 heures pour des travaux en équipe pédagogique, 18 heures pour la formation et 6 heures pour la participation aux conseils d'école). Dans le secondaire, le service se définit sur la seule mission d'enseignement.

2. Louis Legrand, *Pour un collège démocratique. Rapport au ministre de l'Éducation nationale*, Paris, la Documentation française, 1982.

formation nécessaires pour nos professeurs. En échange de cet effort, on pourrait proposer une rémunération égale aux standards les plus généreux, celui de l'Allemagne notamment. Le coût pour la nation en serait élevé, mais si on est capable de passer le budget de l'armée de 47,2 milliards en 2024 à 69 milliards en 2030[1], comment ne pas consentir un effort semblable dans une loi de programmation pluriannuelle alors que l'investissement pour l'éducation, la formation et la recherche est le plus rentable pour les sociétés ?

On ne fera toutefois pas de miracles, à budget contraint, sur la rémunération des personnels. Mais on peut aussi proposer des perspectives d'évolution professionnelle, notamment pour les professeurs en milieu de carrière, « oubliés » des dernières revalorisations, en créant de nouvelles missions de coordination et d'animation pédagogique dans les établissements. Pourraient ainsi être créés deux grades intermédiaires de professeurs, sous la responsabilité des personnels de direction ou des directeurs dans les écoles de taille importante. Ces corps intermédiaires de professeurs, qui auraient une décharge d'un volant d'heures pour accomplir leurs missions, formation, accompagnement, coordination, constitueraient en outre un vivier déjà expérimenté pour rejoindre le corps des personnels de direction et d'inspection, qui pourraient de leur côté consacrer plus

1. Au total, le budget de nos armées aura augmenté de 46 % entre 2017 et 2024. La LPM 2024-2030 prévoit une enveloppe de 413,3 milliards d'euros pour nos armées.

de temps au pilotage pédagogique des écoles et établissements. Au moment où le nombre de contractuels augmente dans les établissements, ces « relais » pédagogiques pourraient aussi assurer une bien meilleure prise en charge des personnels qu'aujourd'hui, y compris des accompagnants des élèves en situation de handicap (AESH). Actuellement cet accompagnement ne repose que sur la bonne volonté de leurs collègues, souvent sans valorisation par l'institution.

Je sais la méfiance des professeurs vis-à-vis de l'encadrement, et notamment des inspecteurs, qu'ils ne rencontrent que rarement, et qu'ils voient d'abord comme les *missi dominici* de la énième réforme à mettre en place. Je sais la réticence à travailler en équipe, même disciplinaire, vue comme un abandon de la liberté pédagogique. Mais il est possible, sur la base du volontariat dans un premier temps, de proposer de nouvelles modalités d'organisation des équipes au sein des écoles et des établissements, et d'en évaluer les effets.

La solitude du professeur est sans doute la première cause de son malaise et, partant, de celui de l'institution aujourd'hui. Les problèmes sont si nombreux, divers et complexes que celui-ci ne peut ni ne doit se retrouver seul face à sa classe. Il faut des cadres intermédiaires, chargés de lui assurer de l'aide, de lui prodiguer des conseils, de l'aiguiller vers des formations. Cela nécessite des temps de partage autres que ceux de la salle des professeurs ou de la salle des maîtres, des échanges de points de vue et des regards croisés sur les cours, mais aussi une analyse à plusieurs des résultats des élèves pour envisager la meilleure stratégie d'apprentissage.

Une authentique refonte du mode de pilotage et de management des équipes permettrait ainsi de jouer plus « collectif » dans la prise en charge de l'élève. Ce serait certes la fin de l'exercice « en libéral » de nombre de professeurs, qui le revendiquent. Ces derniers y perdraient-ils ? On peut s'accrocher *mordicus* à un système qui n'exige qu'une présence de dix-huit ou quinze heures en établissement, et permet d'organiser librement son temps de préparation et de correction, chez soi. Le repli sur ce que l'on connaît est logique lorsque l'on se sent constamment attaqué dans son intégrité professionnelle, et désormais trop souvent personnelle. Pour autant, nombre de professeurs sortent épuisés de leurs dix-huit ou quinze heures de cours hebdomadaires, et le temps réel de travail d'un enseignant tourne autour des quarante heures hebdomadaires. Une construction commune des progressions pédagogiques et des évaluations, avec des temps dédiés pour le faire, un temps de présence plus long mais moins uniforme, le développement de la co-intervention seraient-ils d'insupportables pertes de liberté pédagogique, face au gain de cohérence et de sérénité qui en découleraient ?

Pour que cela fonctionne, il faut que ce soient les équipes, sous l'impulsion du chef d'établissement et avec l'appui du conseil pédagogique, qui soient force de proposition dans l'organisation de nouvelles formes de prise en charge de l'élève. Au regard de la défiance actuelle vis-à-vis de l'institution, mais aussi de la très grande variété des besoins locaux, imposer d'en haut des organisations pédagogiques par circulaire n'aurait aucun sens. Conserver et fixer des objectifs nationaux, tout en laissant les établissements s'en saisir en utilisant des marges d'autonomie plus grandes, permettrait sans doute de donner une vraie liberté pédagogique aux professeurs : pas celle de concevoir seuls dans leur coin un cours qu'ils ont de plus en plus de mal à dispenser aux élèves ; mais celle d'apporter leur expertise disciplinaire, didactique et pédagogique à la conception d'un parcours de l'élève plus cohérent, tout en renforçant leurs compétences professionnelles par une formation plus régulière et rémunérée. Afin de donner de la souplesse mais aussi une plus grande efficacité à cette autonomie renouvelée, chaque directeur et chef d'établissement pourrait aussi choisir 10 % de ses personnels. Non pas dans le but d'attirer le maximum de professeurs agrégés, mais d'abord pour assurer une continuité pédagogique d'une année sur l'autre en conservant un TZR ou un professeur contractuel, ou pour conduire un projet pédagogique spécifique.

Les postes spécifiques existent certes déjà, avec une marge de manœuvre des chefs d'établissement et des inspecteurs pour les pourvoir. Mais ils sont la cible sans fin de certaines organisations syndicales qui ne les perçoivent que comme l'amorce du démantèlement du mouvement des professeurs, dans lequel chaque agent est réputé interchangeable avec un autre, une fiction réellement dommageable. Si le mouvement national et académique doit être maintenu dans ses principes afin de garantir la même qualité d'enseignement sur l'ensemble du territoire, et d'éviter les effets de concurrence entre établissements, il est nécessaire de donner quelques marges d'initiative aux acteurs de terrain, sauf à vouloir les décourager définitivement. Il faut aussi confier aux chefs d'établissement, dans des territoires particulièrement sensibles, le pilotage des financements de l'ensemble des crédits de l'État relatifs aux diverses aides.

La responsabilisation des acteurs de terrain doit être au cœur de cette refonte des missions des personnels enseignants. Non pour sanctionner ceux qui ne feraient pas bien et pour valoriser les autres mais pour que chaque professeur soit conscient de l'impact de son action au sein de son établissement. Je ne suis pas favorable à une rémunération au « mérite », qui revient régulièrement dans le discours de certains politiques, même si j'ai longtemps cru que c'était un levier d'efficacité pour le système. Cette proposition m'apparaît même aujourd'hui comme l'archétype de la fausse bonne idée.

Il convient de distinguer l'engagement professionnel, les résultats des élèves et la performance du système : il n'y a pas de corrélation stricte entre ces paramètres. À ne juger que sur les résultats, le risque de passer à côté des bonnes pratiques, de décourager ou de créer des phénomènes pervers de compétition est trop grand. Les professeurs d'un lycée classé en tête d'un palmarès d'un grand quotidien du matin sont-ils meilleurs que ceux d'un lycée de banlieue ? Le bon établissement n'est-il pas simplement le reflet d'une population d'élèves excellents tout au long de leur scolarité ? Les résultats des élèves, les évaluations nationales, les évaluations d'établissement permettent à chaque acteur de se situer. C'est indispensable pour faire progresser le système et apporter de l'accompagnement et de la formation aux équipes. Pour autant, introduire une part de « mérite » fondée sur ces éléments dans la rémunération risque d'introduire un peu plus de défiance dans un système qui y est déjà trop sujet.

Par ailleurs, reconstituer le vivier des candidats professeurs est une ardente obligation. Il faut en faire son deuil : même avec une réelle revalorisation financière, nous n'attirerons plus vers l'enseignement les enfants des PCS moyennes supérieures ou favorisées, qui peuvent et souhaitent accéder à des carrières autrement lucratives. Bien sûr il y aura toujours chaque année des vocations dans ces milieux, mais ce n'est et ne sera plus la norme comme autrefois, quand les enfants de professeurs devenaient eux-mêmes professeurs.

Comme l'école de la IIIe République l'a fait avec les enfants de paysans et de la petite classe moyenne, il faut aller chercher ailleurs, et plus tôt, les étudiants pour qui le professorat constitue encore une forme de promotion sociale. Construire l'école unifiée et démocratique du XXIe siècle passe nécessairement par le renouvellement du vivier de ses cadres et professeurs, pour qu'ils soient plus représentatifs de la société française. On pourrait aller, en lien avec les collectivités volontaires, jusqu'à repérer dès le lycée ces profils, en particulier issus de PCS défavorisés, susceptibles de se destiner au professorat et leur offrir un parcours renforcé (mentorat, ouverture culturelle), rémunéré par un système de bourses les libérant des contraintes matérielles.

Quel que soit leur milieu d'origine, il faudra également accepter que nous ne recrutions plus parmi les meilleurs élèves. Quel est aujourd'hui le sens d'un concours où l'on retient des professeurs des écoles, dans certaines académies, à 6 sur 20 et même moins ? On peut le déplorer et s'arc-bouter sur le principe de ne garder que les meilleurs. Mais à la fin, il faut bien un professeur devant chaque classe, et les recalés du concours sont les contractuels de demain : des professeurs avec de fortes lacunes disciplinaires, la formation en moins.

Il faut au contraire être pragmatique et faire de cette situation une opportunité, pour l'école comme pour la société, en allant chercher des élèves moyens mais motivés, que l'on prendra soigneusement en charge dès l'obtention de leur baccalauréat.

Repérer plus tôt les futurs professeurs, les recruter plus tôt aussi. Aujourd'hui, le concours à bac + 5 est obsolète, au regard de l'absence de vivier, d'un marché de l'emploi des cadres de plus en plus concurrentiel et de la difficulté pour les étudiants les plus pauvres à financer autant d'années d'études. C'est pourquoi j'ai suggéré à Pap Ndiaye, alors ministre de l'Éducation, de replacer le concours de professeurs des écoles, très affecté par la baisse des candidats, à bac + 3 et de renforcer la formation initiale des étudiants en s'appuyant sur le développement de parcours préparatoires au professorat des écoles (PPPE) rénovés, entièrement pris en charge par les lycées.

L'idée était de s'appuyer sur le modèle des classes préparatoires pour former des professeurs des écoles solides dans la maîtrise des savoirs fondamentaux et acculturés dès la première année aux enjeux didactiques et pédagogiques du premier degré. C'est tout l'enjeu de la classe de CPPE (classe préparatoire au professorat des écoles) que j'ai souhaité ouvrir symboliquement au lycée Henri-IV à la rentrée 2024. Mobiliser les moyens et l'encadrement des classes préparatoires pour ce type de projet est porteur de sens : la CPPE, dont j'espère la démultiplication dans le futur, permettra aux étudiants, dont une majorité de boursiers, de préparer le concours de professeur des écoles dans d'excellentes conditions pendant trois ans, tout en assurant l'obtention d'une licence grâce au partenariat conclu avec l'université Paris sciences et lettres (PSL).

La réforme du recrutement des professeurs, engagée par le ministère Attal et poursuivie par ses successeurs, va dans le même sens, à la différence que le choix de l'opérateur de formation, du baccalauréat jusqu'au concours, n'a pas été clarifié. Et elle prend beaucoup de temps, notamment du fait des oppositions de Bercy à payer les lauréats durant leur master d'enseignement. Finalement, le ministère avait obtenu une rémunération en M1 comme élève-fonctionnaire à 1 400 euros nets par mois et 1 800 en M2, ce qui est un progrès considérable. Mais, autre effet collatéral de la dissolution, cette réforme a encore été retardée.

Reconstituer le vivier des candidats en les accompagnant au concours dès le baccalauréat prendra donc du temps et ne suffira peut-être pas. Or il y a urgence, car le déficit se creuse chaque année un peu plus, comme dans toutes les administrations d'ailleurs. Pour le second degré, le nombre total de candidats présents au concours du Capes a diminué de 60 %, passant de plus de 50 000 en 1999 à un peu plus de 20 000 aujourd'hui. Pour le premier degré, le nombre total de candidats présents est passé de 35 000 en 2010 à 18 000 en 2024.

C'est pourquoi il faut, en parallèle, diversifier les voies d'accès au professorat, en puisant dans des viviers autres. Celui des assistants d'éducation en premier lieu, qui pourraient se voir confier plus systématiquement des tâches de répétition, de correction, de conception et d'évaluation des élèves, sous la conduite d'un tuteur. Certains autres étudiants, y compris des grandes écoles, accepteraient aussi d'exercer le professorat pour quelques années, à l'image de ce que l'on voit avec l'association Le Choix de l'école[1], mais davantage dans la perspective d'un engagement pour quelques années que pour une carrière entière. Il faut rendre cela possible aussi ; d'une part le rapport de la jeunesse au travail a changé, notamment depuis la crise sanitaire ; d'autre part, on ne cesse de répéter aux jeunes qu'ils ne feront pas le même métier tout au long de leur vie professionnelle. Et de fait, les occasions d'évoluer, de changer radicalement d'orientation, sont

1. Le Choix de l'école est une association créée en 2015 qui forme de jeunes diplômés et actifs en reconversion professionnelle pendant leur première année d'enseignement en collège REP et REP+. Son objectif affiché est de corriger les inégalités scolaires en envoyant des diplômés de grandes écoles ou universités enseigner dans les zones en difficulté.

beaucoup plus ancrées dans les jeunes générations que dans la mienne. C'est peut-être lié à une évolution du rapport au temps dans notre civilisation, au *zapping* ou à l'envie de tester beaucoup de choses, ou encore à une nouvelle vision de la vie en général avec des priorités revues, celle du travail n'étant parfois plus essentielle.

De même, à l'occasion des différents forums de recrutement qu'il a fallu développer pour rechercher de nouveaux personnels contractuels, se sont présentées des personnes qualifiées de tous horizons. Des ingénieurs ou des cadres qui ne s'épanouissaient plus dans leur métier et qui étaient en quête de sens dans une deuxième partie de carrière. Des femmes ayant interrompu leur carrière d'avocate ou de cadre d'entreprise pour des raisons familiales. Tous profils qui ne maîtrisaient pas l'enseignement, mais dont la formation de base était un bon appui pour développer des compétences didactiques et pédagogiques.

Mais il manquait deux choses. Les moyens de les former et une rémunération attractive.

C'est pourquoi je propose que chaque académie se dote d'une grande école de formation continue, en s'appuyant sur les écoles académiques de formation continue créées en 2022. Cela permettrait de former nos contractuels au long cours et de lever les doutes sur leur qualification et leurs compétences. Ces écoles permettraient aussi de former l'ensemble des professeurs qui auraient dans leurs missions un temps spécifique de formation obligatoire.

Et il faudrait proposer des contrats intéressants en termes de rémunération pour ceux qui rejoignent l'Éducation nationale en seconde carrière avec la possibilité de les titulariser après quelques années d'expérience pour ceux qui le souhaitent et s'y révèlent aptes. Comment peut-on proposer à des personnes expérimentées et dans la maturité de ne devenir titulaires qu'avec la seule perspective de passer un concours ? C'est travailler contre soi-même dans un contexte de pénurie et de concurrence effrénée. Sans sacrifier aux exigences, il faut introduire de la souplesse dans le recrutement.

Sans ces mesures multiples, nous pourrions bien assister à l'avenir à des rentrées sans professeurs.

7

« De l'autre côté du miroir » : un proviseur adjoint devenu directeur de cabinet

À la rentrée 2002, lauréat du concours des personnels de direction, je suis nommé proviseur adjoint du lycée Pasteur de Neuilly-sur-Seine, cette ville où je suis né mais que je ne connais pas. Sans expérience, la probabilité d'obtenir un poste dans un « grand lycée » de l'ouest parisien est théoriquement nulle. Mais lors du mouvement des personnels titulaires, aucune candidature n'a pu être retenue. Au mois de juin ne restent donc que les stagiaires. Parmi les établissements qui leur sont proposés, peu de lycées, dont deux retiennent particulièrement mon attention : L'Essouriau aux Ulis et Pasteur.

Le mouvement des personnels de direction n'est pas anonyme, comme celui des professeurs. En théorie, on est affecté selon son rang de classement au concours. Mais l'administration recherche aussi l'adéquation du profil au poste. Au cours des échanges avec mes formateurs, dès le mois de juin, je sens ainsi qu'on souhaite m'envoyer aux Ulis. Le poste est jugé plus intéressant, et complexe par son environnement. À sa tête, un proviseur remarqué et formateur. À l'inverse, le lycée

Pasteur est considéré comme un lycée de fin de carrière, où il n'y a pas grand-chose à faire. Pour ma part, je suis partagé. Mes proches, beaucoup moins.

Je postule donc pour le lycée de brique rouge de Neuilly, à mi-chemin entre Poudlard, comme les enfants l'appellent, et une bâtisse néo-Louis XIII. J'obtiens le poste sans trop de difficultés : une fois n'est pas coutume, je suis arrivé parmi les premiers du concours, et la concurrence pour obtenir ce poste, un peu intimidant, est assez faible.

Mes premiers contacts avec le chef d'établissement sont plutôt bons. Mon passé d'élève médiocre a eu le temps de se dissiper avec le temps et les postes. Le proviseur de cette prestigieuse cité scolaire a devant lui un jeune homme bien mis, poli, agrégé de lettres modernes et féru de culture classique, de surcroît né à Neuilly. Vu l'avancée de l'année, il ne peut de toute façon plus guère faire le difficile et je suis adoubé.

Je comprends très vite que ce ne sera pas la « préretraite », comme me l'annoncent certains collègues. Le proviseur n'a jamais été adjoint et compte entièrement sur moi pour l'organisation opérationnelle de la rentrée, en premier lieu la réalisation des emplois du temps. Or il y a peu de choses plus stratégiques, dans un établissement, que les emplois du temps : bien conçus, ils en fluidifient le fonctionnement ; ratés, ils atomisent une rentrée scolaire.

A priori, c'est une tâche purement technique : un jeu de *Tetris*, dans lequel on fait entrer des classes, des professeurs et des salles. La réalité est plus complexe.

D'abord parce que l'intérêt pédagogique doit l'emporter, permettant une répartition harmonieuse des différentes disciplines dans la semaine et dans la journée, si possible sans heures de permanence. Ensuite parce qu'il faut tenir compte des contraintes de salles (effectifs, salles spécialisées, gymnase). Enfin, et ce n'est pas le plus simple, parce que sont pris en compte les vœux des professeurs.

La règle veut que le prédécesseur laisse un état déjà bien avancé de l'emploi du temps quand il quitte ses fonctions. C'est heureusement le cas. Mais des modifications interviennent toujours durant l'été : une création de classe, un professeur nommé tardivement dont la quotité horaire ne correspond pas au service prévu. En juillet 2002, j'apprends donc en « accéléré » quelques rudiments du logiciel d'emploi du temps auprès des pairs expérimentés qui sont chargés de notre formation.

Le jour de la prérentrée est le jour de l'adjoint : les professeurs attendent de pied ferme la remise de leur emploi du temps, même si aujourd'hui nombre d'établissements envoient un peu en amont ce sésame de leur année scolaire. Professeur, j'ai connu cette longue attente, toujours un peu tendue. Je sais que certains professeurs ne lâchent rien. Je me souviens notamment, à Versailles, d'une collègue prise d'une crise de nerfs en découvrant dans son emploi du temps une heure de cours placée au moment où elle montait, de toute éternité, à cheval. Elle l'avait pourtant « bien spécifié dans sa feuille de vœux », qui s'apparentait de fait à une feuille d'exigences, et « c'était chaque année pareil, depuis toujours ».

Sans surprise, les demandes affluent à la pause. Certaines ont un alibi pédagogique, d'autres sont ouvertement de convenance personnelle. J'ai retenu de ma formation expresse de l'été quelques astuces et la nécessité de traiter les demandes par ordre de priorité : d'abord corriger les éventuelles erreurs, celles qui empêchent l'établissement de tourner ; ensuite, gagner du temps et ne pas répondre immédiatement, même aux professeurs qui vous apportent la solution toute faite : il faut se laisser des marges de manœuvre quand d'autres situations peuvent arriver et surtout, éviter la surenchère d'erreurs.

En cette première rentrée, je sais que je vais être testé. Le proviseur me demande de satisfaire au maximum les professeurs, en prenant soin de ne pas dégrader l'emploi du temps des élèves, leurs parents intervenant en deuxième rideau. Je ne dis donc jamais non, mais jamais oui immédiatement non plus, m'en tenant à une méthode éprouvée : modifications dans la journée pour les erreurs manifestes, accord pour les améliorations simples au bout d'une semaine, afin de vérifier que l'emploi du temps tourne bien, et mise en place d'un emploi du temps définitif au bout de deux semaines. Je crois avoir rapidement pris goût à cet exercice, sorte de jeu de patience sans fin.

À Pasteur, je découvre aussi ce que signifient hiérarchie et pression scolaire, l'envers du décor lisse et policé du beau bâtiment de brique rouge. Étudiant, j'ai côtoyé ces jeunes gens bien nés, conditionnés pour réussir. Se déploie désormais sous mes yeux tout le processus de tri et de mise en orbite des meilleurs, gâchis humain compris.

L'établissement est historiquement un lycée de garçons, à dominante scientifique. De fait, il y a quatre fois plus de classes scientifiques que de classes littéraires, deux fois plus que de classes économiques et sociales. La hiérarchie entre filières est explicite. Les littéraires sont vus comme de doux rêveurs, sans avenir professionnel sérieux. Je les suis, le proviseur se réservant les scientifiques, consacrant mon énergie à ce que chacun considère plus sérieusement ces élèves et les débouchés possibles.

Je suis opportunément aidé dans cette mission par l'arrivée d'un élève particulier, un certain Jean Sarkozy, qui souhaite rejoindre cette filière, un choix qui n'est pas sans inquiéter ses parents. De fait, le jeune homme se révèle être un véritable littéraire et je constate un regain de grâce pour cette classe au cours des deux années qu'il passe au lycée, comme si la célébrité du nom rejaillissait sur la filière. À quoi tiennent les réputations…

Cependant, les scientifiques demeurent l'élite. La « tradition » à Pasteur veut que les meilleurs élèves soient repérés en 1re et rassemblés dans une même terminale : cette TS-là réunit donc « la crème de la crème » et on y affecte la rolls des professeurs de mathématiques. C'est assumé : il faut réunir tous ceux qui se destinent aux « meilleures » MPSI[1], afin de les y préparer en ren-

1. Classe préparatoire mathématiques, physique et sciences de l'ingénieur. Elle donne accès à des classes préparatoires de deuxième année.

forçant les cours de mathématiques et en abordant des notions de prépa dès la terminale.

Un tableau loin d'être idyllique, une méthode qui fait beaucoup de malheureux. Dès l'entrée en 1re, la course est lancée. Les parents, les professeurs, les élèves eux-mêmes, tous se mettent une pression déraisonnable. Les cours particuliers fleurissent, les tricheries aussi. Certains professeurs se plaignent d'une rivalité malsaine. Certes il y a des élèves qui aiment vraiment les mathématiques. Mais beaucoup d'autres, poussés par des parents qu'ils ne veulent pas décevoir, vivent leur 1re comme un chemin de croix.

Dans le saint des saints, cette fameuse terminale S, la réunion des meilleurs entraîne des effets pervers. D'abord parce que quel que soit le niveau de la classe, il y a toujours un premier et un dernier, et malheur aux vaincus. Si tous ces élèves décrochent donc une mention, souvent très bien, les résultats d'affectation en classe préparatoire réservent de mauvaises surprises. À la consternation générale, certains élèves des autres TS obtiennent des classes plus « prestigieuses » que les « moyens plus » de la TS d'élite.

C'est pourtant explicable, et je m'y emploie : avec l'aide d'une présidente de fédération de parents et de certains professeurs, nous invitons André Antibi, qui vient alors de publier un livre sur la « constante macabre[1] », expression qui désigne le fait que les profes-

1. « Par constante macabre, j'entends qu'inconsciemment les enseignants s'arrangent toujours, sous la pression de la société, pour mettre un certain pourcentage de mauvaises notes ; ce pourcentage est la constante

seurs, quel que soit le niveau des élèves, attribueraient toujours un pourcentage constant de mauvaises notes. Mais les habitudes sont trop ancrées. Même si chacun perçoit que quelque chose ne fonctionne pas, il n'est pas question de remettre en cause l'existence de cette classe.

C'est aussi à Neuilly que je découvre l'*habitus* scolaire des familles privilégiées, et leurs exigences. La cité scolaire bénéficie alors d'une vaste opération de rénovation, en site occupé. Pour permettre le fonctionnement de la scolarité des quelque 2 000 élèves, la collectivité installe des bâtiments préfabriqués. Dès la nouvelle connue, les riverains du noble boulevard d'Inkermann s'en émeuvent auprès du nouveau maire, Louis-Charles Bary, également conseiller général du département chargé des travaux. Pour éviter un recours, et malgré l'engagement que ces vilains bâtiments seront retirés à la date prévue, il est convenu qu'ils soient recouverts d'une bâche imprimée représentant le lycée : une sorte de trompe-l'œil pour celui, exigeant, des passants neuilléens. C'est très rare à l'époque. À Neuilly, l'administré est choyé, quand certains établissements conservent des années durant ces bâtiments inesthétiques, sans aucune compensation. Par leur appartenance sociale, les habitants d'une ville de ce type sont en fait simplement habitués à bénéficier de ce qu'il y a de mieux.

Ce qu'il y a de mieux... Les exigences qui s'appliquent à l'environnement valent pour le choix

---

macabre » (André Antibi, *La Constante macabre ou Comment a-t-on découragé des générations d'élèves*, Math'Adore, 2003).

de l'établissement scolaire. Je retrouverai cette fièvre parentale vingt ans après à Paris et je pense qu'il n'y a pas beaucoup d'endroits où elle soulève pareille frénésie. En province, hors des grandes agglomérations, vous n'avez guère le choix de votre collège ou de votre lycée. En zone métro et très dense en revanche, la carte scolaire est un enjeu. Même, et surtout, dans une ville socialement homogène comme Neuilly.

Neuilly est séparé en deux par le vaste boulevard Charles-De-Gaulle qui mène à La Défense. D'un côté le canton sud, ses hôtels particuliers dont celui de Liliane Bettencourt et de Francis Bouygues, ses immeubles haussmanniens qui donnent sur le bois de Boulogne, de l'autre le côté nord, un peu plus dense. Deux cités scolaires, une de grosse catégorie au nord, Pasteur, une autre plus petite au sud, La Folie-Saint-James.

Le petit lycée de La Folie a tout pour lui : sa taille familiale ; un cadre de travail plaisant, charmant petit château du XVIIIe siècle, une folie encore dans son jus, dans lequel on perçoit l'élégance du siècle des Lumières jusque dans les patines et les odeurs des lambris qui n'ont pas bougé depuis la Révolution. Le jardin recèle encore une grotte, une de ces fabriques typiques, et jouxte la propriété de feu Jean d'Ormesson.

Comment expliquer alors que le rêve de tout parent du secteur de La Folie soit d'inscrire son enfant à Pasteur ? Les raisons avancées sont diffuses et confuses : il y aurait à La Folie une atmosphère dilettante, fruit du laxisme de certains parents qui compensent parfois par l'argent une absence ou une affection distante ; des rumeurs de consommation de drogue. La vérité est plus simple : Pasteur, c'est le grand lycée, celui qui offre des classes préparatoires de renom. Mettre un pied dans la place dès la 2de permet de se placer dans la course aux formations d'élite du supérieur.

Alors que je suis proviseur adjoint, un événement accélère la chute du lycée La Folie. Lors des conseils de classe du troisième trimestre, la proviseure, cédant sans doute à la pression de certains professeurs, a proposé des redoublements et réorientations massifs. Les parents s'émeuvent. De la mairie au rectorat en passant par l'inspection académique, tout le landerneau éducatif en est déstabilisé. La décision est alors prise, je n'ai jamais connu cela ailleurs, de refaire les conseils de classe. Le proviseur de Pasteur est chargé d'assurer une sorte de tutelle et on demande à deux adjoints, dont je suis, de présider à nouveau les conseils de classe en appliquant des critères plus favorables. C'est un moment surréaliste, entre demandes faites aux professeurs de se dédire et nécessité d'éviter tout triomphalisme des parents. La crise sera surmontée grâce à la définition de critères qui s'appuient sur des comparaisons avec les autres lycées du bassin et l'intelligence politique de la présidente de la fédération des parents d'élèves. Cette mésaventure relance la demande de fusion entre La Folie et Pasteur, ce qui n'arrivera pas, une nouvelle proviseure étant nommée.

Cet épisode ne fait que renforcer l'attractivité de Pasteur. Les demandes d'inscription, en 6e et en 2de notamment, vont chaque année croissant. Et pas question de ne pas répondre à chaque famille. Même si la décision d'affectation des élèves appartient entièrement à l'inspecteur d'académie et que chacun est soumis à la sectorisation, nous recevons toutes celles qui nous sollicitent. Souvent pour les informer, parfois pour les conseiller sur des jeux d'options qui permettent d'obtenir une dérogation, ou simplement pour les rassurer sur le fait que l'autre lycée n'est ni un coupe-gorge, ni l'assurance d'une vie ratée pour leur enfant.

Le temps passé sur ces questions, surtout par le proviseur, est considérable. Deux épisodes sont significatifs. D'abord un couple, qui nous sollicite pour une inscription en 6e. À l'issue d'un long entretien au cours duquel ils prennent quantité de notes, nous apprenons que l'enfant n'est pas encore né ! Je me souviens aussi d'un homme d'affaires qui, s'étonnant de voir son enfant affecté à La Folie alors qu'il souhaitait Pasteur, avait demandé rendez-vous. Ce monsieur, qui m'explique être fréquemment retenu à l'étranger, ne connaît rien des règles de la carte scolaire. Comprenant que son enfant a été affecté à La Folie parce qu'il habite côté bois, il m'indique qu'il peut faire venir séance tenante son avocat et un agent immobilier, acheter un appartement en face du lycée et effectuer la transaction dans mon bureau en s'engageant à déménager pour la rentrée.

Je passe ainsi cinq années au lycée Pasteur comme adjoint, apprenant mon métier, découvrant le monde des ultra-privilégiés et de leurs certitudes. Mais j'aspire, comme nombre de mes collègues, à devenir chef d'établissement. Pourtant je ne le serai jamais. En 2006, je fais partie de l'équipe de formation des personnels de direction de l'académie de Versailles. C'est là que je rencontre un inspecteur général « Établissements et vie scolaire » (EVS), Pierre Polivka, qui me suggère de passer le concours d'inspecteur d'académie-inspecteur pédagogique régional (IA-IPR).

Je le réussis au printemps 2007, dans la filière EVS au moment où Nicolas Sarkozy est élu à la présidence de la République. À cette époque, le directeur de cabinet du ministre de l'Éducation nationale, Bernard Thomas, a permis que les stagiaires IA-IPR puissent devenir inspecteurs d'académie adjoints, aujourd'hui directeurs académiques adjoints des services de l'Éducation nationale (DAASEN). Je suis donc nommé en Seine-et-Marne, département singulier et attachant qui couvre géographiquement la moitié de l'Île-de-France et s'apparente un peu, sociologiquement, à une France miniature. C'est là que je fais la connaissance de Jean-Michel Blanquer (JMB), jeune recteur nommé quelques semaines auparavant.

Je retrouve l'académie de Créteil, que j'avais quittée comme professeur une quinzaine d'années plus tôt. Deuxième en taille après Versailles, elle se caractérise par une difficulté scolaire endémique, qui croise l'irruption de la violence dans les établissements. Même si c'est la Seine-Saint-Denis qui retient le plus souvent l'attention, les deux autres départements n'en sont pas moins sensibles.

L'inspection académique de Seine-et-Marne est située dans la tour de la cité administrative de Melun, symbole d'un État fort des années 1960. Dominant la Seine, avec une vue sur la ville, sa collégiale

Notre-Dame sur l'île Saint-Étienne au milieu de la cité, Melun évoque Paris dans sa configuration. La comparaison s'arrête là : à la fin des années 2000, Melun est la ville à la plus forte concentration d'écoles et d'établissements placés en éducation prioritaire.

Du haut de mes 40 ans, je fais figure de jeune loup pour un certain nombre de personnels de direction expérimentés, qui sont par ailleurs hostiles au nouveau président. Je suis chargé de porter la politique nationale dans le département, et ma légitimité est loin d'être acquise. Lors de la première réunion sur la réforme du lycée souhaitée par Xavier Darcos, nouveau ministre, je ferraille avec le proviseur de François-Ier de Fontainebleau, qui me reproche mon « zèle » à appliquer une politique publique qu'il réprouve.

Si les premières réformes du ministère Darcos, nouvelle organisation du primaire, nouveaux programmes centrés sur les savoirs fondamentaux, passent sans heurts majeurs, les vraies contestations, qui se cristallisent sur le projet de réforme du lycée, commencent à la rentrée 2008 et s'intensifient à l'automne. Le recteur de l'académie de Créteil, sentant que le passage sera difficile, nous demande de jeter toutes nos forces dans la bataille, par une présence permanente dans les établissements. D'abord pour soutenir les proviseurs, confrontés aux blocages des lycées. Tout le monde est, à juste titre, dans la crainte d'un débordement qui peut dégénérer. Ensuite pour dialoguer avec les élèves, les professeurs et leurs représentants. Qu'on y soit favorable ou non, il est toujours pénible de constater que les réformes sont caricaturées par des slogans qui emportent toute réflexion. Prendre le temps d'expliquer, de débattre argument contre argument est irremplaçable. D'autant que lors des discussions préalables, l'idée d'une réforme du lycée avait reçu un accueil favorable des lycéens consultés. Mais les suppressions de postes sont passées par là, conséquence de la RGPP[1], et il n'est pas très difficile, pour les forces hostiles à la réforme, de s'en servir pour affaiblir le ministre.

Nous nous battons jusqu'au bout. Le 15 décembre 2008, les équipes des trois inspections académiques sont réunies au dernier étage du rectorat de Créteil pour mettre au point le plan d'accompagnement des lycées dans les jours à venir. Soudain, le recteur quitte la pièce, le ministre l'appelle. Je me souviendrai longtemps de sa mine défaite, à son retour. La partie était terminée, l'annonce du retrait de la réforme, imminente. Je sais que JMB avait mis tout son poids pour l'éviter, mais la décision avait été prise « au plus haut niveau ». Les émeutes naissantes de la jeunesse en Grèce faisaient craindre une contagion dans la jeunesse française.

Crise et déception passées, la vie quotidienne du département reprend son cours. Entre gestion d'une

1. La révision générale des politiques publiques (RGPP) consiste en une analyse des missions et actions de l'État et des collectivités, suivie de réformes structurelles, avec comme buts la réforme de l'État, la baisse des dépenses publiques et l'amélioration des politiques publiques. Elle a commencé en 2007, a été remplacée par la modernisation de l'action publique (MAP) en 2012. C'est depuis 2017 la direction interministérielle de la transformation publique (DITP) qui suit la politique de transformation publique.

agression grave et paralysie d'un établissement en demande de moyens, les crises sont le quotidien d'un inspecteur d'académie. Le risque étant de devenir un « urgentiste », en se laissant entraîner à ne plus s'occuper que de leur gestion. Et dans une académie comme celle de Créteil, qui concentre les difficultés, l'état d'urgence est permanent.

Pourtant, Créteil, c'est bien autre chose. Des personnels engagés, soudés. D'authentiques militants de la cause des élèves. Une grande académie de formation, celle qui accueille le plus de stagiaires et de jeunes personnels. Un laboratoire du changement aussi, tant les personnels doivent déployer de ressources pour survivre dans un environnement d'une complexité extrême.

Et à cet égard, tous ceux qui ont connu l'époque du recteur Blanquer le disent : nous avons alors l'impression de passer d'une académie pointée du doigt à une académie à la pointe de l'innovation et de l'expérimentation. Les incidents n'ont pas disparu, bien sûr. Mais le volontarisme et le charisme du recteur donnent de l'espérance à chacun.

En janvier 2008, je me retrouve ainsi au cœur de la politique des internats d'excellence, issue du plan Espoir Banlieues de Fadela Amara. Une offre éducative complète pour des élèves issus des zones urbaines sensibles, qui bénéficieront d'un encadrement et d'un accompagnement renforcés. L'académie de Créteil est propice au développement d'un modèle d'internat destiné à renforcer l'égalité des chances. Son recteur est donc très soucieux que nous soyons au premier rang du développement des internats d'excellence.

Ancien mauvais élève, sauvé par l'internat, je me retrouve alors complètement dans la définition présidentielle du mérite, qui ne fait pas d'amalgame avec l'excellence académique : « Les internats d'excellence, ce n'est pas une machine ou l'on prend les meilleurs pour en faire les super-meilleurs. C'est un lieu où tous les jeunes qui veulent s'en sortir, qui veulent réussir et font des efforts, on va leur donner une chance supplémentaire. Même – peut-être surtout – s'ils ne sont pas premiers. [...] L'élève méritant n'est pas simplement celui qui a des bons résultats à l'école. Cela peut être lui, tant mieux. Mais c'est aussi celui qui, face à des difficultés immenses, continue à se battre, ne renonce pas, ne baisse pas les bras : celui-là, à mes yeux, a autant de mérite que le premier de la classe[1]. »

Reste à trouver un lieu d'implantation, au sein d'une académie hyper-urbaine. Mais la Seine-et-Marne, géographiquement plus contrastée, offre des possibilités. La carte militaire est en pleine révision, et le 2e régiment de hussards doit quitter Sourdun, au sud de la Seine-et-Marne, pour rejoindre Haguenau en juin 2009. Les élus locaux se retrouvent avec un vaste terrain militaire sur les bras, ses bâtiments et ses équipements complets sans destination.

« D'un problème faisons une solution », comme le dit souvent JMB, qui ne ménage pas ses efforts pour convaincre de transformer ce lieu en un premier internat d'excellence emblématique. Ce n'est pas gagné.

1. Discours de N. Sarkozy à l'inauguration de l'internat d'excellence de Marly-le-Roi, 9 septembre 2010.

À proximité de Provins, au milieu des champs de betteraves, le lieu est isolé, mal desservi et quasiment inconnu. Mais la visite du président de la République, en janvier 2009, accélère la prise de décision et permet d'annoncer l'implantation de services publics dans l'ancienne caserne, dont un internat d'excellence pour la rentrée.

Relever les défis juridiques et logistiques en quelques mois nous donne des sueurs froides. D'autant que rien ne garantit que nous ne créerons pas une « coquille vide » : toute rutilante qu'elle soit, il faut qu'elle trouve son public. Prérogative de l'inspecteur d'académie, le recrutement me revient. Évidemment, l'internat doit être accessible aux élèves de toute l'académie : il faut ainsi convaincre ceux de Seine-Saint-Denis et du Val-de-Marne de se rendre à Sourdun, très loin de leur environnement familier. Avec mes collègues inspecteurs et les gestionnaires, nous nous transformons donc en VRP auprès des principaux de collèges en zone d'éducation prioritaire. En juin, l'objectif est atteint : 128 élèves sont attendus. Une « utopie éducative » est née.

Mais je ne suivrai désormais ce projet qu'à distance. En ce mois de juin 2009, ma carrière prend un nouveau tournant. J'ai participé au mouvement des inspecteurs d'académie pour essayer d'obtenir un département en pleine responsabilité. Le directeur de l'encadrement s'appelle Roger Chudeau. Je l'ai rencontré alors qu'il était le conseiller technique chargé de l'éducation de François Fillon à Matignon, sur la recommandation du recteur Blanquer. Émanait de lui un mélange de courtoisie française surannée et de rigueur très germanique, quelque chose entre Pierre Fresnay et Erich von Stroheim.

À cette époque, c'est encore le directeur de l'encadrement en personne qui vous appelle pour vous proposer un poste. Le mien est en Lozère. Un peu éloigné, pas facile familialement. Mais un poste d'inspecteur d'académie ne se refuse pas. Je donne mon accord, non sans remercier vivement, le directeur faisant alors lui aussi assaut de politesses en ne manquant pas de me rappeler l'intérêt et la richesse de chaque département pour la nation.

Chez JMB, que j'informe rapidement de mon affectation, cette nomination suscite une réaction mi-étonnée, mi-amusée.

« Cela vous plaît ? C'est un peu loin de ce que vous avez fait ici, non ? Un peu dommage…

— [Silence.] Peut-être, en effet, mais je crois que cela ne se refuse pas.

— Si une autre opportunité se présentait, vous seriez partant ?

— Oui, bien sûr !

— Parfait. À bientôt ! »

Quelques jours plus tard, un remaniement ministériel se produit. Xavier Darcos rejoint le ministère du Travail et c'est Luc Chatel, venant de l'Industrie, qui arrive à Grenelle. Il a connu Jean-Michel Blanquer sur les bancs de la faculté, sa première visite est pour Créteil. Entouré de ses proches, le ministre n'a pas encore de techniciens à ses côtés. Je ne sais si c'est lui qui a demandé quelques noms au recteur ou si c'est ce dernier qui lui en a proposé, toujours est-il que le mien apparaît. Le lendemain, je reçois un appel de Philippe Gustin, le directeur de cabinet, qui me propose le poste de conseiller technique éducation prioritaire, ville et développement durable, portefeuille quelque peu hétéroclite, mais où je retrouve le dossier des internats d'excellence.

Première expérience en cabinet : en ce début d'été 2009, nous nous retrouvons donc quelques-uns issus de l'Éducation nationale au milieu d'une équipe venue de Bercy, néophyte en matière d'éducation, comme son ministre. L'urgence est de délivrer à tous des cours accélérés sur le fonctionnement du système éducatif.

Bien qu'improbable, le mélange des profils est plutôt intéressant. Je découvre le prompteur, et les courtes notes ministérielles à la structure immuable : les faits, les « éléments de langage », rédigés par une petite équipe de jeunes gens talentueux venus du porte-parolat, attribution que Luc Chatel a conservée. À l'inverse, il faut acculturer tout ce petit monde au sujet éducatif. Cet exercice est pour moi l'occasion de mesurer à quel point l'Éducation nationale est complexe pour qui n'en est pas. Je me souviens notamment d'un échange avec le ministre à propos des inspecteurs :

« Bon alors les IEN, ce sont les inspecteurs du premier degré et les IPR, ceux du second degré, c'est bien cela ?

— Pas exactement, monsieur le ministre, il y a aussi des IEN du second degré, dans l'enseignement professionnel…

— Comme c'est compliqué ! Mais pourquoi n'y a-t-il pas un seul corps d'inspecteurs ? »

Pourquoi, en effet… Dans les premiers jours de son mandat, je vois ainsi régulièrement le ministre s'étonner d'une gestion des ressources humaines essentiellement statutaire ; du sous-encadrement patent ; d'une hiérarchie pesante mais paradoxalement très resserrée : entre chaque professeur et le ministre, il n'y a que le chef d'établissement, l'inspecteur d'académie et le recteur. À ses yeux, renouveler la gestion des ressources humaines, son domaine de compétences, est le chantier prioritaire. Même si cela revient à s'attaquer à la face nord de l'Himalaya.

Mais pour l'instant, Luc Chatel a pour mission de mener à bien une réforme du lycée précédemment avortée, sans remettre le feu aux poudres, avec à l'horizon une mise en place à la rentrée 2010. Il faut nécessairement être moins ambitieux et dégager un consensus. Dans le nouveau projet de lycée général et technologique, l'accent est mis sur « la révolution de la personnalisation » : les deux heures d'accompagnement personnalisé, le tutorat, les enseignements d'exploration en 2de doivent permettre de s'adapter à chaque élève et de l'aider dans ses choix d'orientation.

Menée à son terme, ce sera la seule réforme de structure. Impossible de toucher au collège : avec les mouvements lycéens sous Darcos, la peur de la contestation a opéré. Quant à sa volonté de renouveler la gestion des ressources humaines, le ministre ne peut avancer que par « petites touches » : il fait notamment venir à la tête de la direction générale des ressources humaines (DGRH) l'ancienne DRH de la RATP, Josette Théophile, qui reçoit pour mission de moderniser le dialogue social et le management.

En janvier 2010, nous sommes rattrapés par l'irruption de la violence dans les établissements. Un jeune lycéen, Hakim, est poignardé par un de ses camarades dans un couloir du lycée Darius-Milhaud du Kremlin-Bicêtre. C'est la première fois qu'un meurtre d'élève est commis dans un établissement scolaire. L'émoi est considérable et le ministre le mesure immédiatement. Il faut une réponse qui dépasse les mesures de circonstance. Quelque chose de plus ambitieux, capable de fédérer au-delà de l'école.

Des états généraux de la sécurité à l'école sont ainsi réunis dans le grand amphithéâtre de la Sorbonne en avril 2010. Pour la première fois, des experts, dont Éric Debarbieux, analysent la situation à la lumière de la recherche et non de l'opinion. Mais c'est aussi l'occasion de proposer des évolutions du fonctionnement des établissements, sur un mode expérimental.

Parmi les annonces du ministre à l'issue des états généraux, je pousse en effet, avec mon collègue Jean-Marc Parisot, le lancement du programme Clair[1] (collèges et lycées pour l'ambition, l'innovation et la réussite), destiné à « engager des actions ciblées dans

1. Étendu aux écoles et devenu Éclair à la rentrée 2011, il concerna 2 116 écoles (6 % des écoliers) et 297 collèges (5,5 % des collégiens) de l'éducation prioritaire, les réseaux ambition réussite (RAR), qui deviendront les réseaux d'éducation prioritaire renforcés (REP +) que l'on connaît aujourd'hui, 17 lycées professionnels et 11 lycées d'enseignement général et technologique.

les établissements les plus exposés à la violence[1] ». Ce programme vise les établissements concentrant le plus de difficultés en matière de climat scolaire, avec une approche systémique : en matière de pédagogie, il s'agit d'encourager les équipes à recourir à l'expérimentation ; dans le domaine de la vie scolaire, de construire un projet pédagogique et éducatif porté par tous les personnels et de désigner pour chaque niveau un préfet des études ; en termes de ressources humaines, afin de stabiliser les équipes, cela suppose de développer les postes à profil et de proposer des évolutions significatives de carrière.

Ce programme constitue une petite révolution, en ce sens qu'il donne plus d'autonomie aux acteurs de terrain pour rechercher les meilleures solutions aux problèmes qu'ils rencontrent. L'adhésion des équipes, personnels de direction, d'enseignement, d'éducation, de santé, sociaux et d'orientation, leur capacité à s'inscrire dans un projet d'établissement sont en effet des conditions de la réussite.

La réaction, hostile, des syndicats, ne se fait pas attendre, dans un pays où toute dérogation à la règle commune est vue comme une insupportable atteinte à l'égalité, même lorsque celle-ci n'est que d'affichage. De fait, il ne faut pas confondre autonomie et responsabilisation. Toute approche qui viserait à fragmenter davantage notre pays est à bannir. Ce n'est pas le cas de ce programme, qui ne déroge en rien aux objectifs nationaux, mais donne des leviers de changement au sein d'établissements exsangues : recrutement de personnels motivés s'engageant à

1. Communication relative aux états généraux de la sécurité à l'école. Conseil des ministres du 14 avril 2010.

rester au moins cinq ans en échange de primes pour stabiliser les équipes ; formations et temps dédiés donnés aux professeurs pour renforcer la coopération, l'interdisciplinarité et le suivi individualisé de l'élève.

On ne saura jamais ce qu'aurait donné l'évaluation de cette réforme si elle s'était poursuivie. La fin du cabinet est marquée par un drame intime qui touche le ministre et l'empêche sans doute de s'investir comme il l'aurait souhaité dans le programme éducatif du candidat Sarkozy à sa réélection. Le massacre de Toulouse par Mohammed Merah, quatre morts dont trois enfants assassinés parce que juifs, comme un rappel que la bête immonde peut toujours ressurgir, achève de donner une connotation sombre à la fin du mandat. Nommé à l'inspection générale, je rejoins au printemps 2012 « l'administration contemplative » comme l'a surnommée Christian Forestier.

Je passe alors quatre années dans ce qui est encore un « corps[1] ». C'est un autre métier. Puisque j'ai directement suivi certaines réformes lors du précédent quinquennat, il m'est déontologiquement impossible de participer à leur évaluation. Et l'on se méfie de moi, marqué que je suis du sceau de la précédente majorité. C'est cependant une occasion unique de suivre la mise en place des politiques du ministère dans les académies.

1. Un corps est un regroupement de fonctionnaires soumis à un même ensemble de règles, appelé statut particulier. La réforme de la haute fonction publique a transformé l'ensemble de ces corps en missions fonctionnelles d'une durée limitée.

Après trois années de cabinet, cela me permet de retourner sur le terrain.

L'inspection générale offre un regard d'ensemble sur le système. Définie à sa création en 1802, en même temps que le baccalauréat, comme « les yeux et les oreilles » du grand maître de l'université, Fontanes, l'ancêtre des ministres de l'Instruction publique puis de l'Éducation nationale, l'adage en était « l'inspection générale est partout chez elle ».

Effectuer des allers-retours entre des postes en centrale et en services déconcentrés, entre Paris et la province[1], entre fonctions opérationnelles et postes plus en recul m'a toujours paru très sain. Il faut en effet pouvoir observer, se nourrir d'expériences riches et variées avant d'exercer des responsabilités, au risque de se retrouver complètement déconnecté et de pondre des réformes hors sol.

Rencontrer ceux qui font l'école au quotidien est aussi irremplaçable que régénérant. Tout n'est pourtant pas rose. J'assiste notamment trop souvent à des cours où chacun « joue » à l'école, plus qu'il n'enseigne ou n'apprend : le professeur, avec des exercices trop simples pour lesquels il laisse trop de temps de résolution aux élèves, lesquels jouent eux aussi la montre ; des cours comme j'en ai connu moi-même, où le sens de l'activité proposée échappe à une majorité de la classe. Mais il n'en reste pas moins que le petit miracle

1. L'expression à la mode, « les territoires », me semble aussi floue qu'inesthétique pour désigner notre si beau pays, sans compter que ce pluriel ne correspond à rien, littérairement parlant.

qui consiste à ce que chaque jour et à chaque heure, les élèves de France, partout, sont enseignés par des professeurs dans leur immense majorité investis est une réalité.

Écarté du suivi des réformes de « fond », je récupère aussi des missions considérées comme « périphériques », qui vont pourtant s'avérer extrêmement formatrices. C'est souvent dans les « marges » que l'on se confronte le mieux aux enjeux d'un sujet.

Je deviens ainsi IG référent de la Fondation santé des étudiants de France. Créée par l'Union nationale des étudiants de France (Unef) en 1923 pour faire face au problème aigu de la tuberculose, qui exigeait un traitement de longue durée et rendait la poursuite des études difficile, elle s'est peu à peu diversifiée, mais reste spécialisée dans la santé des jeunes, physique et mentale. Elle accueille chaque année plus de 10 000 patients de 12 à 25 ans, au sein de ses vingt-six implantations, cliniques et structures médico-sociales, dans toute la France. Ses cliniques proposent une scolarisation ordinaire et complète pendant l'hospitalisation. Reposant sur une alliance étroite entre les soignants et les personnels de l'Éducation nationale, le principe du « soin études » est particulièrement innovant et performant.

Avec Philippe Colin-Madan, emblématique directeur de la pédagogie de la fondation, je me rends dans chacune des cliniques, de Sablé-sur-Sarthe à Grenoble, de Nice à Lille, de Rennes à Aire-sur-l'Adour en passant par Sceaux et Paris. À chaque fois, il y a dans nos rencontres avec les professeurs, conseillers principaux d'éducation (CPE), soignants et cadres quelque chose de revigorant. On est pourtant confrontés à des jeunes en grande souffrance, parfois atteints de pathologies incurables. Mais l'approche éminemment humaine des uns et des autres, la considération du patient et de l'élève, de la personne dans son ensemble, donne espoir.

La personnalisation des parcours est une réalité. Les médecins s'étant aperçus que la scolarité des patients-élèves devenait un élément positif dans le combat contre la maladie, les études font partie du projet de soin, et sont un élément fort de la reconstruction du jeune. Les équipes médicales et pédagogiques, mais aussi le jeune et sa famille, participent ainsi à une « alliance thérapeutique », dont la concertation des équipes, l'individualisation et la souplesse du parcours pour l'élève sont les maîtres mots. On adapte et réadapte les emplois du temps en fonction des impératifs de soin, sans jamais perdre de vue les objectifs d'apprentissage.

S'il est possible d'aller chercher des élèves aussi loin de la scolarité, pour lesquels l'école est parfois dérisoire par rapport à ce qu'ils vivent, est-il impossible d'y arriver dans l'immense majorité des classes ordinaires françaises ? Toutefois, une adhésion des équipes au projet et du temps de concertation sont essentiels. Je dis alors souvent aux équipes rencontrées qu'ils sont les « mutins et les mutants » évoqués par Edgar Morin, ceux qui font progresser un système. Je me suis toujours souvenu de cette expérience et crois que nous devrions mieux savoir repérer les mutins et les mutants de notre école. C'est en les mettant en avant que nous ferions plus sûrement progresser les élèves.

Pendant près de quatre ans, ces expériences enrichissent ma réflexion, tandis que je poursuis des échanges réguliers avec Jean-Michel Blanquer. Avec la publication de *L'École de la vie* en 2014, puis de *L'École de demain* en 2016, il devient peu à peu une personnalité incontournable de l'éducation. Fin 2016, nous sommes en pleine primaire de la droite et du centre, et l'idée est alors qu'il soit ministre de l'Éducation, quel que soit le candidat désigné. Mais l'affaire Fillon vient réduire à néant les espoirs de la droite de revenir aux affaires.

En février 2017, il devient évident que les chances de ce dernier de remporter l'élection présidentielle s'amenuisent chaque jour un peu plus. Engagé dans la campagne, à l'instar de Bruno Le Maire, je préfère me retirer. Cet homme impeccable, cet ancien Premier ministre qui inspirait l'honorabilité et respirait le sérieux, c'était donc une sorte de Tartuffe ? Pour tous ceux qui ont travaillé au retour de la droite, c'est le temps de la désillusion. Mais c'était compter sans les capacités de rebond de JMB.

Je crois que François Fillon n'était pas son candidat rêvé. Dans le temps de la primaire, Brigitte Macron était tombée sur *L'École de demain* et s'était retrouvée dans ce livre programme. Un ami commun les présente et c'est elle qui l'introduit auprès d'Emmanuel Macron. L'entente intellectuelle est parfaite. Le candidat fait siennes les idées de l'ancien directeur général de l'enseignement scolaire (Dgesco) devenu directeur général de l'Essec.

Nous sommes alors une petite équipe réunie depuis plusieurs années auprès de Jean-Michel Blanquer, sorte de *shadow cabinet* éducation. Raphaël Muller, directeur de la communication de cette *business school*, m'appelle et me laisse entendre que tout n'est peut-être pas perdu, que JMB a une piste. Nous nous retrouvons dans son appartement, où il nous raconte son rapprochement avec Emmanuel Macron.

C'est à la suite de ce formidable concours de circonstances que nous entrons au 110 de la rue de Grenelle[1] le 17 mai 2017. La veille, nous sommes réunis dans le bureau de Jean-Michel Blanquer, dans l'ancien Cnit (Centre des nouvelles industries et technologies) de La Défense. Il est très confiant et guette le coup de fil du nouveau Premier ministre, Édouard Philippe. En attendant, nous commençons à travailler à la constitution du cabinet. Un coup de téléphone, et la proposition devient plus concrète. On n'y croit cependant pas encore. Combien d'anecdotes sur des changements de dernière minute circulent dans les allées du pouvoir et des médias ! Il faut attendre le lendemain, la déclaration du secrétaire général de l'Élysée sur le perron. Je suis devant mon écran, dans mon bureau de la région Ile-de-France où j'exerce depuis un peu plus d'un an les fonctions de directeur général des lycées auprès de Valérie Pécresse. Et le nom de Jean-Michel Blanquer sort pour l'Éducation.

On doit rapidement se mettre au travail, les chantiers sont immenses, l'espoir suscité par l'élection

1. Adresse du ministère de l'Éducation nationale, dans le VIIe arrondissement de Paris.

d'Emmanuel Macron ne peut être déçu. La pression est considérable. Notre premier atout est d'être prêts. Prêts, car les principales mesures envisagées ont été expertisées et sont dans les cartons du nouveau ministre depuis longtemps. Prêts aussi parce qu'il connaît parfaitement la « maison ». Dans cette course de vitesse que constitue la mise en place de réformes nouvelles, nous avons ainsi l'avantage, un petit coup d'avance, oints que nous sommes, de surcroît, de la légitimité que donne l'élection au suffrage universel du président de la République.

Le ministre signe dès le 6 juillet une lettre adressée à tous les personnels de l'Éducation nationale et qui constitue une feuille de route. Il dit la nécessité de donner la priorité au primaire, aux savoirs fondamentaux, aux élèves fragiles, en annonçant les deux mesures emblématiques des CP dédoublés et de « devoirs faits ».

Dans le premier degré, l'objectif est de dédoubler l'ensemble des classes de CP et de CE1 de l'éducation prioritaire. Pour asseoir sa crédibilité, le ministre veut aller vite. Dès la rentrée 2017, soit dans trois mois, il faut réaliser le dédoublement de toutes les classes de CP de REP + ; cela concerne 56 000 élèves. Quand on sait qu'une rentrée se prépare quasiment un an à l'avance, cette ambition est pure folie. C'est d'ailleurs ce que pense tout le monde, à commencer par Matignon et l'Élysée.

Ma première réunion avec le secrétaire général, Alexis Köhler, porte justement sur la préparation de la rentrée. Pragmatique, apparemment détendu, cet homme au regard perçant a le doute pour seconde nature. Cet animal-là scrute, pose des questions méthodiquement et ne vous lâche pas avant d'avoir toutes les réponses qu'il consigne sur son carnet. Ainsi que la plupart des personnes autour de la table, il ne connaît rien à l'éducation. Ou plutôt, il s'en méfie. Elle lui apparaît comme une source de problèmes, avec des professeurs toujours mécontents et qui risquent de ne pas adhérer au train des mesures présidentielles.

Le scepticisme est donc de mise quand j'annonce que nous aurons bien les CP de REP + dédoublés dès la rentrée. Je me souviens du visage de Köhler, dubitatif et amusé, un peu joueur tout de même, mais me demandant trois fois si je suis bien sûr… Sûr, je le suis, non pas par naïveté ou par forfanterie, mais parce que je connais la réactivité de la machine Éducation nationale. C'est bien sûr un défi logistique important, mais les cadres le relèveront. Parce que c'est une belle mesure de la promesse républicaine, qu'ils veulent montrer que c'est possible, et aussi parce que nous héritons d'un schéma d'emplois positif.

Le plus difficile est donc moins de s'assurer que nous aurons le nombre de professeurs requis devant chaque classe dédoublée que de travailler avec des municipalités pour trouver les locaux nécessaires.

À la rentrée 2017, nous sommes au rendez-vous. Quand je présente le bilan de rentrée, à l'occasion de la traditionnelle réunion des directeurs de cabinet qui se tient chaque lundi en fin d'après-midi, je sens que le ministère a gagné des points. Non seulement la rentrée est techniquement réussie, mais la mesure phare du président, les dédoublements en éducation prioritaire, est amorcée avec succès.

Pourtant, peu pariaient sur notre succès à notre arrivée, comme me l'avouera un haut fonctionnaire expérimenté et très introduit dans le secret des dieux quelques années plus tard. Comment le ministre pouvait-il réussir en choisissant comme directeur de cabinet un simple professeur monté en grade, un homme sorti du rang, en somme ? Il est vrai que lors de ces réunions au sommet de l'État, le profil des protagonistes est très semblable mais très différent du mien. Beaucoup se connaissent pour avoir partagé une grande école, une aventure administrative ou ministérielle. Et combien n'ont pas fait l'ENA ?

Mais l'enthousiasme de pouvoir faire est là. Nous sommes aussi sous le charme du fameux « en même temps », une période où l'on a mis certains clivages entre parenthèses. Les opposants d'hier côtoient le « nouveau monde ». Dans la constitution même du cabinet, jugé par certains trop sarkozyste, on retrouve des anciens des cabinets du précédent gouvernement socialiste. On se met d'accord assez facilement sur des sujets qui, quelques mois auparavant nous auraient directement opposés. Un certain consensus, particulièrement dans le domaine éducatif où il manque tellement, était-il après tout atteignable ?

Cet enthousiasme que l'on jugera naïf s'illustre, me concernant, par un déjeuner dans les jardins privés de l'Élysée, auquel Brigitte Macron a invité le ministre et son directeur de cabinet. Nous sommes quatre, privilège rare. Je me souviens d'une certaine complicité et de rires au soleil du printemps 2017. Décidément, tout est possible. Le lieu est hors le temps et le monde. Tout y est parfait comme à Disneyland, le bon goût et le service à la française en plus. En aparté, Mme Macron ayant sans doute lu mon CV me dit : « Vous savez, nous sommes de droite. »

À plusieurs reprises, je reverrai la « première dame » pour reprendre cette expression empruntée aux Américains. Quelques années plus tard, devenu recteur, à l'occasion d'une remise de prix dans les jardins des Gobelins, elle me salue : « Vous n'êtes pas en Autriche ? » Elle m'a confondu avec mon prédécesseur, qui est effectivement devenu ambassadeur de France en Autriche, une ambassade d'opérette, comme disent les méchantes langues. À l'occasion, je raconte l'anecdote à un habitué des cabinets, qui dissimule son sens politique et sa sensibilité derrière un apparent cynisme : « Cela t'étonne ? On est bien peu de chose, pour eux, me dit-il en désignant d'un geste enveloppant l'environnement du bureau de la rue de Grenelle. On n'est que des domestiques. »

En attendant, il faut « délivrer », comme on dit dans les cercles de pouvoir. L'assouplissement des rythmes scolaires est plutôt populaire. Cette réforme, je serais tenté de dire ce piège, a empoisonné le ministère Peillon. Quand on sait pourtant que la réflexion lancée par Luc Chatel était d'abord là pour occuper une fin de quinquennat difficile ! Comme le disait le directeur de cabinet de l'époque, il s'agissait de lancer l'avion en prenant grand soin qu'il n'atterrisse pas… La réforme des rythmes a créé un très grand trouble, nombre de tensions sur le terrain, au point d'occuper davantage les inspecteurs de circonscriptions que le suivi pédagogique des écoles. Comme de surcroît les études[1] démontrent que les effets de l'aménagement du temps scolaire sur les résultats des élèves sont négligeables, voire nuls, permettre aux acteurs locaux de choisir est sage. De fait, un tiers des écoles repassent à la semaine de quatre jours dès la rentrée.

Le ministre annonce aussi les évaluations en CP et en CE1. Pour entrer à la fois dans une logique de pérennité et de banalisation, il faut changer de méthode, s'appuyer sur des acteurs incontestables. Composé de chercheurs reconnus issus de tous les horizons, le nouveau conseil scientifique de l'Éducation nationale installé en janvier 2018 permet au ministre de se décentrer. Pour la rentrée suivante, le conseil est chargé avec la DEPP de développer un système d'évaluations nationales fondé sur les avancées de la recherche, début CP, mi-CP et début CE1.

Mais le véritable Everest est la réforme du baccalauréat. Jugé très coûteux, archaïque et chronophage, il est considéré par beaucoup comme étant à bout de souffle. Dans son programme, Emmanuel Macron a proposé un examen avec seulement quatre épreuves obligatoires, le reste se jouant au contrôle continu. Toucher au baccalauréat ou au lycée est toujours explosif. On l'a vu avec

1. « Les organisations du temps scolaire à l'école issues de la réforme de 2013 : quels effets observés ? », dossier de la DEPP, n° 207, juin 2017.

Xavier Darcos. En son temps, François Fillon avait déjà voulu réduire le nombre d'épreuves pour les mêmes raisons, souhaitant introduire une part de contrôle continu. Il avait dû reculer devant les manifestations lycéennes.

Là encore, on parie sur notre échec. Pourtant, la réforme est menée à bien, même si les crises qui vont suivre ne permettent pas de voir la nouvelle formule appliquée réellement avant juin 2022. Le ministre confie d'abord à Pierre Mathiot, emblématique directeur de Sciences Po-Lille et issu de la gauche, une mission de préfiguration, fin octobre 2017. Le 24 janvier 2018, il rend son rapport, « Un nouveau baccalauréat pour construire le lycée des possibles », et le 24 février le ministre annonce les grandes lignes.

La réforme se veut ambitieuse. Près de dix ans après la tentative de Xavier Darcos, l'échec en licence est toujours aussi important, avec moins d'un étudiant sur deux passant en deuxième année. Accompagner les lycéens dans leur orientation et les préparer à réussir dans l'enseignement supérieur est plus que jamais d'actualité. D'autant que le ministère de l'Enseignement supérieur, de son côté, réfléchit à une refonte de la plateforme d'affectation des futurs étudiants. Le précédent système APB[1] est débordé par des candidatures de plus en plus nombreuses, qu'il gère désormais par tirage au sort dans certaines filières en tension. Cette disposition, qui ne tient compte ni de la motivation, ni des résultats des élèves, soulève une émotion considérable dans l'opinion.

1. Admission post-bac.

De son côté, l'examen du baccalauréat, auquel chaque Français est attaché, est exsangue. Le nombre d'épreuves ainsi que le poids de leur organisation rendent chaque année plus important le risque d'incidents, sinon d'accidents industriels. Dans les établissements, le mois de juin est neutralisé par la tenue des épreuves. Et les filières générales sont largement dévoyées : la série scientifique voit ainsi passer quantité d'élèves se destinant à des parcours bien différents dans le supérieur[1].

Alléger l'organisation de l'examen, évaluer de nouvelles compétences essentielles à la réussite ultérieure, *via* le grand oral, personnaliser les parcours, accompagner les élèves tout au long du lycée pour qu'ils fassent des choix éclairés dans le supérieur : tel est l'esprit de la réforme. En somme, si l'ancienne préparation au baccalauréat consistait à donner un billet de train à l'élève pour qu'il effectue un voyage au cours duquel les aiguillages étaient fixés d'avance, le nouveau baccalauréat lui propose les clés de la voiture et un GPS.

Les difficultés de mise en œuvre arriveront plus tard, crises obligent. Mais, à l'été 2018, le temps est au beau fixe. Nous avons lancé les chantiers prioritaires. Le dédoublement des classes en REP, les évaluations nationales, la réforme du baccalauréat. Partout, le travail du ministre est salué et les couvertures de magazines

1. En 2018, seuls un peu plus de 40 % des bacheliers scientifiques se dirigeaient vers des études scientifiques, licence et CPGE. Source : Mesri-Sies.

se multiplient. À Matignon, on me demande d'aller plus loin dans les réformes, de s'attaquer aux obligations réglementaires de service des professeurs. « Ton ministre marche sur l'eau, c'est le moment ! »

Pourtant, je sens bien que le climat se tend. D'autant que nos marges budgétaires sont faibles et que nous perdons beaucoup d'arbitrages face à Bercy. À chaque demande d'augmentation, notamment sur les rémunérations des professeurs, c'est *niet* ! Comme si la popularité du ministre devait se payer. Ces unes flatteuses font du ministre une cible. Quand on connaît de surcroît l'adage journalistique lécher, lâcher, lyncher...

Derrière ces succès médiatiques se cache en effet une autre réalité. Dans cette majorité où se sont retrouvées des personnes issues d'horizons politiques opposés, des membres de la société civile sans assise politique, le seul dénominateur commun est la personne du président de la République. Sa faveur est donc essentielle. Et en ce début de quinquennat, Jean-Michel Blanquer a celle du prince. L'idylle est complète. Elle passe par une entente intellectuelle hors pair. Les deux hommes se voient régulièrement et échangent sur la destinée du monde. Ils se comprennent, du moins est-ce l'impression que je retire de chacun des comptes rendus que me fait le ministre.

Cette relation privilégiée jointe au succès médiatique et aux bonnes enquêtes d'opinion agace. Sans parler de la une du *Point*, titrée « le vice-président[1] ». Elle insupporte l'aile historique et de gauche de la Macronie.

1. *Le Point*, 15 février 2018.

Un ancien sarkozyste qui mène la course en tête, c'est insupportable. Le président a été élu grâce à la gauche et l'homme fort qui se dégage du gouvernement vient de la droite ! Mais JMB agace aussi Matignon, ne faisant aucun effort puisqu'il est en lien direct et quotidien avec le patron. J'essaie de faire passer certains messages au ministre, mais il croit en sa bonne étoile. *Quos vult perdere*[1]...

1. *Quos vult perdere Jupiter, dementat prius*. « Ceux que Jupiter veut perdre, il commence par leur ôter la raison. » Adage latin issu d'une tragédie d'Euripide.

8

Le temps des orages

Les nuages s'amoncellent pourtant. Nous sommes quelques-uns, dont mon collègue de l'enseignement supérieur, à quémander à Bercy quelques millions pour mieux faire passer les réformes et parce que ce qui nous remonte du terrain est inquiétant : les professeurs se trouvent maltraités et attendent en vain des augmentations. Nous sommes sèchement renvoyés dans nos buts, traités de dépensiers irresponsables.

Je vois aussi les limites d'un ministre issu de la société civile. Même particulièrement bien préparé. Même très soutenu par le président. Même très populaire. En l'absence de poids politique réel, on n'obtient pas d'augmentation budgétaire. Et pourtant, quand on sait ce qui sera lâché au cours des années suivantes, quel gâchis !

Chaque matin dès 7 heures, mon adjoint et moi retrouvons le ministre pour notre réunion quotidienne. Si l'on ne veut pas se laisser happer par les contraintes du quotidien et subir les événements, il faut se donner une discipline de travail proche des règles monacales.

On ne peut avoir de temps pour réfléchir, échanger, programmer qu'avant 9 heures ou tard le soir.

Pendant les deux semaines de congé d'été, on essaie de récupérer et de se ressourcer. Est-ce la vue quotidienne du monumental bureau art déco de Jean Zay ? En cet été 2018, je lis ses mémoires émouvants et lucides, *Souvenirs et solitudes*. J'y retrouve beaucoup de similitudes avec notre situation. Même si Bercy porte alors le nom du lieu où était établi le ministère des Finances, la rue de Rivoli, rien n'a changé.

« Quant à l'Inspection des finances, sa responsabilité dans nos malheurs [...] n'en est pas moins certaine. [...] De 1932 à 1940, je parle de ce que j'ai vu. [...] il était défendu de critiquer la mystique de l'équilibre budgétaire, sous peine d'être considéré comme un traître et accusé de provoquer des catastrophes. Une puissante cohorte veillait jalousement sur le respect de la sainte orthodoxie : au premier rang, se distinguaient la presse et ses chroniqueurs spécialisés, les économistes, les banquiers, les partis conservateurs. Mais derrière ces troupes de choc, se dessinait toujours la toute-puissante inspection des Finances. [...] Par crainte de compromettre l'équilibre budgétaire – cet idéal constamment entrevu, jamais atteint –, il était devenu impossible de réaliser la moindre réforme, de faire aboutir la plus petite innovation. Devant tout projet, se dressait comme un mur le *non possumus* du directeur du Budget, retranché rue de Rivoli dans son blockhaus de papier, armé de ses additions et de ses statistiques. Chaque fois que vous abordiez le ministre des Finances, quel qu'il fût, et que vous lui demandiez le petit crédit nécessaire à une grande réforme, il vous renvoyait à son directeur du Budget. Celui-ci, souriant et déférent, vous démontrait que votre requête eût entraîné par analogie d'autres dépenses, qu'elle était grosse de dilapidations futures, que la situation financière ne le permettait malheureusement pas. [...] Je me rappelle l'histoire d'un crédit de 60 000 francs, indispensable à certaine expérience pédagogique, qui nécessita six navettes budgétaires, deux nuits d'allées et venues entre la Chambre et le Sénat. Il n'y avait plus d'argent en France pour rien d'utile et de fécond[1]. »

Je le dis au ministre qui s'y retrouve tout autant. Nous subissons l'orthodoxie budgétaire et la proximité du ministre avec le président n'y change rien.

La question budgétaire va pourtant se rappeler brutalement au gouvernement par une mobilisation sociale inédite.

Le 11 novembre 2018, la France semble au cœur du monde. Le président a soigné le temps des commémorations de l'armistice par de nombreux déplacements sur les champs de bataille les plus symboliques. Pour le Centenaire, autour de la flamme du Soldat inconnu, soixante-dix chefs d'État et de gouvernement sont réunis, dont Donald Trump et Vladimir Poutine.

C'est une journée de novembre humide et froide, d'une blancheur lugubre qui évoque le cortège des morts en son long manteau spectral. On se souvient des

1. Jean Zay, *Souvenirs et solitude* [1946], dans *Jeunesse de la République*, Bouquins, 2024, p. 806-807.

défunts, des soldats aussi, dans le froid et sous le feu. C'est un moment de recueillement profond. Je me souviens que deux de mes arrière-grands-pères sont tombés à Verdun. Le président parle de paix.

Mais ce que je retiens est ailleurs. Les traditionnelles musiques militaires, sonnerie aux morts, sonnerie d'armistice sont supplantées par ce mouvement lent de la sonate pour violon et violoncelle de Ravel jouée par Yo-Yo Ma et Renaud Capuçon. Les notes dramatiques forment un écho à la tragédie de la Grande Guerre. C'est comme si Ravel avait concentré là toute la tragédie, de l'Europe suicidée au désenchantement universel. Moi qui connais pourtant bien ce morceau, il m'apparaît sous un jour nouveau, presque une nuit nouvelle. Dans son dépouillement extrême, les sonorités sont distendues jusqu'à la rupture, la mélodie est d'une infinie tristesse. En longeant les Champs-Élysées qui laissent filer les convois de grosses limousines noires, je ressens un malaise profond que je mets sur le compte de cette guerre dont on ne se remet pas.

Rétrospectivement, j'y vois l'approche des drames imminents. Quelques jours plus tard en effet, ces mêmes lieux seront le théâtre de manifestations monstres et d'exactions violentes.

Certaines décisions gouvernementales vont entraîner le pays dans une crise sociale de plusieurs mois. Est-ce parce que les Parisiens, les urbains de façon générale, qui bénéficient d'un réseau dense de transports en commun, ne se rendent pas compte de l'importance de la voiture ? Mais quand on habite le Morvan, sans véhicule, on est proche de l'isolement-désolation. Aussi, toucher à la taxe carbone pour le motif louable de réduire nos émissions de CO_2 ou baisser la vitesse sur route à quatre-vingts kilomètres à l'heure pour réduire la mortalité routière vont apparaître comme des mesures aussi descendantes et méprisantes qu'injustes et déconnectées. D'autant qu'elles s'appliquent sur un terreau social déjà fragile, comme l'avait signalé Gérard Collomb, ministre de l'Intérieur démissionnaire début octobre : celui d'une fracture béante entre territoires métropolitains et territoires ruraux ou périurbains. Nous sentions, lors d'échanges avec Jacques Mézard, ministre de la Cohésion des territoires jusqu'au 16 octobre 2018, qui perdait lui aussi ses arbitrages budgétaires, que la cohésion territoriale n'était pas une priorité.

À partir du 17 novembre, la colère se répand telle une jacquerie d'Ancien Régime. Là où quelques jours plus tôt, le président rappelait la Grande Guerre et prônait la paix, des individus désespérés en viennent à saccager jusqu'aux symboles les plus douloureux d'une Grande Guerre qui a vu tomber tant d'enfants du peuple. On se souvient de l'Arc de triomphe graffité, de la tombe du Soldat inconnu menacée d'être profanée, des forces de l'ordre dépassées. À ce moment même, le 1er décembre, le président est en déplacement officiel en Argentine à l'occasion d'un G20. Jean-Michel Blanquer, fin connaisseur de l'Amérique latine, l'accompagne. Quelle perception ont-ils de la situation ? La presse fait état de rencontres avec des intellectuels, le président parle de « parenthèse enchantée ». Lors d'un échange au téléphone avec le ministre, où je lui décris la situation, celui-ci s'étonne de mes alarmes. Pourtant, en ce samedi 1er décembre, l'Arc de triomphe est dégradé devant les caméras du monde entier. Et chaque samedi, le pays retiendra son souffle.

Un souvenir m'a particulièrement marqué. Nous sommes le samedi 5 janvier 2019, au ministère. Les officiers de sécurité sont sur le qui-vive. Ils nous disent qu'en cas de coup dur, seuls l'Élysée et Matignon seraient protégés. Ils étudient par où il conviendrait d'évacuer. On en est là ! À quoi tient la démocratie… En face, l'hôtel de Rothelin-Charolais, où siège le porte-parolat du gouvernement, fait l'objet d'une attaque. Le lourd portail est défoncé par un engin de chantier récupéré par des Gilets jaunes qui veulent en découdre avec un Benjamin Grivaud qui représente sans doute tout ce qu'ils exècrent. Il est heureusement évacué à temps, sinon tout porte à croire qu'il aurait fini lynché.

Durant l'hiver 2018-2019, nous vivons chaque semaine au gré des manifestations. Les lycéens s'en mêlent, réclamant l'abrogation de la réforme du lycée et du baccalauréat, de la voie professionnelle et du service national universel. Les blocages se multiplient, avec des heurts parfois violents, faisant à chaque fois craindre un blessé. Le beau portail du lycée Decour, dans le IXe arrondissement de Paris, part à nouveau en fumée, comme à l'occasion d'autres blocages, en 2016.

Nous avons installé une salle de crise au ministère, pour tenter de suivre et d'accompagner au mieux les académies. On n'imagine pas la violence que vivent les personnels de direction dans ces moments. Il faut impérativement que les forces de l'ordre soient présentes, mais ces femmes et ces hommes sont sursollicités, exténués par des semaines de manifestations.

Même si, semaine après semaine, le mouvement s'essouffle à mesure que le président reprend la main, cette année scolaire 2018-2019 est rude. Le mouvement des Gilets jaunes permet aux adversaires de la réforme du baccalauréat et de la voie professionnelle de retrouver de la voix. La genèse de la loi pour une école de la confiance se construit dans la douleur. Outre l'instruction obligatoire dès 3 ans qui en est à l'origine, apparaît en symétrie l'obligation de formation jusqu'à 18 ans. Le conseil d'évaluation de l'école est également créé, obligeant à l'évaluation de tous les établissements et écoles tous les cinq ans. Le reste dispose des mesures sur l'inclusion scolaire, la lutte contre le harcèlement, et un certain nombre de rappels et obligations pour les usagers de l'école. Le secrétaire général du gouvernement (SGG) fait régulièrement remarquer que l'on est dans du droit mou. Est-ce bien utile ? D'autant qu'une certaine cristallisation se fait jour à propos du premier article auquel le ministre tient tout particulièrement :

« L'engagement et l'exemplarité des personnels de l'Éducation nationale confortent leur autorité dans la classe et l'établissement et contribuent au lien de confiance qui doit unir les élèves et leur famille au service public de l'éducation. Ce lien implique le respect des élèves et de leur famille à l'égard des professeurs, de l'ensemble des personnels et de l'institution scolaire. »

L'idée du respect réciproque ne passe pas et l'obligation, encore moins. Pourtant, qui peut s'opposer à ces principes ?

Plus le temps est gros, plus apparaît comme un éléphant au milieu d'un magasin de porcelaine le vrai sujet, à savoir l'absence de revalorisation salariale. Chacun a désormais en tête les comparaisons internationales issues de l'OCDE. Malgré le grand débat, la conférence de presse du président de la République du 25 avril 2019, « nouvel acte de la République », nous n'échapperons pas à une fin d'année scolaire chahutée.

Jusqu'ici le baccalauréat, cet examen totémique, faisait l'objet d'un *modus vivendi* dans l'institution. Même au plus fort des mouvements sociaux, on n'a jamais touché à ce symbole. En juin 1968, le baccalauréat a été sérieusement allégé, mais il s'est tenu. Mais avec les Gilets jaunes, la radicalité touche certains professeurs, encouragés par le mouvement émergeant des Stylos rouges. À l'occasion de l'audience que nous leur accordons, nous sentons comme ils sont éloignés, dans leur tonalité, des organisations sociales traditionnelles, autour d'un seul mot d'ordre : « Salaires, moyens, respect ». Ils sont capables d'actions « coup de poing », envahissant un rectorat ou la pyramide du Louvre. JMB veut se servir du mouvement pour obtenir une revalorisation des traitements des enseignants. Dès janvier 2019, il dit : « Je suis d'accord avec le diagnostic posé par les Stylos rouges [...]. Je n'ai aucun problème avec cela. » Mais cela n'empêche pas le mouvement de se poursuivre, jusqu'au baccalauréat, certains professeurs refusant de corriger leurs copies ou de saisir les notes.

C'est un véritable tournant dans l'Éducation nationale. Pour la première fois, des professeurs « jouent » avec l'avenir de leurs élèves. C'est seulement au prix de la substitution des notes manquantes par celles du contrôle continu que l'on pourra s'assurer que certains élèves ne soient pas pénalisés. Par la suite, la numérisation permettra de redistribuer des copies plus facilement et, donc, rendra vaine toute tentative de rétention de celles-ci. Mais en cette session 2019, ce n'est pas encore le cas. Pourtant, qu'ont démontré les grévistes d'alors sinon que la notation par contrôle continu était désormais possible et que le crédit de l'institution était altéré ?

Avec le projet de réforme des retraites à points, le ministre ne renonce pas. Il met toutes ses forces pour décrocher des augmentations de traitement. Cette réforme apparaît paradoxalement comme une occasion de négocier la revalorisation. Dans le système tel qu'il était et reste aujourd'hui, le montant des pensions dépend pour les fonctionnaires des rémunérations perçues les six derniers mois et du nombre de trimestres validés. Dans un système à points, c'est la totalité des salaires touchés pendant la carrière qui est prise en compte, y compris les premières années où ceux-ci sont les plus bas. Cela aboutirait donc à des pensions plus minces pour certaines professions, dont les professeurs.

Le haut-commissaire aux retraites, Jean-Paul Delevoye, le reconnaît d'ailleurs volontiers. Sauf si la réforme des retraites s'accompagne de revalorisations salariales. C'est là-dessus que Jean-Michel Blanquer va parier et que nous négocions. Pour compenser les pertes, le haut-commissaire propose d'intégrer les primes et indemnités dans le calcul des pensions. Sauf que le niveau moyen des primes de la fonction publique, 22 %, est loin de celui des professeurs, à 9 % et même à 4 % pour les enseignants de l'école maternelle. Il convient donc de négocier sur la hausse du montant des primes. Cela ne peut passer que par un dialogue social. Seulement les organisations syndicales ne veulent pas que ces primes soient conditionnées à du travail supplémentaire.

Matignon et Bercy poussent dans ce sens. La mobilisation des professeurs ne va donc cesser de s'amplifier. Le 5 décembre 2019, près d'un professeur sur deux est gréviste, le 17, ils sont encore un quart. Parallèlement, les lycées, surtout à Paris, font l'objet de blocages, certaines universités doivent annuler des examens, on craint des occupations. Avec mon collègue de l'enseignement supérieur, j'ai bien en tête l'occupation de Tolbiac en avril 2018, les dégradations, le chien Guevara[1] et la difficulté à évacuer sans prendre de risque pour la sécurité des personnes.

Le Premier ministre comprend le danger. Lors de son discours sur la réforme, le 11 décembre, il s'engage à « inscrire dans la loi la garantie selon laquelle le niveau des retraites des enseignants sera sanctuarisé ».

Mais c'est à l'occasion d'une crise d'une autre nature que le mouvement va s'interrompre. Pour nous, ce sera un peu « adieu veau, vache, cochon, couvée », car avec

1. À l'occasion de l'occupation de l'université parisienne, surnommée par les étudiants bloqueurs « La commune libre de Tolbiac », ces derniers se livraient à des conférences sur les réseaux sociaux où ils apparaissaient masqués en présence d'un chien du nom de Guevara.

le projet qui tombe à l'eau, l'espoir de la revalorisation des professeurs aussi…

Les plus graves crises sont souvent en gestation et comme à l'affût. En décembre 2019, la réforme des retraites est la grande affaire du moment. On assiste aux mobilisations les plus fortes depuis le début du quinquennat. Et pourtant, en quelques semaines, la crise sanitaire va tout balayer.

On se souvient bien de l'évocation d'un nouveau virus, en Chine, à Wuhan, à la mi-novembre 2019. C'est si loin. Mais fin janvier, les premiers cas apparaissent en France. Édouard Philippe nous a convoqués dans un salon de Matignon pour un premier point. Comme toujours, il veut comprendre de quoi il s'agit dans les moindres détails. À la fin de l'exposé d'Agnès Buzyn, on sait que c'est sérieux, même si l'on sent le médecin qui en a vu d'autres derrière la ministre. Le Premier ministre lui demande ce qu'il convient de faire. À la réponse d'Agnès Buzyn, chacun comprend que cela va secouer. En l'absence de traitement, dans le cas d'une épidémie, à part attendre qu'elle passe… même si, bien sûr, on peut prendre certaines précautions…

En quelques semaines, le monde bascule. C'est dans ces moments, au cœur du pouvoir, que l'on comprend que ce que l'on croit solidement ancré ne tient en fait qu'à un fil. La peur, la plus puissante des passions humaines, emporte tout. Je l'ai vu.

Peu à peu, le corps médical s'empare des plateaux des chaînes d'information continue. Ma vision d'une profession raisonnable et décidant à partir de raisonnements scientifiques en prend un sérieux coup. On a l'impression que chacun porte une opinion, mais que personne ne sait rien. Le ministre et moi, nous sommes assez incrédules. On nous dit que c'est une grippe et nos collègues de la Santé commencent à agir comme si on assistait au retour de la peste. D'ailleurs, le fait que la ministre de la Santé quitte ses fonctions pour s'engager dans la campagne municipale à Paris tendrait plutôt à montrer que les choses ne sont pas si graves.

L'école se retrouve rapidement au cœur des débats. Peu à peu, il apparaît que nous ne sommes pas prêts. Sans parler de traitements, il faudrait des masques pour se protéger d'un virus volatile. Or, nous n'en avons pas, sinon pour les soignants, et encore, tout juste. Cela paraît impensable. J'ai le souvenir de commandes et de livraisons de millions de masques chirurgicaux à l'Éducation nationale à l'occasion de la grippe aviaire en 2009. J'ai vu moi-même s'accumuler des paquets de masques dans les inspections académiques. Beaucoup se gaussaient alors de l'excès de précautions de la ministre Bachelot, car l'épidémie n'avait pas eu lieu. Mais on s'interroge maintenant pour savoir ce que sont devenus ces stocks. Jetés, disparus, périmés, prenant trop de place ! On est entre Gogol et Kafka.

Rapidement, on nous demande de ne garder au bureau que les collaborateurs essentiels. La Santé commence à dire que l'hôpital ne pourra pas gérer tous les malades en cas de pic épidémique. Les enfants deviennent l'objet de toutes les craintes, largement irrationnelles. Dans certaines réunions, on a l'impression qu'ils sont des petits monstres asymptomatiques, dangereux vecteurs du virus, et les écoles, de hauts lieux de contamination. Pour nous, l'essentiel, c'est que les enfants ne développent pas la maladie, en tout cas pas dans des formes graves. Malgré tout, ils paieront un lourd tribut à cette pandémie, mais pas forcément sur le plan médical.

C'est bien sûr l'honneur d'une civilisation que de porter attention aux plus fragiles. Mais en l'espèce, je ne peux alors m'empêcher de penser qu'il y a quelque chose de vicié dans notre société, qui protège légitimement ses aînés en se moquant de sa jeunesse. Car, même si nos enfants seront moins privés d'école que dans bien d'autres pays, nous mesurons encore aujourd'hui les effets de cette période sur la santé mentale et les résultats de nombreux élèves. La « déscolarisation des esprits » est le principal effet du Covid long chez les petits Français.

En ce premier trimestre 2020, la crise sanitaire est d'abord révélatrice de notre impréparation face à un phénomène de cette ampleur. Il faut trouver des solutions dans l'urgence et en prenant soin de ne pas affoler la population, les réseaux sociaux agissant désormais comme un amplificateur immédiat.

Il n'y a pas de masques. Dans une réunion en audio avec tout ce que l'État compte de hauts fonctionnaires au bout du fil, on sent les difficultés surgir les unes après les autres. Les stocks de masques ont été achetés et le marché n'en dispose plus. On demande aux militaires, c'est un réflexe en ce genre de période, s'ils ne peuvent pas concevoir dans leurs laboratoires un masque en tissu avec les meilleures propriétés protectrices. La Défense explique que ce n'est pas si simple, qu'il faudrait du temps. C'est qu'elle n'est pas faite pour ça. Nous découvrons alors la réalité d'un pays qui n'a plus d'appareil de production.

Il faut donc se réorganiser et gagner du temps. Les militaires peuvent déployer un hôpital mobile, mais ce sera plus symbolique qu'autre chose. La vérité est que nous ne sommes pas à même, à l'exemple des Chinois, de créer en quelques semaines un hôpital provisoire à grande capacité.

Pouvait-on mieux anticiper ? Peut-être. Cette crise a au moins une vertu : elle nous permet de nous rendre compte de la dépendance dans laquelle nous nous sommes laissés entraîner par la désindustrialisation, la perte de souveraineté dans de nombreux domaines, notamment sanitaire. Et de réagir, même si bien sûr, il faut du temps pour se remettre à niveau, comme pour l'école d'ailleurs.

Le gouvernement et sa porte-parole sont ainsi réduits à des circonvolutions invraisemblables pour rassurer la population affolée par la télévision et les réseaux sociaux. À mesure que l'épidémie progresse, l'emprise médicale se fait toujours plus forte. Le directeur général de la Santé, le professeur Jérôme Salomon, occupe de plus en plus d'espace et, égrenant chaque soir les chiffres des malades et des décès, ne cesse d'alerter sur les risques de rupture du système hospitalier. On sent les soignants en général, les médecins en particulier, peser de plus en plus sur les choix politiques. Et les écoles, collèges et lycées sont toujours davantage désignés du doigt comme foyers d'explosion de l'épidémie. Les échanges avec mon collègue de la Santé sont de plus en plus tendus. Le ministre monte au créneau pour défendre l'ouverture des écoles. Nous avons avec nous les sociétés de pédiatres, qui estiment que ce serait une catastrophe d'une tout autre ampleur que celle que nous vivons que de priver les enfants d'école. Des considérations économiques s'ajoutent à cela. Dans une société sans école, que fait-on des enfants ?

Mais la pression est trop forte. Après quelques fermetures partielles dans les zones les plus contaminées, le 12 mars, le président de la République annonce la fermeture des écoles, collèges, lycées et universités jusqu'à nouvel ordre « pour protéger les élèves et pour réduire la dissémination du virus ».

L'engrenage est enclenché. Nous sommes convoqués pour une réunion au sommet sur la crise qui s'aggrave. Il y a là les directeurs de cabinet, les secrétaires généraux, quelques directeurs généraux de ministère. Le secrétaire général de l'Élysée est présent aussi. Le directeur général de la Santé est plus grave que jamais. Clairement, le confinement est sur la table, sans lequel il estime que la situation deviendra incontrôlable. Le secrétaire général de l'Élysée et le directeur de cabinet du Premier ministre se retirent pour en référer à leurs patrons respectifs. Quand ils reviennent, la décision est prise. Le président va annoncer le confinement de la population. Toutes les libertés individuelles sont abolies en quelques minutes. Le président l'annonce le 16 mars 2020 dans un consentement général qui m'étonne aujourd'hui encore. Bien sûr, le « quoi qu'il en coûte » y est pour beaucoup. Je me souviens d'avoir entendu Édouard Philippe, dans l'antichambre de son bureau, ne pouvant réprimer ce cri du cœur : « Dire que nous allions pouvoir annoncer dans quelques jours une embellie économique inédite. »

Le discours du président est ponctué de la formule : « Nous sommes en guerre », assenée à six reprises. Une guerre avec un petit goût de défaite. Elle a révélé nos faiblesses. Et les élèves vont perdre des semaines d'école. Les plus fragiles paieront le prix fort. Avec le ministre, j'échange au coin du petit écran. On pense à tous ces élèves de cours préparatoire en éducation prioritaire qui sont en plein apprentissage de la lecture. Que va-t-on pouvoir leur proposer ?

« Il était bon, le président tout de même, me lance JMB, pour me tester, peut-être.

— Je ne suis pas convaincu, dis-je.

— Alors si toi tu doutes… », conclut-il.

En parcourant les rues du VIIe arrondissement, je suis saisi par l'affairement des riverains. On remplit les voitures, valises bien pleines et chats apeurés dans les paniers. Il fait beau. Il y a là un petit air de l'exode de juin 1940. Quelques jours plus tard, en visioconférence, le président demande au préfet de police si les Parisiens respectent bien le confinement. « Oui dans l'ensemble, même si nous nous découvrons une nation de sportifs », rétorque-t-il avec un humour ravageur, en faisant allusion au nombre de coureurs à pied qui s'éloignent un peu du périmètre autorisé.

L'Éducation nationale est, elle, confrontée à un défi sans précédent. Transmettre sans lieu de transmission. Faire école, sans école. Les ressources pédagogiques se multiplient, chacun progresse en informatique, des cours sont filmés par des comédiens sur une chaîne dédiée. On parle d'« enseignement distanciel ». Mais il suffit d'entendre les parents pour se rendre compte que l'école est irremplaçable. Enseigner est un vrai métier et plus jamais on ne regardera un professeur de la même façon.

Chacun garde un souvenir particulier de ces cinquante-cinq jours inédits. Par mes fonctions, je ne les vis pas enfermé dans un appartement ou dans une maison. Même si les allers-retours entre mon domicile et le ministère sont ma seule sortie, rien ne change dans mon quotidien. Je me souviens du calme de la ville, des canards du musée du quai Branly qui s'aventuraient dans la rue, du chant des oiseaux revenu à Paris. Nous nous occupons du suivi des enfants des personnels dits essentiels à la nation, accueillis dans des écoles par des professeurs volontaires. En lien avec les académies, nous essayons de maintenir un semblant d'instruction minimale à domicile. Et nous préparons la reprise. Le ministre n'a pas changé d'idée, il faut reprendre une scolarité normale le plus rapidement possible. Nous trouvons en Jean Castex, « Monsieur déconfinement », un allié précieux. Le 11 mai, les élèves retrouvent le chemin de l'école. Mais la crise du Covid a montré de façon éclatante le rôle central des professeurs, tout en fragilisant le système. Nous n'en sommes pas encore sortis.

9

Piloter la « grosse bête qui fait peur »

En chaque Français sommeille un ministre de l'Éducation nationale. Qu'il ait détesté l'école ou qu'il en garde un souvenir ému, il sait ce qu'il ferait s'il était nommé demain. On ne sort jamais vraiment de l'école, on la fréquente sa vie durant à travers ses frères et sœurs, ses enfants, puis ses petits-enfants. Et qui ne connaît pas, dans son entourage, sa famille ou ses amis, un professeur ?

Forte de plus d'un million de personnels, quelle administration, entreprise, institution réunit en son sein autant de diplômés et de métiers ? Pourtant, l'Éducation nationale souffre d'une image largement dépréciée. Selon une récente enquête BVA[1] commandée par la fondation Jean-Jaurès, 73 % des Français estiment que la situation de l'enseignement public s'est dégradée. La

---

1. Étude du 2 septembre 2024 sur la perception du secteur public et du secteur privé par les Français. Voir aussi l'enquête Hexagone du 1er septembre 2024 : https://observatoire-hexagone.org/index.php sur 2024/09/01/baisse-du-niveau-des-eleves.

« crise » de l'école est partout : sur les plateaux de télévision, à l'occasion d'un malheureux fait divers ; à l'entrée des établissements, dans les échanges exaspérés des familles autour de l'absence non remplacée d'un professeur ; dans les salles des professeurs, lorsque tombe une énième annonce ministérielle. Et sous la plume des polémistes de toutes farines.

Ce qui devrait être perçu comme un atout, la qualité et le nombre de ses personnels, n'est que rigidité pataude pour beaucoup. L'image du mastodonte préhistorique lui colle à la peau et cette institution si imbriquée dans la nation apparaît comme une lourde machine irréformable.

Bien sûr, les piètres résultats des élèves français de Pisa en Pisa n'arrangent rien, même si ce sont leur sécurité et la qualité de leur accueil qui arrivent en tête des préoccupations des citoyens : dans l'enquête précitée, les raisons les plus invoquées de la dégradation sont la hausse de la violence (52 %), le non-remplacement des professeurs absents (46 %) et le manque de discipline (43 %).

Au fond, qu'attendent les Français de leur école ? Existe-t-il un consensus sur ses finalités ? Et sur les réformes à conduire pour les atteindre ? Chacun réclame le « retour de l'autorité » dans les classes et on en aurait en effet bien besoin : la dernière enquête Pisa 2022 montre un climat scolaire toujours très préoccupant et moins favorable à l'apprentissage que dans la plupart des autres pays de l'OCDE. Pourtant, contraintes et sanctions n'ont jamais été aussi contestées par les familles, dans tous les milieux. Sommes-nous prêts à retirer nous-mêmes les portables des mains de nos enfants, voire à ne pas leur en confier, plutôt que d'exiger de l'école qu'elle le fasse ? Sommes-nous capables d'éduquer nos enfants à la frustration, condition de la vie en société, alors que nous cédons nous-mêmes aux sirènes du consumérisme ?

Il n'est pas possible de demander à l'école d'être plus contraignante que nous ne le sommes avec nos enfants. Les sociétés asiatiques, Singapour, Japon ou Corée en tête, réussissent parce que les règles de l'école sont celles des familles, ce qui en conforte la légitimité auprès des enfants.

Je me souviens d'un voyage au Japon, pendant lequel nous visitions une école maternelle. Nous étions en avril, les élèves venaient tout juste d'effectuer leur rentrée. Tout fiers, les plus petits apprenaient à boutonner leur uniforme et à ranger leurs affaires. Mon attention fut attirée par un jeune garçon, un peu isolé et boudeur, assis par terre, qui n'avait pas revêtu la tenue de l'école. M'en étonnant auprès du directeur, je me vis répondre par celui-ci que l'élève refusait de porter l'uniforme. Mais que ce n'était pas grave : il était ainsi convaincu qu'en raison de l'effet de mimétisme du groupe, il se déciderait à le porter quelque temps plus tard.

Nul besoin de contrainte. Pas de cris, pas de punitions, pas même d'alerte à la famille. Ajoutons que l'apprentissage des règles de vie occupe explicitement, dans les petites classes de l'école japonaise, un temps au moins équivalent à celui des apprentissages académiques, et la boucle est bouclée : des familles alignées sur les attentes de l'école, elles-mêmes reflet des attentes de la nation ; des règles rappelées et expliquées tout au long de la journée, au nom de la cohésion du groupe et du respect de chacun. Les enfants n'en semblaient pas traumatisés. Mieux, j'ai constaté que l'empathie, que l'on cherche à cultiver désespérément chez nos élèves, était particulièrement développée, avec un souci de l'autre constant chez les enfants rencontrés. Je touchais du doigt une évidence singulière : l'école et la nation ne font qu'un. Si l'école est malade, peut-être que la nation l'est aussi.

Je ne dis pas que le modèle japonais est à suivre. Nous ne sommes pas obligés d'adopter l'uniforme pour « faire société ». Mais si nous ne sommes pas capables de nous mettre d'accord, parents, personnels et décideurs politiques, sur des attendus *a minima*, règles de vie, apprentissages, nous ne ferons ni école ni société.

Telle est la condition première pour piloter cette institution contre laquelle on préfère s'acharner plutôt que de lui donner une direction : porter des objectifs clairs, découlant d'un pacte républicain à (re)-construire. Loin des postures et des idéologies, des corporatismes et des intérêts particuliers. Loin des annonces de circonstance, sans cohésion, qui ne font pas système.

Quel est l'intérêt de l'enfant ? Quelle société voulons-nous ? De ces questions doit émerger notre vision de l'école. Et le courage de mettre en œuvre les mesures qui permettront d'y parvenir.

Car au-delà du modèle d'école que nous souhaitons, une question reste entière : peut-on piloter, et par là même transformer, la « grosse bête » sans mettre l'institution à feu et à sang ? Chaque réforme, chaque annonce de réforme, déclenche inéluctablement son lot de grèves et de manifestations, et pour finir souvent de reculs, laissant à penser que le système est ingouvernable.

C'est pour cela que la tentation est forte, pour les plus libéraux et pour les plus décentralisateurs de nos décideurs politiques, d'abandonner toute tentative de réformer « par le haut », au profit d'un laisser-faire à l'échelle de l'école ou de l'établissement. Face à la difficulté de conduire le changement à l'échelle nationale, l'autonomie des écoles et des établissements, laissés libres de trouver remède à leurs difficultés, est devenue une sorte de mantra. Comme la solution magique, notamment de la droite française, à tous les problèmes de l'école. Je suis frappé de la paresse intellectuelle, sinon du manque de courage, des grands partis de gouvernement, sur un sujet pourtant à ce point majeur.

Il est vain de penser que la mise en concurrence des établissements engendrera un cercle vertueux de la réussite. Nous accentuerons, plus qu'elles n'existent déjà, les disparités d'accès à l'éducation, au profit de ceux qui auront les moyens, intellectuels et matériels, d'aller vers les « meilleurs » établissements.

Pourtant, entre ceux qui refusent toute autonomie par crainte d'accentuer les inégalités et ceux qui voudraient quasiment privatiser la gestion des établissements, il existe sans doute une ligne médiane, fixant la barre vers les objectifs à atteindre à l'échelle nationale, mais laissant la main aux acteurs de terrain pour y parvenir.

Les établissements scolaires bénéficient d'une autonomie croissante depuis une cinquantaine d'années. La circulaire Fontanet du 27 mars 1973 permet de mobiliser 10 % de la dotation horaire pour des activités pédagogiques décidées localement. Suivent la loi Chevènement de 1985, qui crée les établissements publics locaux d'enseignement (EPLE) ; la loi d'orientation sur l'éducation de 1989, qui instaure le projet d'établissement ; la loi sur l'avenir de l'école (2005), qui institue le conseil pédagogique… Mais dans les faits, qui s'en saisit vraiment ? Car les freins à sa mise en place sont nombreux.

L'administration elle-même, adepte du jacobinisme le plus strict, se méfie de l'autonomie, par peur de lâcher prise et de perdre le contrôle. Elle aura donc tendance à la limiter méthodiquement. Quelle que soit la puissance des annonces ministérielles en la matière, chaque étage de la fusée va s'ingénier à en réduire la portée. L'administration centrale, par la mise en place de procédures complexes, les rectorats et les directions académiques, par une certaine prudence eu égard à l'anticipation de réactions hostiles.

Les projets conduits depuis deux ans dans le cadre du CNR[1] n'échappent pas à ce travers. Écoles et établissements sont incités à prendre des initiatives de

1. Lancé en septembre 2022, le Conseil national de la refondation vise à échanger entre citoyens, partenaires sociaux, professionnels, élus de manière constructive afin d'apporter des solutions sur les défis à venir, tant au niveau national qu'au niveau local. Intitulée « Notre école, faisons-la ensemble » pour son volet scolaire, cette démarche vise à faire émerger dans le cadre de concertations locales des initiatives nouvelles de nature à

nature à améliorer la réussite et le bien-être des élèves, ou encore à réduire les inégalités scolaires, mais ils sont infantilisés par une procédure de labellisation complexe et un financement fortement soumis au regard des autorités académiques. De quoi décourager les plus motivés. D'autant que les moyens mobilisés restent modestes : si un fonds de 500 millions d'euros a été créé pour soutenir les projets déposés, aucune heure d'enseignement supplémentaire, le nerf de la guerre pourtant, n'a été prévue. Les établissements peuvent ainsi rémunérer des intervenants extérieurs ou acheter du matériel spécifique, mais n'ont pas les moyens de mobiliser leurs professeurs autrement que sur leur propre dotation, en heures supplémentaires effectives (HSE) ou sous forme de parts de Pacte[1].

Le développement de l'autonomie des établissements se heurte aussi au flot des demandes venues d'« en haut », sur les champs les plus variés. Même si elles ne sont pas illégitimes, leur multiplication renforce l'idée que les professeurs et les équipes de direction ne sont que des exécutants. L'avalanche des circulaires et des injonctions à faire, contre le harcèlement, pour la sécurité routière, en faveur de la santé des élèves, mal articulées aux enseignements dispensés au quotidien, court-circuite les progressions et les projets pédagogiques. Sans compter les

---

améliorer la réussite, le bien-être des élèves et à réduire les inégalités. Un fonds de 500 millions dédié permet d'accompagner les différents projets.

1. Le Pacte enseignant, mis en place à la rentrée 2023, propose une rémunération complémentaire en échange de la prise en charge des remplacements de courte durée, de projets innovants ou de tutorat.

demandes faites, souvent au dernier moment, de participer à telle journée de commémoration, tel concours ou telle opération de promotion sans lien avec le réel. Un fait divers de violence, un acte raciste ou antisémite ? Immédiatement se déclenche une mécanique immuable : demande est faite aux établissements d'organiser une heure de sensibilisation, avec la désorganisation que cette précipitation induit, pendant que la Dgesco multiplie les documents d'accompagnement en attendant la circulaire « post-traumatique » transmise aux établissements.

Face à pareilles pratiques, la lassitude des acteurs de terrain est immense. Personne n'est dupe et surtout pas les professeurs : il ne s'agit que de communication et de réaction à la soif inextinguible de la bête médiatique. Car ces opérations, qui ne sont pas conduites dans la durée et n'ont pas d'ancrage dans la réalité des établissements, n'ont aucune efficacité. La démultiplication de mesures au gré de l'actualité ou de la justification de l'existence d'un bureau de la Dgesco ne saurait former une politique. Encore une fois, cela ne signifie pas qu'il ne faille pas se préoccuper de développement durable ou des violences qui pourrissent le quotidien des élèves et des professeurs. Mais il faut inverser le processus : d'une part en fournissant aux équipes de terrain les étayages, juridiques, scientifiques, budgétaires, au moment où elles en ont besoin ; d'autre part en regroupant au sein d'un cahier des charges ou d'un *curriculum* cohérent et progressif les « passages obligés » de la construction de la citoyenneté de l'élève : libre ensuite aux établissements de les mettre en œuvre en insistant sur ce qui répond à leurs spécificités et priorités. La responsabilisation, et non le contrôle *a priori*, doit devenir la norme.

Les moyens de l'autonomie doivent suivre. Et c'est bien là que le bât blesse : non seulement les marges de manœuvre des établissements restent structurellement faibles, mais la tentation est grande de leur demander de financer les mesures décidées au niveau national, quand les caisses sont vides. La réforme du lycée, qui propose aux élèves un choix très important de spécialités et d'options, multiplie le nombre de groupes à effectifs réduits et consomme toute la marge d'autonomie d'un petit lycée : comment son proviseur pourrait-il proposer moins de choix que le « grand lycée » concurrent ? De la même façon, si les heures d'accompagnement à l'orientation (12 en 4e, 36 en 3e, 54 au lycée) apparaissent bien dans l'emploi du temps des élèves, elles ne sont pas « fléchées » dans la dotation des établissements, ce qui laisse quelques doutes sur la réalité de leur existence. Et quoi que l'on pense, sur le fond, des groupes de besoins/niveaux, le compte n'y est pas : malgré les heures supplémentaires obtenues par les collèges, ces derniers ont dû sacrifier dédoublements, langues vivantes rares et options afin de les financer, sans toujours y parvenir.

Il ne faut pas chercher plus loin la raison du découragement des chefs d'établissement[1], soumis aux injonctions

1. « Enquête sur le moral des chefs d'établissement », 2021 : www.casden.fr/Metropole-DOM/Votre-banque-cooperative/Suivre-nos-actualites/

paradoxales de l'institution. La qualité de leur pilotage est pourtant essentielle à la survie du système.

J'ai pu à cet égard observer tout au long de ma carrière les très grandes qualités des adjoints, particulièrement en lycée. Avec les années et les réformes, ils ont atteint un niveau de technicité qui force l'admiration. De fait, ce sont des techniciens hors pair. Mais le danger est, pour l'institution, de ne jurer que par la technique. La technique ne devrait être qu'au service de l'humain, en l'espèce de la réussite des élèves. Or, au cours des dernières décennies, on a assisté à la complexification des tâches, à des demandes de *reporting* plus nombreuses et utilisant des applications complexes, souvent dispendieuses en temps. La dernière réforme du baccalauréat a elle-même aggravé les choses, malgré notre volonté de simplification : alors que le contrôle continu devait limiter le nombre d'épreuves terminales, la pression syndicale et politique pour conserver coûte que coûte des épreuves intermédiaires, les fameuses « E3C[1] » ont mobilisé, avant de disparaître emportées par les grèves et la crise sanitaire, le temps des personnels de direction.

À être sans cesse gouvernés par la crainte, ici de « perdre » le caractère national de l'examen, nous créons des usines à gaz qui complexifient le quotidien des établissements. Pour un enjeu dérisoire : la

---

Espace-presse/Les-Personnels-de-direction-PERDIR-a-la-recherche-d-un-nouveau-souffle.

1. E3C : épreuves communes de contrôle continu au baccalauréat. Elles correspondaient aux premières moutures du contrôle continu instauré par la réforme du baccalauréat de Jean-Michel Blanquer.

quasi-totalité des élèves qui passent le baccalauréat général l'obtiennent en un, sinon deux ans.

Difficulté pour l'administration centrale de faire confiance au terrain, incapacité à lâcher le contrôle : les recteurs, Dasen, chefs d'établissement, professeurs sauront-ils faire ? Et plus encore, bien faire ?

« L'accompagnement » des réformes, plus lourd de textes que les réformes elles-mêmes, est devenu la règle imposée par l'administration centrale, acceptée par les acteurs de terrain, qui craignent de répondre de manière hétérodoxe aux consignes nationales. La volonté de tout contrôler aboutit à lancer après chaque idée simple des procédures lourdes. Les cadres en général, les personnels de direction en particulier, estiment à raison être de plus en plus happés par des tâches administratives. Quand on sait que de leur côté, les secrétaires généraux d'établissements se disent atteints du même mal, on voit tout le chemin de simplification et de modernisation qu'il reste à accomplir.

Il y a pour chacun quelque chose de rassurant à se raccrocher aux procédures et à la technique, à rendre des plannings et des tableaux impeccables, à se réfugier dans son bureau devant son ordinateur. Mais un cadre est avant tout là pour donner un horizon, non pour se confiner dans le micro-management ou la microtâche. Même si c'est infiniment plus complexe, c'est la dimension pédagogique et humaine du métier que l'on doit permettre aux personnels de direction d'accomplir. Cela ne peut donc passer que par une confiance renouvelée dans leur capacité à atteindre les objectifs fixés au niveau national, en faisant de réels choix à l'échelle locale.

Fixer des objectifs nationaux. Et s'y tenir, contre vents et marées. Une feuille de route vertigineuse pour qui n'est pas de la « maison » Éducation nationale.

Luc Chatel nous raconta, des années après, comment le président Sarkozy lui avait « vendu » ce turbulent ministère, la grosse bête qui fait peur au sein de l'appareil d'État : « Je vais te mettre une fusée au c… ; tu vas à l'Éducation ! » Luc Chatel était coincé : impossible de refuser un ministère de premier ordre ; mais un ministère qui fait peur, qu'il ne connaissait pas et pour lequel il ne se sentait pas préparé. Secrétaire d'État chargé de l'Industrie et de la Consommation de 2007 à 2009, il avait parfaitement mené le plan automobile et on disait qu'il avait sauvé la filière française. Cela lui valait une promotion, en même temps qu'une réputation, mais dans un ministère qui n'avait rien à voir avec ce qu'il avait connu jusque-là. Il nous raconta aussi comment ses collègues l'avaient accueilli au Conseil des ministres suivant à coups de « sincères condoléances ».

À l'inverse, son prédécesseur dans la fonction, Xavier Darcos, a *a priori* tout pour « dompter la bête » : difficile d'imaginer meilleur connaisseur du système, ancien professeur de lettres passé par le secondaire et les prépas, auteur de manuels, ancien doyen de l'inspection générale, ancien directeur de cabinet de François Bayrou, et même ministre délégué à l'Enseignement scolaire de Luc Ferry. L'homme est de surcroît éminemment sympathique, avec un léger accent qui fleure bon les radicaux de la IIIe République, doté d'une culture classique des plus solides, organiste et maniant la langue avec dextérité, avec toujours un mot d'esprit pour emporter son interlocuteur. Comment les professeurs, mais aussi les cadres de la maison ne se seraient-ils pas reconnus en lui ? Son ministère sera pourtant court, deux ans tout juste, et marqué du sceau d'une forte contestation : désabusé, Xavier Darcos quittera ses fonctions sur l'échec de sa réforme du lycée.

La politique qu'il veut conduire répond pourtant aux attentes de son époque, avec un accent mis sur l'école primaire et l'apprentissage des savoirs « fondamentaux ». Mais si Xavier Darcos porte des idées propres, issues de son expérience, de son équipe et de leurs réflexions conjointes, il doit aussi composer avec un autre ministre de l'Éducation, qui siège à l'Élysée. La suppression du samedi matin travaillé dans le premier degré doit beaucoup au président de la République qui l'a expérimentée à Neuilly pour la plus grande satisfaction de tous. Des parents qui retrouvent leurs enfants et peuvent partir dans leur résidence secondaire ; des professeurs des écoles qui gagnent leur week-end. Avec une différence de taille cependant : la semaine était de 26 heures et les 2 heures du samedi avaient été déplacées le mercredi matin. Avec cette nouvelle réforme, la scolarité annuelle d'un élève de primaire passe de 936 heures à 864, soit une baisse de deux heures hebdomadaires dans son emploi du temps.

Quand on sait que sous la IIIe République, les élèves bénéficiaient de 30 heures de cours par semaine, on peut se dire que pareille perte peut expliquer, pour partie du moins, la baisse du niveau. Cette mesure semble un peu étrange au regard de la priorité que souhaite donner le ministre au renforcement des apprentissages fondamentaux. Mais sans cette concession, il ne serait pas parvenu à faire passer auprès des professeurs des écoles et de leurs représentants la mise en place des heures d'aide personnalisée et de stages de remise à niveau pour les élèves en difficulté. En outre, malgré ces deux heures tronquées, nos élèves avaient encore un temps de cours par semaine plus élevé que la moyenne de ceux des pays de l'OCDE[1].

Nonobstant cette réforme imposée « d'en haut », les premiers chantiers portés « en propre » par Xavier Darcos sont un succès, malgré quelques oppositions aux nouveaux programmes, jugés réactionnaires parce qu'ils tentent de rétablir le b.-a. ba ; ou aux évaluations, vécues comme un contrôle de conformité insupportable par certains « désobéisseurs ».

Mais un troisième ministre de l'Éducation nationale siège aux Finances, et Xavier Darcos va rapidement se heurter au mur de l'argent. La rue de Grenelle, on l'a vu déjà sous Jean Zay, commence et finit à Bercy.

Dissimulée derrière un sigle dont Bercy a le secret, la RGPP – ou Révision générale des politiques publiques – doit améliorer la qualité du service rendu aux usagers, moderniser la fonction publique et réduire les dépenses

1. En primaire, avec ses 864 heures de classe sur une année un élève français aura 4 320 heures sur toute sa scolarité d'élémentaire. Pour un écolier allemand, ce seront 724 heures par an et 2 896 sur toute sa scolarité, soit près de 1 500 heures de cours en moins.

publiques. Louable dans ses objectifs d'optimisation des moyens, la RGPP est brutale dans sa réalité, avec le non-remplacement d'un fonctionnaire sur deux partant à la retraite.

Représentant la moitié de la fonction publique d'État, le ministère de l'Éducation nationale va subir cette politique de plein fouet et ses ministres successifs, en récolter l'un après l'autre l'impopularité. Avec la suppression de 10 000 à 15 000 postes par an (59 500 sur le quinquennat), toute autre question devient peu à peu inaudible et les meilleures réformes sortent neutralisées. L'austérité budgétaire donne en effet à ceux qui ne veulent rien changer un prétexte en or pour contester la politique engagée. Véritable boulet pour Xavier Darcos et son successeur Luc Chatel, la RGPP demandera aux cadres du ministère un déploiement d'énergie qui ne sera pas employé pour les chantiers pédagogiques. De surcroît, la baisse démographique n'est pas encore au rendez-vous, rendant les mesures plus douloureuses, avec chaque année un peu plus d'élèves par classe.

Pour la première année de mise en œuvre, le ministère réussit un tour de passe-passe grâce à la réforme dite de la « mastérisation ». En relevant de deux ans le niveau de diplôme requis pour présenter le concours de professeur, tout en supprimant une année de formation professionnelle rémunérée, il économise 11 000 postes, soit exactement la dîme de Bercy. C'est un coup. Cela permet en effet d'effectuer moins de retraits de postes dans les classes. Un coup à usage unique, cependant. Dès la rentrée suivante, et toutes celles qui suivent jusqu'en 2012, il faut rendre les postes dans toute la rigueur de l'exercice. Postes qui seront restitués durant le quinquennat Hollande, ce qui souligne un peu plus l'inutilité et la vanité de l'exercice. Mais c'est surtout un coup terrible pour la formation initiale : les stagiaires sont directement nommés dans les classes, à plein temps, seulement accompagnés de tuteurs.

Je me souviens très bien de l'argumentaire déployé sur la période, que j'ai porté en tant qu'inspecteur d'académie comme au cabinet de Luc Chatel. On mettait en avant les raisons louables pour masquer les plus litigieuses. Recruter au niveau master allait dans le sens des standards internationaux et dans celui d'une meilleure qualification académique des professeurs. On s'appuyait sur la mauvaise réputation des IUFM, particulièrement impopulaires parmi les jeunes recrues, en insistant sur l'idée qu'apprendre le métier avec ses pairs et transformer l'établissement en lieu d'apprentissage allait dans le bon sens.

Ce n'était pas faux. Mais dans les faits, on reculait l'entrée dans le métier, rendant plus difficile son accès pour les étudiants les plus pauvres, sommés de financer une année supplémentaire. On renonçait aussi à une entrée progressive dans la fonction, en plaçant les stagiaires à temps complet dans les classes. Et plutôt que de réformer les IUFM, on s'interdisait la mise en place d'une formation de qualité.

Nous en convenions entre nous, au cabinet de Luc Chatel. Le ministre lui-même nous reprochait nos contradictions : lui demander d'insister sur l'importance de la formation des professeurs, tout en ayant supprimé la formation initiale. Un non-sens.

Composer avec le président. Composer avec Bercy. Et plus encore aussi, composer avec les craintes et les corporatismes. Ce n'est pas pour rien que l'Éducation nationale est le ministère du temps long : c'est aussi celui du temps interminable qu'il faut pour convaincre.

Ainsi la réforme du lycée, amorcée par Xavier Darcos, aura-t-elle mis plus de dix ans à voir le jour, alors que tous les acteurs de l'éducation partagent, en 2008, le même constat : un déséquilibre structurel des séries, au profit de la S qui ne forme pas des matheux, mais concentre les bons élèves ; un manque d'accompagnement des élèves vers l'enseignement supérieur ; un baccalauréat démonétisé, dont la complexité et la lourdeur désorganisent chaque année les lycées.

La réforme du lycée est alors la grande affaire de la rentrée 2008. Peut-être un peu tard, déjà. L'exécution des réformes dès les premiers mois de l'arrivée d'un ministre, en début de mandat présidentiel, augure toujours mieux de leur réussite. Il y a quelque chose de la manœuvre militaire là-dedans, de la doctrine de Foch, économie des forces, liberté d'action, sûreté et concentration des efforts. Le choix du moment est déterminant.

Inspirée par la réflexion du recteur de Gaudemar, mettant l'accent sur le travail d'orientation et sur la prévention du redoublement, elle doit permettre aux élèves de mieux réussir dans leurs études supérieures. Le projet, qui ressemble beaucoup à l'organisation actuelle du lycée général et technologique, propose notamment une approche plus modulaire des enseignements.

Mais le projet de Xavier Darcos se heurte rapidement au corporatisme des disciplines : il ne saurait être question d'enlever ne serait-ce qu'une heure aux grilles disciplinaires ; et encore moins d'accepter la disparition des mathématiques, déjà, en classe de 1re ! Même si cela libère du temps pour d'autres modalités de prise en charge des lycéens. La contestation ne cesse d'enfler au cours de l'automne, gonflée par les perspectives de suppressions de postes massives à la rentrée suivante, jusqu'au retrait de la réforme, le 15 décembre 2008.

À l'époque, Jean-Michel Blanquer, recteur, et moi-même, inspecteur d'académie adjoint, étions persuadés que si nous tenions jusqu'aux vacances de Noël, la réforme passerait. Les arguments commençaient à porter. Les manifestants refluaient. Mais la faible connaissance de la maison par le président et son entourage était un handicap difficile à surmonter. Nous sentions la peur de notre hiérarchie, celle du drame qui survient et qui fait sauter un ministre. Il y avait cette image, que l'on disait devoir à Jean-Paul de Gaudemar, l'un des artisans de la réforme : la jeunesse est semblable au dentifrice ; quand elle sort dans la rue et donc du tube, impossible de la remettre à l'intérieur. À l'époque, en 2008-2009, nous n'étions pourtant pas encore soumis à la tyrannie des réseaux sociaux, prompts à s'emballer à la moindre annonce.

Tant d'énergie déployée pour revenir au point de départ... La réforme avortée est reprise par Luc Chatel, successeur de Xavier Darcos, mais avec nécessairement moins d'ambition. Et c'est finalement JMB qui va sur le lycée modulaire en 2018. Il aura donc fallu dix ans pour aboutir à une réforme nécessaire, qui allait dans le sens de l'histoire et, *in fine*, plutôt consensuelle dans ses objectifs.

Dix ans pour faire passer une réforme, dix ans pour en voir les effets... Si elle n'est pas remise en cause entre-temps par le jeu des alternances.

Comme inspecteur général, j'ai vu les successeurs de Luc Chatel systématiquement détricoter les mesures clés de son bilan. Sans parler d'Éclair, une politique comme celle des internats d'excellence aurait dû faire consensus et à tout le moins être partagée par la gauche. Ce ne fut pas le cas. La remise en cause des évaluations nationales par le ministère de Vincent Peillon me parut également absurde. Comment piloter un système éducatif sans pouvoir mesurer sa performance ? Je me souviens de conversations à ce sujet avec des collègues inspecteurs généraux, certains étant alors aux affaires. Nous échangions très librement. Le seul argument qui m'était opposé était celui d'avoir voulu donner satisfaction aux organisations syndicales, qui les refusaient au nom de la liberté pédagogique. Mais au fond, beaucoup regrettaient ce choix. Le gouvernement aurait pu, comme cela s'est souvent fait en matière de fiscalité ou de réforme des retraites, abonder en regrets mais ne pas revenir sur certaines mesures clés, au nom d'un principe de réalité. Mais il est toujours trop tentant de jouer la politique de la godille pour mieux se démarquer de ses prédécesseurs.

Afin d'éviter cet écueil, tout ministre de l'Éducation est tenté de graver son bilan dans le marbre d'une loi.

Une tentation qui peut se retourner contre lui. À son arrivée rue de Grenelle en mai 2017, JMB assure qu'il ne fera pas de loi. Pourtant, lorsque le président de la République, à l'occasion du lancement des assises de la maternelle, le 27 mars 2018, annonce que l'instruction sera désormais obligatoire à partir de l'âge de 3 ans, JMB s'engouffre dans la brèche. On aurait pu passer par une PPL[1]. Cela aurait fait plaisir à un député. Mais le ministre veut sa loi. Une loi qui nous surprend car il a lui-même théorisé que ce ministère avait la chance de pouvoir s'en passer. Une loi qui va nous demander beaucoup d'énergie, permettre à nos adversaires de se liguer, bref, une loi de trop. D'autant que le temps des crises approche et qu'au moment de sa promulgation, le 26 juillet 2019, nous aurons perdu beaucoup de crédit.

Certains choix peuvent également s'avérer désastreux lorsqu'il s'agit de piloter un ministère de plus d'un million de fonctionnaires. En mai 2017, le président a ainsi érigé une nouvelle règle dans la constitution des cabinets. Pas plus de dix collaborateurs ministériels. Le nouveau monde était là, et avec lui, l'administration « agile ». C'était jouable pour les réformes déjà préparées. Mais dès que nous avons eu à en concevoir de nouvelles, à rédiger une loi, ce fut déjà plus complexe. Et en période de crise, c'est particulièrement périlleux. On revenait régulièrement sur ces difficultés auprès du directeur de cabinet du Premier ministre et du secrétaire général du gouvernement (SGG). En vain. Ils nous

1. Proposition de loi, dans le jargon parlementaire, soit un texte de loi déposé à l'initiative d'un ou de plusieurs parlementaires.

disaient qu'ils se faisaient sèchement rabrouer quand ils abordaient le sujet auprès du président.

Mais comment comparer Intérieur, Bercy ou Grenelle avec les Sports qui avaient autant de conseillers ? Peut-être, comme certains l'affirmaient dans les couloirs du pouvoir, était-ce là une garantie pour le président qu'aucun ministre n'aurait de velléités à se préparer à d'autres échéances, comme il avait lui-même pu le faire à Bercy avec ses trente collaborateurs.

L'idée d'alléger les cabinets ministériels était de bonne politique. Elle demandait simplement un peu de souplesse dans son application. Elle peut paraître anecdotique, mais dit quelque chose de la conception et de l'exercice du pouvoir. Une intransigeance qui finit par nuire à son exécution et à son autorité même. D'autant que ce dogme intangible des « dix collaborateurs » s'atténuera avec les remaniements jusqu'à disparaître aujourd'hui.

Qu'on l'analyse comme un recul ou comme quelque chose qui n'était pas possible et l'est devenu, difficile de lire le rationnel là-dedans. Une conception trop rigide dans l'approche conduit au contraire de l'objectif que l'on veut porter. On gagne toujours à l'écoute et au pragmatisme.

Ce que j'ai retenu de ces années dans la proximité du pouvoir et de ceux qui le pratiquent ? La confusion entre servitude et service de l'État. Le pouvoir préfère les laquais aux commis et les serviteurs zélés à la cause particulière d'une personne plutôt que le service du bien commun.

10

Paris sera toujours Paris

À l'été 2020, après trois années passées à la tête du cabinet de Jean-Michel Blanquer, je me dis qu'il est temps de partir. Depuis mai 2017, le rythme a été soutenu, les crises, incessantes. Je sais que j'ai apporté, au ministre et au ministère, tout ce que je pouvais leur donner. Désormais, je veux éprouver sur le terrain ce qui a été lancé. Et peut-être aussi aller plus loin que les politiques nationales ne le permettent.

Si je reste à l'Éducation nationale, le poste le plus logique est celui de recteur. La réforme de l'organisation territoriale de l'État est officiellement entrée en vigueur le 1er janvier 2020. Elle renforce le rôle du recteur de région académique, lui confiant la cohérence, au niveau régional, des politiques publiques conduites en matière d'éducation, d'enseignement supérieur, de recherche et d'innovation. Elle allait être complétée au 1er janvier 2021 par le rattachement des services jeunesse, engagement et sports à la région académique et aux services départementaux.

C'est un beau défi que de mettre en œuvre ce que j'ai contribué à concevoir et dont je mesure la complexité d'exécution. Mais surtout, en devenant recteur, je peux renouer avec la conduite d'une politique pédagogique sur le terrain. Je veux notamment m'assurer du pilotage du premier degré, toujours parent pauvre du système éducatif malgré les efforts conduits depuis 2017.

La mise en place de la région académique naissante est difficile partout, mais plus particulièrement en Île-de-France. Face aux recteurs de Versailles et de Créteil et à leurs territoires immenses, menacés de perdre certaines de leurs prérogatives, le recteur de Paris est un peu comme Hugues Capet entre le duc de Bourgogne et le comte d'Anjou. Il faut de l'autorité et de la confiance, renouer avec les recteurs, comme avec les chefs d'établissement parisiens d'ailleurs, dont on me dit régulièrement les difficultés.

Mais l'académie de Paris est aussi un monde en soi. Même si elle ne regroupe pas plus de 2 % des élèves français, l'académie capitale est une vitrine. Par sa dimension politique et sa sensibilité médiatique, elle n'est comparable à aucune autre. L'Île-de-France représente 28 % des étudiants de la nation, 43 % de la recherche française, avec les universités les mieux classées internationalement. Recteur de Paris est une fonction atypique, convoitée et prestigieuse. Toujours occupée par un universitaire, souvent par un proche du pouvoir.

Sans une volonté forte du ministre, n'étant ni professeur des universités, ni énarque, je n'aurais jamais été nommé. Luc Chatel avait certes ouvert la voie à la nomination de personnalités venues d'autres horizons. Mais en ciblant l'académie la plus notoire de France, on passait symboliquement un cap.

Je ne suis donc pas étonné, en cette fin juillet 2020, de recevoir un accueil mitigé, parfois hostile. Ancien directeur de cabinet du ministre, je représente ce que beaucoup d'organisations syndicales combattent. Mais surtout, on me fait bien sentir que je ne suis pas du sérail.

Un ancien haut cadre du ministère, plutôt affable avec moi par le passé, suffisamment en confiance pour me dire sur le marché de la porte de Saint-Cloud que son ministre avait rejoint les poubelles de l'histoire, se livre sur un célèbre réseau social à un procès en règle, en éructant dans plusieurs messages publics sur mon illégitimité. Homme de gauche, il n'hésite pas à hurler avec les loups de la droite la plus réactionnaire quand il s'agit de défendre des privilèges d'un autre âge.

Car en quoi tel ou tel corps serait-il par nature apte à exercer certaines fonctions quand d'autres ne le seraient pas ? Un pays qui voudrait qu'à 20 ou 25 ans tout soit joué et qu'aucune évolution ne soit possible peut-il se réclamer de l'héritage révolutionnaire ou républicain ? Quelle autre démocratie moderne assigne ainsi ses ressortissants à résidence sociale ? Selon que vous serez conseiller d'État, inspecteur des finances ou pas, votre destin sera tracé. Combien de dirigeants d'entreprise ou de personnels politiques ont accru leur réputation en allant de déroute en catastrophe ?

En revanche, impossible en France de devenir patron d'un groupe comme Porsche ou Volkswagen quand on commence ouvrier, contrairement à ce qui se passe chez nos voisins allemands ou suisses. Et ce n'est pas très différent pour les plus hauts postes de la fonction publique. Il ne faut pas chercher ailleurs la forte défiance de la population par rapport à ses élites économiques et politiques, qui ne se recrutent que dans les mêmes écoles et dans les mêmes cercles, dans une consanguinité qui n'est pas gage de renouvellement ni d'audace…

Luc Chatel avait compris qu'il était impensable, dans une administration moderne, de ne pas permettre à des cadres de haut niveau de devenir recteurs au motif qu'ils ne détenaient pas un doctorat et une habilitation à diriger des recherches. Je me souviens de sa réaction d'incompréhension quand je lui expliquais que l'inspecteur d'académie du Nord, à la tête d'un département de plus de 500 000 élèves, ne pourrait jamais devenir recteur de l'académie de Limoges, qui en compte un peu moins de 110 000. Un plafond de verre absurde : autonomie des universités oblige, le pouvoir d'un recteur sur le supérieur est limité. C'est le pilotage de l'enseignement scolaire qui constitue aujourd'hui l'essentiel de son agenda. Pourtant, la majorité des recteurs actuels sont des universitaires et presque aucun ne possède une expérience dans le premier ou le second degré.

Autrefois, le recteur présidait le conseil de l'université, constitué de la réunion des facultés. Le grand salon de la Sorbonne en témoigne par son ancienne appellation de salle du conseil. Être un pair était une évidence. Les recteurs, protecteurs de la liberté de l'enseignement et de la recherche, indépendants des préfets, représentaient ainsi davantage la communauté universitaire que le gouvernement, d'où leur longévité sous la IIIe République. Avec l'autonomie croissante des universités et la déconcentration massive d'actes de gestion administrative et financière de l'enseignement scolaire, ils glissent peu à peu vers la haute administration. Et les liens avec le monde universitaire deviennent de plus en plus symboliques, de la perte de la présidence du conseil de l'université en 1968, qui revient logiquement à son président, aux différentes lois qui renforcent l'autonomie des établissements d'enseignement supérieur.

Luc Chatel est le premier à ouvrir une brèche dans le vivier de recrutement des recteurs, en 2010, en l'étendant aux secrétaires généraux et aux directeurs de ministère ayant exercé pendant trois ans, sans condition de titre, avec un plafond de 20 %. Un deuxième élargissement significatif se produit sous le quinquennat de François Hollande, en 2015 : par dérogation, on peut devenir recteur sans détenir le titre de docteur. Le gouvernement doit seulement recueillir l'avis préalable d'une commission de six membres, présidée par un conseiller d'État et composée de hauts fonctionnaires, dont une moitié issue de l'Éducation nationale. Mais en 2018, sous le président Macron, le saut est à la fois quantitatif et qualitatif. La proportion des dérogations monte à 40 % des emplois et toute exigence d'une expérience professionnelle de dix années disparaît. On peut souhaiter, à terme, que saute ce quota et que chaque acteur de l'Éducation nationale, qui aura fait la preuve de ses compétences administratives et pédagogiques en tant que cadre, puisse accéder à cette fonction.

Me voici donc, fin juillet 2020, entre les murs chargés d'histoire de la Sorbonne[1], dans mon appartement de fonction de vieux garçon du XIXe siècle, comme l'a baptisé l'un de mes prédécesseurs. Si les services opérationnels du rectorat de Paris ont depuis longtemps rejoint des bâtiments plus fonctionnels dans le XIXe arrondissement, le cabinet du recteur et la chancellerie des universités occupent toujours la partie nord de la Sorbonne, celle qui abrite le péristyle et le grand amphithéâtre.

Lorsque vous entrez par la rue des Écoles, accueilli par Homère et Archimède, le décorum vous rappelle où vous êtes. Richelieu, Premier ministre de Louis XIII, fut tour à tour élève puis proviseur de la Sorbonne, c'est-à-dire son protecteur et gestionnaire. À ce titre, il confia à son architecte, Lemercier, le soin d'unifier un ensemble de bâtiments médiévaux disparates et de bâtir une nouvelle Sorbonne au XVIIe siècle. Richelieu est partout en Sorbonne. Dans la chapelle, dernier vestige des bâtiments de Lemercier, où son tombeau sculpté par Girardon est l'un des plus beaux de la statuaire du grand siècle. Mais aussi dans les appartements

1. La Sorbonne est l'une des plus anciennes universités européennes, fondée au milieu du XIIIe siècle par Robert de Sorbon, un fils de paysan, la particule désignant seulement le village des Ardennes où il naquit. Écolier pauvre, il devint docteur, proche de Saint Louis, qui le soutint. Le rayonnement de l'université en fait d'emblée un symbole politique fort. Elle va donc à ce titre toujours bénéficier d'une attention particulière du pouvoir.

officiels du recteur, avec le portrait en pied de Philippe de Champaigne qui a illustré tant de manuels d'histoire. Un charme suranné se dégage des lieux, même si je ne me ferai jamais à l'idée de vivre dans un musée : avant mon départ, j'avais notamment le projet de transformer une partie des appartements du recteur en résidence d'accueil de chercheurs et de personnalités invitées, comme d'ouvrir au public les plus belles pièces.

La Sorbonne est l'une des « marques » françaises les plus célèbres à l'international et sa boutique de produits dérivés, à quelques dizaines de mètres, vend sans difficultés ses mugs et ses presse-papiers aux armes de Richelieu. À ma prise de fonction, je suis étonné par le nombre de sollicitations, y compris de chefs d'État étrangers qui, profitant d'un séjour à Paris, souhaitent découvrir les lieux. Sans oublier le nombre de demandes pour des tournages de films, des événements d'entreprise ou des défilés de mode. Le grand amphithéâtre, qui offre au regard des plus de mille personnes de son public le célèbre *Bois sacré* de Puvis de Chavannes, en est le saint des saints. Du jubilé de Pasteur au soixantième anniversaire du traité de l'Élysée en passant par le débat sur le traité de Maastricht avec François Mitterrand et Philippe Séguin, il est régulièrement le lieu d'événements de premier plan. Et les Jeux olympiques de Paris 2024 sont une occasion de rappeler, deux plaques en témoignent, dans la salle des autorités et dans la salle Gréard, que c'est en ce lieu que Pierre de Coubertin a créé le Comité international olympique le 23 juin 1894.

Dans ce cadre magistral, on peut se laisser happer par la dimension protocolaire de la fonction, qui permet des rencontres et des expériences hors normes. La dimension diplomatique du poste est omniprésente, avec la réception de chefs d'État, de membres de gouvernements, français ou étrangers, ou encore d'ambassadeurs. J'ai la chance d'accueillir Nancy Pelosi, octogénaire combative et enthousiaste, recevant le titre de docteur *honoris causa* et prononçant à cette occasion des paroles puisées dans la défense des valeurs démocratiques, que l'on peut prendre pour un testament ou pour une mise en garde. Mais aussi Alberto Fernández, président de la République argentine, qui tient absolument à visiter la Sorbonne, « rêve d'enfant ». Au cours d'un repas, il partage avec une grande simplicité ses préoccupations de dirigeant d'un pays à la fois si proche et si éloigné de nous. Le président de la Corée du Sud, quant à lui, souhaite rencontrer en Sorbonne ce que le monde universitaire, intellectuel et économique compte de plus éclairé dans le domaine des nouvelles technologies. Il nous explique qu'il réfléchit aux inflexions qu'il faut envisager pour son pays à l'horizon de vingt ou trente ans. Entouré d'une petite équipe, il écoute, prend des notes, comme le ferait n'importe quel étudiant en Sorbonne ! Je me souviens, à cette occasion, de ce que l'on m'a dit du président Giscard d'Estaing. Quand il vous recevait dans son bureau, à la fin des années 1970, un dossier faisait l'objet de toute son attention. Il s'intitulait « France 2000 ». Une capacité à se projeter dont on cherche désespérément trace aujourd'hui, avec le quinquennat qui englue le politique dans l'instant et le micro-événement, au détriment de la réflexion stratégique de moyen et long termes.

Le président de la République française s'exprime régulièrement en Sorbonne. Il y a parlé d'Europe, y a reçu le chancelier allemand pour célébrer les soixante ans du traité de l'Élysée. Comme si ce lieu rappelait que l'Europe est d'abord celle des universités, de tous les foyers intellectuels et religieux du Moyen Âge à l'âge classique. Sans cette Europe si magistralement ressuscitée par Umberto Eco dans *Le Nom de la rose*, il n'y a pas de substrat politique et économique et la réalité de notre continent n'est que coquille vide.

Si la Sorbonne est un lieu d'apprentissage et de vie abritant plusieurs universités de renom, le recteur doit veiller à ce qu'elle reste celui du mouvement des idées. Homme de l'ombre, je ne suis pas forcément à l'aise avec la fonction de représentation. Mais j'entends bien faire profiter les personnels et les élèves du formidable outil de transmission dont je dispose, facilement accessible depuis les établissements scolaires de Paris et d'Île-de-France. Les rencontres exceptionnelles que permet la Sorbonne, son ouverture au monde, ce sont d'abord les élèves qui doivent en bénéficier, et prioritairement ceux qui sont les plus éloignés de ses ors.

Le grand amphithéâtre se prête très bien à leur accueil. Aussi, quand Jean-Robert Pitte, secrétaire perpétuel de l'Académie des sciences morales et politiques, me propose des interventions de ses membres devant des classes de 1re et de terminale, sur des points de leur programme, je réponds favorablement. Le programme « Académiciens en Sorbonne » est né.

Je m'aperçois alors qu'on me presse d'inviter les élèves des établissements proches, ceux de nos « prestigieux voisins », les lycées des Ve et VIe arrondissements. Aucun délit d'initié ou favoritisme de la part des inspecteurs qui proposent les classes, mais l'expression d'une facilité, doublée d'une habitude : ces établissements sont proches, leurs professeurs, habitués à préparer ces sorties, et l'intervention est « sécurisée » par la présence d'excellents élèves. Je demande un élargissement du vivier à l'ensemble des lycées franciliens et nous recevons un public très éloigné de l'ambiance du quai de Conti ou de la Sorbonne. La séance d'environ deux heures, exposé et jeu de questions-réponses, est enregistrée pour enrichir le fond des ressources pédagogiques en ligne. À la fin, l'académicien se livre à un petit entretien. Je ne prends pas grand risque. Quand un homme ou une femme a passé sa vie sur un sujet, il en parle avec une lumineuse clarté.

Mais il faut aussi encourager les jeunes talents, futures grandes voix du monde intellectuel. C'est dans cet esprit que nous accueillons un colloque initié par la revue *Le Grand Continent* et consacré à l'invasion de l'Ukraine, en partenariat avec *Le Monde*, *El País* et *La Repubblica*. Être au cœur du savoir. Être au cœur du monde et le faire savoir. Nous prenons bien entendu un risque, au regard d'une actualité lourde et d'un climat national électrique. Pourtant, même si les établissements scolaires et universitaires doivent être protégés des assauts du monde, ils ne sauraient l'être de son bruit. Ils sont là pour apporter le recul, nourrir la réflexion et transmettre un état de la connaissance aux jeunes générations et, au-delà, à tous les citoyens tels qu'ils devraient être en République, éclairés. Et même si vous cherchez à y échapper, le monde se rappelle à vous, régulièrement.

Ainsi au printemps 2023 Florence Bergeaud-Blackler doit-elle intervenir en Sorbonne, dans le cadre d'un diplôme d'université (DU) destiné à former les « référents laïcité » des établissements scolaires. Une formation continue sur la gestion du fait religieux, proposée par Sorbonne Université, à l'occasion de la publication de son dernier livre, *Le Frérisme et ses réseaux*. Mais, arguant de problèmes de sécurité, la doyenne de la faculté des lettres suspend la venue de la conférencière.

Dès la nouvelle connue, je suis assailli de demandes médiatiques. Je suis furieux : la sécurité des lieux, en Sorbonne, c'est le recteur qui en répond. Certes, compte tenu de la sensibilité du sujet, il était évident que cette invitation allait mettre le feu aux poudres. Je peux comprendre les craintes de la doyenne : en période d'examens, des blocages ou incidents plus sérieux ne sont pas les bienvenus. Mais selon moi, ce n'était pas une raison pour renoncer *a priori*. Pourtant, le mal est fait : certains médias se déchaînent sur le supposé reniement des valeurs de l'université, sur l'avancée du wokisme, y compris dans l'ancienne Paris-IV. Il faut reprendre la main. Bien sûr, reprogrammer l'intervention. Sécuriser les choses et dissiper tout malentendu.

Cet incident est emblématique d'une avancée de la peur dans la société française en général, dans le monde professoral en particulier. L'assassinat de Samuel Paty a profondément modifié les choses. L'irruption de l'islamisme radical est devenue tangible. Il était sous-jacent depuis longtemps, il s'exprime désormais à voix haute, avec des relais un peu partout dans la société.

À l'image du 11 septembre 2001, chacun dans l'institution scolaire se souvient de ce qu'il faisait le 16 octobre 2020. Nous sommes la veille des vacances de Toussaint, en fin d'après-midi. Chacun s'apprête à souffler, d'autant que nous sommes en période de rebond épidémique, avec couvre-feu et mesures sanitaires très contraignantes. La nouvelle de l'assassinat de ce professeur entraîne une forme de sidération. Après des militaires, des policiers, des journalistes, un prêtre, c'est l'école qui est frappée, dans ce qu'elle représente. Et prendre pour cible un professeur d'histoire est tout sauf anodin. Des bouddhas de Bamian aux antiquités de Palmyre en passant par le musée du Bardo, l'intégrisme islamiste a fait le choix d'effacer l'histoire.

Le président décide d'un hommage national. Il se tiendra en Sorbonne, équivalent civil des Invalides. Les équipes ont à cœur de préparer l'événement avec la solennité qu'il exige. En cette fin de journée du 21 octobre, l'ensemble du gouvernement, les anciens présidents et Premiers ministres sont réunis. Le cercueil a été déposé dans le grand amphithéâtre avant la cérémonie. Le président s'y entretient avec la famille, dévastée.

Quand les gardes républicains portent le cercueil dans la cour d'honneur, l'assemblée retient son souffle et le port du masque ajoute à l'atmosphère une touche plus étouffante encore. Avec cette cérémonie, le très beau discours du président, l'hommage de la nation est poignant. Mais je ne peux m'empêcher de me dire en y assistant que l'école française n'en a pas fini avec le fantôme de ce professeur, et qu'on enterre aussi une part de l'école telle qu'on l'a connue, dans cette cour de la Sorbonne.

Même si les rites doivent nous permettre de faire notre deuil, de tourner la page, de donner l'impression aux vivants que tout peut continuer, il est des moments où l'on comprend que plus rien ne sera comme avant. Après la pandémie et avec cet assassinat, on entre dans une ère nouvelle où la peur s'est installée. On peut mourir pour un cours. Pour un mauvais regard. Pour une tenue inappropriée au fanatisme de certains.

Ces épisodes tragiques resteront gravés dans ma mémoire comme dans celle de tous les Français. Pourtant, il faut continuer à lutter pour la défense de nos valeurs et, pour cela, transmettre, donner à espérer.

Recteur de Paris, je pourrais, en bon élève un peu paresseux, me contenter de vivre sur les résultats flatteurs de l'académie, les meilleurs de France sur le papier ; sur la réputation de ses « grands établissements », lycées d'« élite » et universités « prestigieuses » ; sur une carte des formations exceptionnelle à l'échelle d'un si petit territoire. Le parent parisien, majoritairement cadre, est exigeant : une section européenne en lycée est une évidence, l'impossibilité de suivre une langue vivante rare, inacceptable.

Mais je ne suis pas bon élève dans l'âme et la réalité que je découvre en soulevant le voile m'interpelle. Si tous les feux scolaires semblent au vert à Paris, il reste pourtant beaucoup à faire pour amener chaque élève au plus haut de ses capacités.

En matière de pédagogie d'abord, l'académie vivote. Malgré quelques arrondissements où il est plus difficile d'enseigner, elle fait figure de havre de paix pour les professeurs. Arriver à Paris, c'est en quelque sorte être arrivé : avoir atteint le Graal de la hiérarchie scolaire. Comme si, une fois la frontière du périphérique traversée, il s'agissait de « souffler » auprès d'élèves plus faciles et de meilleur niveau scolaire.

Il en résulte un conservatisme plus fort qu'ailleurs, des habitudes et des routines. Certains chefs d'établissement s'étonnent, lors de mes visites, de voir « s'éteindre » des professeurs qui s'étaient particulièrement investis en banlieue. Fait significatif, l'académie de Paris a, moins que les autres académies encore, touché aux moyens mis à sa disposition par le Pacte. Sans compter que pullulent dans cette ville d'autres propositions, plus rémunératrices, pour les professeurs qui souhaitent s'investir en dehors de leur service : interrogations orales en classes préparatoires, soutien scolaire au sein d'académies privées ou cours au sein d'établissements hors contrat, jurys de concours… Malgré mes demandes réitérées, je n'ai jamais réussi, en tant que recteur, à obtenir une vision claire des cumuls d'activité des personnels parisiens. Mais la double activité, au sein d'un territoire où les loyers sont très élevés, est un sujet de fond. Comment faire évoluer la prise en charge des élèves vers plus d'accompagnement personnalisé, lorsque ces missions sont concurrencées par des propositions plus valorisantes et mieux rémunérées ?

Pourtant, les élèves parisiens ont tout autant besoin que les autres que l'on s'occupe d'eux. Car derrière les excellents résultats d'une population globalement favorisée se cachent des contrastes socioscolaires extrêmes.

Si Paris scolarise ainsi les meilleurs élèves de France, la ville accueille aussi les plus en difficulté. Les contrastes scolaires sont d'abord sociaux : le collège le plus favorisé de la capitale, dans le très chic V^e^ arrondissement, possède un indice de position sociale[1] de 157,7[2], soit le double du plus défavorisé, à quelques stations de métro de distance. Si le lycée le plus défavorisé de l'académie avait en 2022 un IPS de 79, le plus favorisé en affichait un de 154. Dans des établissements distants de quelques centaines de mètres, parfois dans la même rue, se côtoient sans jamais se croiser les élèves des hôtels particuliers et ceux des hôtels sociaux, dont beaucoup de mineurs isolés plus ou moins bien pris en charge par l'aide sociale à l'enfance.

Mais c'est en lycée professionnel que l'on retrouve les jeunes à la fois les plus pauvres et les plus en

1. L'IPS a été créé par la DEPP en 2016. Il permet d'appréhender le statut social des élèves à partir des professions et catégories sociales (PCS) de leurs parents. Plus l'indice est élevé, plus l'élève évolue dans un contexte familial favorable aux apprentissages. En 2022 l'IPS moyen des collégiens français était de 105.

2. Données 2022.

difficulté. En termes de résultats scolaires, si les élèves de 2de générale et technologique parisiens obtiennent ainsi les meilleurs résultats de France aux tests de positionnement, les élèves de voie professionnelle parisiens concentrent à l'inverse les résultats les plus faibles.

Paris, académie la plus ségréguée de France : une situation dramatique, intolérable au regard des moyens dont nous disposons, mais considérée avec fatalisme par nombre d'acteurs de l'académie, qui savent à quel point il est difficile de faire évoluer les choses au sein d'une capitale particulièrement éruptive et médiatiquement sensible.

Pourtant, certains cadres ont pris le problème à bras-le-corps bien avant mon arrivée.

Dès le début du quinquennat, Paris est en pointe sur la formation des professeurs de l'éducation prioritaire, grâce à l'action volontariste de son directeur académique chargé du premier degré, Antoine Destrés : avec l'aide d'une inspectrice remarquable, Isabelle Goubier, s'appuyant sur les avancées de la recherche, il a su accompagner le dédoublement des classes de l'éducation prioritaire en mettant en place un plan ciblé sur l'apprentissage de la lecture, qui a servi de modèle au plan national. Un plan de formation plébiscité par les professeurs, fait suffisamment rare pour être souligné.

Lorsque j'arrive à Paris, en juillet 2020, les évaluations nationales montrent que les effets de ce plan sont déjà perceptibles, malgré la crise sanitaire : certaines écoles de l'éducation prioritaire obtiennent en lecture des scores proches de ceux d'écoles du centre et l'académie est devenue une sorte de vitrine des bonnes pratiques.

La lecture des résultats des évaluations de début de CP m'incite toutefois à aller plus loin : il faut mettre la maternelle au centre de nos préoccupations afin de réduire, plus tôt encore, les inégalités dans les apprentissages. Il s'agit pour cela de parvenir à un consensus sur ce qui est essentiel pour un enfant entre 3 et 6 ans, en matière de respect de ses besoins, de réponse à sa curiosité et de progrès dans ses savoirs comme dans son épanouissement. Faire système autour de lui, en associant à la fois les acteurs de l'école et du territoire.

La figure de Maria Montessori est souvent évoquée pour caractériser la maternelle idéale et les écoles hors contrat s'en inspirant fleurissent, à Paris encore davantage qu'ailleurs. Sans renier son héritage, je souhaite m'appuyer sur les travaux de recherche les plus récents, qui montrent l'importance d'articuler plus fortement les dimensions cognitives et affectives nécessaires à la transmission des apprentissages : le très jeune enfant ne peut en effet se développer que dans la sécurité affective et la stimulation cognitive conjointes.

Dans la droite ligne des assises de l'école maternelle et de l'instruction obligatoire à 3 ans, nous lançons donc le projet « Cap-maternelle », qui s'appuie sur quatre principes : l'utilisation des travaux de recherche pour tout ce qui a trait au développement sensoriel, émotionnel, cognitif et moteur des jeunes élèves ; la prise en compte des besoins de formation des professeurs, recensés par des enquêtes ; la mise en œuvre d'une démarche d'innovation fondée sur des partenariats multiples ; l'appel au volontariat des équipes pédagogiques.

Déployé dans dix écoles parisiennes, ce projet est d'abord pensé comme un appel à la liberté pédagogique des équipes. Contrairement à une idée reçue, les professeurs, en particulier dans le premier degré, s'empêchent souvent d'agir en dehors des sentiers battus. Par crainte de devoir affronter les reproches de parents, de leur hiérarchie, de se retrouver seuls et démunis face aux premières difficultés rencontrées. Par habitude aussi. Au sein d'un collectif, soutenu par une chaîne d'acteurs allant du chercheur en neurosciences jusqu'au personnel de la ville de Paris, il est plus facile de donner confiance et de dépasser l'isolement pour penser un projet global et innovant de l'accueil du jeune enfant.

Les enseignants-chercheurs ont besoin des écoles pour nourrir leur recherche et les professeurs du primaire et du secondaire ont besoin des apports de la recherche pour progresser en sécurité dans des choix pédagogiques innovants. Or, ces mondes se parlent peu. Tout ce qui peut permettre de les rapprocher va dans le bon sens, celui de l'amélioration des résultats des élèves. Avec « Cap-maternelle », les écoles deviennent une sorte de prolongement du laboratoire, à la fois précurseur et révélateur des transformations de pratiques enseignantes. Et parce que « Cap-maternelle » prend en compte le temps de l'enfant dans son ensemble, je décide, avec Patrick Bloche, adjoint aux affaires scolaires de la ville de Paris, d'un pilotage conjoint par l'académie et la Direction des affaires scolaires (Dasco).

Si l'on est en droit d'attendre de ce genre de projet plus d'équité et de réussite, encore faut-il en mesurer objectivement les effets. C'est pourquoi le projet s'appuie dès sa conception sur un partenariat avec les instances scientifiques et les chercheurs les plus reconnus dans ce domaine : LaPsyDÉ, le laboratoire de psychologie du développement et de l'éducation de l'enfant, héritier du laboratoire français de psychologie d'Alfred Binet ; Olivier Houdé, puis Grégoire Borst, son nouveau directeur ; Alain Bentolila, infatigable combattant pour l'école primaire, qui développe chaque année de nouvelles collaborations avec des écoles volontaires. En parallèle, la rectrice déléguée veille à créer des postes de post-doctorants sur des sujets qui peuvent entraîner des progrès dans l'apprentissage des élèves.

L'idée n'est pas de demander aux équipes pédagogiques d'appliquer des méthodes « clé en main », mais d'accompagner leurs propositions. Dire à des acteurs qu'ils ont carte blanche revêt un caractère vertigineux sinon effrayant. L'accompagnement dans toutes ses dimensions est donc fondamental pour la réussite du projet, qu'il s'agisse de questions pédagogiques, organisationnelles mais aussi matérielles. Il est donc pensé dans une complémentarité entre les interventions de l'école académique de la formation continue, de l'école des métiers de la ville et des laboratoires de recherche associés au projet. Des journées d'études dédiées sont régulièrement organisées. Les écoles y présentent ce qui apparaît comme apportant de la valeur ajoutée aux équipes pédagogiques et aux personnels des maternelles de la ville de Paris : exercices visant le renforcement du vocabulaire, aménagement d'espaces avec des livres à hauteur d'enfants, travaux visant à muscler main et doigts pour préparer à la fluidité du geste d'écriture. En matière de renforcement de l'autonomie, au restaurant scolaire, les élèves se servent seuls, mesurent leurs besoins et trient les déchets. Ils sont installés pour discuter avec leurs camarades et l'adulte référent, source de langage et acquisition de vocabulaire. Tous les élèves bénéficient désormais d'un temps de sieste (90 minutes) ou de repos (20 minutes) selon leurs besoins propres après le déjeuner. C'est en tenant compte de l'enfant dans la globalité de ses besoins que chaque acteur prend conscience de la nécessité de réduire les transitions, notamment entre les temps scolaires et périscolaires, entre les temps d'apprentissage, de vie en communauté, de demi-pension. Réduire les cloisons entre les métiers, entre les différents acteurs, professeurs, assistants maternels, animateurs, mieux comprendre le rôle de chacun au service des élèves, c'est *in fine* leur garantir de meilleures conditions pour apprendre.

Nous travaillons d'abord à moyens constants, puis avec les fonds du CNR quand apparaissent des demandes de matériel ou de mobilier. Et nous mettons en place les conditions d'une expérience inscrite dans le temps long : profilage des postes de direction et de professeurs ; création d'un poste de conseiller pédagogique départemental « Cap-maternelle » ; engagement de chaque école à poursuivre le projet sur une durée de cinq ans.

C'est dans le cadre de cette expérience que je décide de créer le « Lab Sorbonne », symboliquement installé dans les anciens locaux rénovés de l'École des chartes.

Un tiers lieu, espace de formation et de création au cœur de la Sorbonne, pour montrer qu'il est possible, en matière de pédagogie, de faire travailler ensemble les acteurs de la recherche et ceux des établissements scolaires.

Petit à petit, nous montrons qu'il est possible de bouger les lignes pédagogiques à Paris, cette belle endormie. Mais ce n'est que le prélude de batailles beaucoup plus difficiles.

À mon arrivée à Paris, en juillet 2020, je trouve une académie en effervescence. Plus de 600 élèves régulièrement orientés au lycée n'ont pas encore pu être affectés en 2de générale et technologique. En temps normal, la période d'affectation des élèves est déjà celle de tous les dangers : s'appuyant sur un outil national à la fois plateforme de saisie de vœux et algorithme d'affectation, Affelnet est une source de stress et de mécontentement pour les familles, qui peinent à comprendre une procédure complexe et jugée opaque. Affelnet, c'est le Parcoursup du collégien : un outil qui met en relation familles et formations en lycée, mais ne garantit pas l'affectation dans l'établissement de prédilection. En cet été 2020, la crise atteint son paroxysme : après un printemps de crise sanitaire et de confinement, les conseils de classe de 3e ont été particulièrement bienveillants et les orientations en 2de générale et technologique, beaucoup plus nombreuses qu'attendues. La capacité d'accueil des lycées, fondée sur les prévisions démographiques et sur les contraintes du bâti, est insuffisante.

Toutes les académies sont alors confrontées à ce flux non prévu vers le lycée général et technologique, en particulier en Île-de-France. Mais à Paris, académie capitale où sont scolarisés tous les enfants de l'élite politico-médiatique, le sujet est hautement sensible, pour ne pas dire épidermique, et je suis interpellé en tant que directeur de cabinet, avant même ma nomination comme recteur.

Même si le problème de capacité n'est que conjoncturel et sera résorbé par l'ouverture de places, je vois dans cette crise l'occasion d'ouvrir une brèche dans un système d'affectation qui non seulement ne satisfait personne, mais entretient la ségrégation sociale et scolaire entre lycées. Concevoir un paramétrage plus juste et plus efficace, tel est l'objectif que je fixe dès août 2020 à mes équipes. Leur sidération, sinon leur incrédulité à me voir m'emparer de ce sujet, en dit long sur son caractère explosif. Beaucoup pensent, à ce moment-là, que mon désir de renverser la table ne passera pas l'automne.

Affelnet-lycée, c'est le poil à gratter des recteurs de Paris. Source de plus de 2 000 recours par an à mon arrivée, sur 12 000 affectations, la procédure mobilise à temps complet chefs d'établissement, services et directeurs académiques du mois de mai jusqu'aux vacances d'automne. Une procédure dont le contournement est l'objectif assumé de chaque famille insatisfaite. À ce jeu, les plus puissants et les plus introduits à la cour usent de tout leur poids politique et de leur capital relationnel pour obtenir la place dans le lycée convoité.

La bataille d'Affelnet, celle dans laquelle je m'apprête à engager mon équipe à l'automne 2020, est à la fois une bataille technique et une lutte des valeurs. *A priori* simple outil d'affectation des élèves, Affelnet peut aussi favoriser une plus grande mixité sociale et scolaire au sein des lycées, à condition de le paramétrer pour cela, en modifiant la sectorisation ou en introduisant des bonus dits « sociaux ».

À la rentrée 2019, les élèves de 2de générale et technologique parisiens sont scolarisés dans des lycées dont l'IPS varie de 94 à 149 et la ségrégation sociale entre établissements y est 15 % supérieure à la moyenne nationale[1]. Le lycée général et technologique le plus favorisé compte 3 % d'élèves issus de familles défavorisées ; le moins favorisé, 35 %. Une situation étonnante, dans la mesure où Affelnet permet aux élèves parisiens de postuler dans plusieurs établissements, sur un large périmètre géographique, contrairement à leurs homologues de province, généralement positionnés sur un unique lycée de secteur. Entre libre choix de l'établissement et réseau dense de transport, le brassage des élèves devrait être la règle.

Pourtant les écarts entre établissements restent considérables. En 2008, un bonus a été accordé aux boursiers, leur donnant un accès presque illimité à tous les lycées parisiens. Cela explique qu'en 2020, on recense en moyenne 20 % dc boursiers dans les 14 lycées les plus socialement favorisés de la capitale, contre 5 %

1. J. Grenet, Note de l'institut des politiques publiques, n° 88, février 2023, www.ipp.eu/publication/reforme-daffelnet-lycee-a-paris-quels-effets-sur-la-mixite-sociale-et-scolaire.

en 2007. Mais des « ghettos » subsistent : lycées hyper-favorisés dans l'ouest, profitant d'une situation excentrée les mettant à l'abri des « flots » de boursiers de l'est parisien ; lycées des marges de l'académie, aux bâtiments hérités de la massification scolaire, qui ne parviennent pas à changer leur image dégradée.

Depuis 2008, la mise en place du bonus « boursier » a fait couler beaucoup d'encre, et il a fallu tâtonner plusieurs années durant afin d'éviter les effets de bord : le bonus deviendra « quota » après la « crise Turgot » de 2016, lorsque 83 % de boursiers sont affectés dans l'établissement. Mais lorsque j'arrive dans l'académie, le système de places réservées est, bon an mal an, accepté par tous. En 2020, un bonus est également accordé aux élèves, boursiers ou non, ayant effectué l'ensemble de leur scolarité dans un collège de l'éducation prioritaire.

Je sais qu'il est possible d'aller vers plus de mixité sociale encore, car le principe est acquis. Même si c'est du bout des lèvres parfois : il est difficile de refuser l'accès des boursiers aux « grands lycées », surtout quand ce sont les meilleurs d'entre eux qui y entrent. Le « boursier méritant » est toujours regardé avec bienveillance. Ce n'est que lorsque je toucherai aux derniers bastions de l'entre-soi, sur la montagne Sainte-Geneviève, que je verrai se réveiller à ce sujet les instincts les plus conservateurs.

Renforcer la mixité sociale donc. L'affiner, surtout, en lissant les taux de boursiers dans tous les lycées de l'académie et en valorisant les familles qui ne contournent pas la carte scolaire au collège. Et pour cela, créer un bonus social « collectif », fondé sur l'IPS du collège d'origine : 600 points pour un élève ayant effectué sa scolarité dans un établissement moyennement favorisé ; 1 200 lorsqu'elle s'est déroulée dans un collège dont l'IPS est inférieur à la moyenne nationale ; aucun bonus n'est attribué si l'élève est scolarisé en 3e dans un collège dont l'IPS est supérieur à la moyenne académique, ce qui est le cas de la quasi-totalité des collèges privés...

L'objectif de ce bonus est double. Je veux inciter les familles à choisir la scolarisation dans le collège de secteur, même lorsque celui-ci présente un IPS faible, plutôt qu'une inscription dans le privé ou une demande de dérogation. Mais je souhaite aussi que ce bonus compense le poids des résultats scolaires dans le barème, afin d'introduire plus de mixité scolaire.

Mixité sociale, mixité scolaire : de quoi parle-t-on ? La première vise à la cohabitation, au sein du même établissement, de populations scolaires issues de milieux sociaux différents. Personne ou presque n'en conteste le bien-fondé pour la cohésion nationale, du moins en façade. La deuxième suppose que des élèves de niveaux scolaires différents soient présents dans le même établissement, sinon dans chaque classe de celui-ci. Un principe moins facilement accepté des familles, même s'il est prouvé que des classes ou des établissements trop homogènes ne permettent pas aux élèves, quel que soit leur niveau, de progresser.

Partout ailleurs qu'à Paris, Affelnet est un algorithme d'affectation des élèves dans lequel le niveau scolaire n'a aucune place : même si les résultats sont pris en compte dans le barème, le fait qu'un unique établissement de secteur soit proposé conduit à y affecter des élèves de niveaux hétérogènes. Qu'il ait eu 10 sur 20 ou 18 sur 20 de moyenne générale en classe de 3e, à partir du moment où un collégien a obtenu son passage en 2de générale et technologique, il est affecté en 2de dans son lycée de secteur.

À Paris, un terme revenait souvent, dans les lettres de recours qu'on m'adressait pour contester l'affectation dans tel ou tel établissement : le mérite. Avec 16 de moyenne, mon fils/ma fille « mérite » mieux que Colbert ou Voltaire. Comme si, une fois obtenu le passage en 2de générale et technologique, où le programme est censé être le même partout, il fallait encore trier les élèves pour distinguer le bon grain de l'ivraie. Comme si seuls les « meilleurs » devaient recevoir le « meilleur » enseignement, dans le « meilleur » environnement. Et les autres ?

De fait, 95 % des élèves affectés en 2de à Charlemagne[1], prestigieux lycée du Marais, avaient avant la réforme plus de 15 sur 20 de moyenne en 3e, contre moins de 3 % à Bergson, lycée situé au nord de Paris dans le XIXe arrondissement. En 2019, la ségrégation scolaire des lycées publics parisiens (2de générale et technologique) était quatre à cinq fois plus élevée que la moyenne des autres académies.

1. Le lycée Charlemagne, situé dans le Marais, centre historique de Paris, occupe les locaux du couvent des Grands Jésuites. C'était la demeure du père de La Chaise, confesseur de Louis XIV, dont les appartements sont désormais ceux du proviseur.

Un dommage collatéral du paramétrage d'Affelnet, qui avait transformé la procédure d'affectation en concours : dans la mesure où les élèves pouvaient postuler dans dix à quinze lycées de leur district, mais que tous n'étaient pas de même valeur aux yeux des familles, les résultats scolaires étaient le juge de paix. Avec à la clé des lycées de « niveau », entretenant le cycle infernal de la comparaison et de la hiérarchisation. Les « bons élèves » ne postulaient que dans de « bons lycées », avec parfois de longs trajets et le renoncement à certaines options ; à l'inverse, l'élève moyen pouvait se voir affecté très loin de chez lui si l'établissement de sa rue était trop « réputé ». Il faut imaginer l'hystérie collective qui s'emparait des collèges parisiens le jour où tombaient les résultats d'Affelnet. Et la pression mise toute l'année par les familles sur les élèves de 3e pour qu'ils obtiennent les meilleurs résultats, gage d'une affectation dans un « bon » lycée. Les professeurs eux-mêmes maintenaient le système dans ses principes, par conviction ou par habitude, déconseillant aux familles des élèves moyens de placer en tête de liste les lycées les plus cotés.

Observant les données de l'orientation post-3e, je ne comprenais pas pourquoi, à Paris, le taux de passage en 2de générale et technologique était de 10 points supérieur à la moyenne nationale. Certes, les familles aisées, majoritaires à Paris, demandaient massivement la voie générale. Mais les réponses des conseils de classe étaient aussi beaucoup plus souvent positives, même pour des élèves aux résultats faibles.

Ce n'est qu'en entrant dans la « machinerie » du système d'affectation post-3e que je compris pourquoi : lors des conseils de classe du dernier trimestre, le principal de collège remplissait souvent à la fois la fiche d'orientation et la fiche de vœux d'affectation. Le passage en 2de générale et technologique pouvait être accordé à un élève, même de faible niveau, s'il plaçait en tête de ses vœux un lycée de « seconde zone ». Une procédure d'une extraordinaire hypocrisie et d'une grande démagogie, mais qui ne gênait personne : ni les familles des élèves repêchés de justesse, ni celles des forts en maths, assurés de ne jamais croiser les premiers dans leur lycée d'élite. Il y avait un établissement pour chaque profil et les vaches étaient bien gardées. Une situation largement préjudiciable à l'enseignement professionnel, qui recevait, plus qu'ailleurs encore, les élèves en très grande difficulté scolaire, ceux dont même les lycées de « relégation » ne voulaient pas.

Nombre de lecteurs ne seront sans doute pas choqués : après tout, il est peut-être juste que ceux qui ont le mieux travaillé obtiennent le lycée de leur choix. Les élus parisiens du groupe Changer Paris ont même récemment explicitement réclamé le « retour des lycées de niveau[1] ».

Mais rappelons les principes du Code de l'Éducation. Une orientation, en l'espèce, en 2de générale et technologique, est le résultat du travail de l'année de 3e et repose en effet sur le mérite de l'élève, entendu au sens de ses résultats scolaires. Une affectation, c'est-à-dire l'accès à

1. https://x.com/GpeChangerParis/status/1635306100504547329/photo/1.

un établissement dispensant la formation pour laquelle l'orientation a été prononcée, est un droit et le « mérite » n'a rien à y voir. En cela et même s'ils sont souvent comparés, Affelnet et Parcoursup sont de natures fondamentalement différentes : dans le premier cas, tous les élèves « candidatent » sur une formation identique, une 2de générale et technologique, pour laquelle le nombre de places dans les lycées a été calibré au regard du nombre d'orientations prononcées : à cet égard, les programmes étant identiques dans chaque lycée et les professeurs, recrutés nationalement, rien ne justifie qu'une affectation en 2de soit plus méritée ou mieux considérée qu'une autre. Dans le cas de Parcoursup, les formations dans lesquelles les bacheliers postulent ne sont pas de même nature et sont par ailleurs contingentées : il est donc légitime que le mérite, entendu comme la capacité d'un élève à avoir démontré sa capacité à réussir dans la formation choisie, soit pris en compte.

Objectivement, le bonus IPS compense le poids des résultats scolaires dans l'affectation des élèves, ce qui élargit l'accès aux établissements les plus demandés.

Néanmoins, dans la réforme d'Affelnet mise en place en 2021, c'est d'abord la refonte des secteurs d'affectation qui va desserrer l'étau pesant sur les lycées les plus cotés et renforcer la mixité scolaire. Dans une note de l'Institut des politiques publiques parue en février 2023[1], Julien Grenet montre ainsi « qu'entre la

1. www.ipp.eu/publication/reforme-daffelnet-lycee-a-paris-quels-effets-sur-la-mixite-sociale-et-scolaire.

moitié et les deux tiers de l'augmentation de la mixité sociale et scolaire des lycées publics s'expliquent par les nouvelles règles de sectorisation ». Le principe est simple : plus il y a de lycées proposés aux familles, plus les hiérarchisations sont fortes et plus le taux de pression sur les lycées attractifs est important. Avant la réforme, Paris était découpée en quatre districts d'affectation, comprenant chacun entre dix et quinze lycées. Dans le district « est », le plus peuplé et le plus populaire, seuls cinq d'entre eux étaient véritablement attractifs, et leurs places, soumises à la concurrence d'adolescents issus de cinquante collèges différents. Seuls les excellents pouvaient y entrer. Et tant pis pour l'élève moyen habitant en face : il pouvait effectuer jusqu'à quarante-cinq minutes de trajet pour rejoindre l'établissement correspondant à ses résultats.

Nous choisissons donc de resserrer l'offre sur cinq lycées d'affectation prioritaires, dits de « secteur 1 », situés à vingt-cinq minutes au maximum du collège de secteur de l'élève : un à deux sont considérés comme très attractifs, un à deux, « intermédiaires » et un est moins demandé par les familles. Il est toujours possible de prétendre à n'importe quel lycée parisien, mais formuler des vœux sur les cinq établissements de secteur 1 donne la garantie d'une affectation au premier tour, en proximité du domicile. En resserrant le choix, on fait mathématiquement baisser le taux de pression pesant sur les établissements les plus demandés : au maximum, une vingtaine de collèges peuvent postuler dans chaque lycée, contre cinquante auparavant. Et on invite aussi les familles à s'intéresser à des établissements de proximité qu'elles ne connaissent parfois que de réputation.

Nous devons lutter pour faire entendre que l'introduction du bonus IPS n'est pas une mesure de « discrimination positive ». Il s'agit moins de « corriger » une inégalité individuelle que de rééquilibrer la structure sociale et scolaire des lycées parisiens, en considérant qu'aucun d'entre eux ne doit être perçu comme un lycée de relégation. Nous faisons notamment le pari que certains établissements, mal-aimés pour des raisons très subjectives, sauront tirer leur épingle du jeu si nous cassons le cercle vicieux des réputations, en leur apportant, massivement, de meilleurs élèves. Chaque lycée parisien a vocation à être un lycée d'excellence.

De 2008, date de mise en place d'Affelnet à Paris, à 2020, toutes les modifications de l'application ont été cosmétiques : légères variations des frontières des districts, introduction des quotas de boursiers, introduction du bonus REP. Chacune de ces modifications a épuisé la bonne volonté des équipes académiques, à grand renfort de recours administratifs et de tribunal médiatique.

Le projet que me soumet la directrice académique, Claire Mazeron, à l'automne 2020, est d'une tout autre ampleur. Sans une équipe techniquement agile et la volonté inébranlable de l'équipe de direction de le porter, il n'ira pas à terme. D'autant que nous nous fixons pour horizon la session d'affectation 2021, dont la préparation commence dans quelques mois.

Dès septembre, la concertation est lancée avec les fédérations de parents d'élèves, à raison de séances resserrées dans un calendrier contraint : les principes du nouvel Affelnet doivent être arrêtés en janvier, la nouvelle sectorisation des lycées, aux vacances d'hiver. La satisfaction des familles est la condition *sine qua non* de la réussite du projet : depuis 2016, le taux de satisfaction sur les trois premiers vœux, les « vœux de cœur » des élèves, a baissé de 11 points. C'est donc d'abord à l'aune de cet indicateur que nous évaluons les simulations réalisées.

La directrice académique conduit les troupes : concertation, paramétrage de l'application, simulations, bilan des simulations ; le directeur de l'académie teste les élus, en *off*. Jusqu'à janvier, rien ne filtre ou presque. Tout le monde a bien conscience, notamment les fédérations de parents d'élèves et les syndicats de chefs d'établissement, qu'une sortie précoce et non maîtrisée du projet serait incontrôlable. Et les équipes du rectorat ont besoin de temps et de calme pour modifier, simulation après simulation, les paramètres de l'algorithme. Il faut dix heures pour le faire « tourner », à la condition qu'il ne « plante » pas. Affelnet, application nationale vieillissante, n'a pas été conçu pour l'usage poussé que nous en faisons, aux limites de l'outil. À plusieurs reprises, je demande à la Dgesco d'y apporter des modifications, pour élargir le champ du « faisable ». En vain. Certaines propositions des fédérations de parents d'élèves ou des syndicats, plutôt intéressantes, ne pourront ainsi pas être mises en œuvre : prendre en compte, par exemple, le quotient familial de l'élève plutôt que son statut de boursier ; ou encore paramétrer plus de « tranches » d'IPS, pour renforcer la progressivité du bonus et éviter les effets de seuil.

Au retour des congés de Noël, les choses s'accélèrent. L'architecture globale de la réforme est prête à être diffusée, même si nous poursuivons nos simulations pour affiner la procédure. Et la presse commence à s'intéresser à cette réforme qui promet de belles joutes et passes d'armes.

Nous devons élaborer un plan de communication présentant la réforme à l'ensemble des acteurs concernés, en respectant les préséances et susceptibilités. Ce n'est pas évident : nous sommes des pédagogues, pas des communicants. Il faut s'adresser prioritairement à ceux qui vont bénéficier de la réforme en juin 2021, les élèves de 3e et leurs familles, apaiser les craintes attisées par les premières « fuites », en répondant précisément aux interrogations. Mais il faut aussi porter la réforme auprès de tous les acteurs de l'école et, au-delà, auprès du grand public. Une gageure : si nous sommes plutôt satisfaits d'avoir techniquement produit une copie conforme à nos objectifs, nous n'avons pas simplifié une procédure qui nécessite, chaque année, la publication d'une circulaire académique d'une centaine de pages. Qu'il s'agisse des familles, des élus ou des médias, certains sont de véritables « pros » d'Affelnet : ils en connaissent toutes les subtilités, et certains parents, informaticiens de leur état, se sont fabriqué un algorithme « maison » parallèle ; à l'autre bout de la chaîne, d'autres découvrent cette drôle de procédure parisienne au moment même où elle est profondément réformée : pas simple !

Méthodiquement, à partir de janvier, nous présentons la réforme aux chefs d'établissement, syndicats et élus parisiens. Mais plus la copie est connue, plus les rumeurs enflent et à partir de février, sur les réseaux sociaux, quelques « passionnés » commencent à alimenter la polémique et l'inquiétude.

Littéralement, nous sommes assaillis. Assiégés. Patiemment, nous « déminons » chaque tweet, chaque e-mail furibond, chaque article tendancieux. Tous les soirs, l'équipe de direction et les services du rectorat proposent des visioconférences aux parents d'élèves, expliquant les objectifs de la réforme et répondant aux inquiétudes, parfois sous les invectives et les attaques personnelles. Le directeur de l'académie, Antoine Destrés, prend son téléphone pour expliquer avec diplomatie aux plus réticents que les changements à venir iront dans le sens d'une amélioration pour chacun. Les principaux et adjoints de collège, très conscients des enjeux, mettent toute leur force de conviction auprès des familles. Jamais académie ne s'était ainsi mobilisée pour faire front. Collectivement. Je bénéficie aussi du soutien de la maire de Paris et de son adjoint aux affaires scolaires. Sans l'apport de chaque acteur, nous n'y serions pas parvenus.

J'ai pris soin, depuis l'automne, de tenir régulièrement informée ma hiérarchie de l'avancée de nos travaux : Grenelle, Matignon, Élysée. Nul n'ignore donc, en haut lieu, ce que je cherche à faire, même si personne ne comprend vraiment le fonctionnement de cet algorithme obscur, source de récriminations saisonnières.

Pourtant, c'était inévitable, au premier tweet rageur, les questions affluent.

Nous sommes début février 2021. Le ministre dont j'ai été le plus proche collaborateur me demande si c'est bien le moment de mettre Paris à feu et à sang : les temps ne sont pas simples et il serait peut-être plus sage de reporter. Mais il me fait encore confiance et je lui demande de juger au vu des résultats. Le château[1] s'agite, aussi. Il faut donner l'assurance que lesdits résultats seront à la hauteur du bruit généré. Mi-février, je perçois le danger : nous sommes débordés par la pression médiatique, les équipes sont à fleur de peau. D'en « haut », je ne sens qu'inquiétude et agacement : la mixité des établissements parisiens vaut-elle cette agitation, qui atteint jusqu'aux bancs de l'Assemblée ?

Les parents de l'est parisien sont particulièrement revendicatifs, persuadés que nous sommes prêts à les assigner à résidence, loin des « grands lycées » du centre. Pétitions, audiences, manifestations… Les XIXe et XXe arrondissements seront pendant des mois à la pointe du mouvement de protestation, alors que toutes les simulations montrent qu'ils gagneront à la réforme. Les élus sont prêts à dégainer, d'autant que les dotations horaires pour la rentrée 2021 viennent de tomber, et que les suppressions de postes prévues sont importantes.

Le paradoxe n'est pas des moindres : alors que nous sommes confiants sur les résultats, nous n'avons jamais été aussi près de lâcher ni, surtout, d'être lâchés. À Grenelle comme à l'Élysée, je sens bien que c'est ce

1. Nom que l'on donne à l'Élysée dans les cercles de pouvoir.

que l'on espère. On nous suggère un moratoire, comme le font les opposants à la réforme.

Je sais parfaitement ce qu'il adviendra de la réforme si nous acceptons le report : elle finira dans les poubelles du rectorat, comme tant d'autres avortées. Qui trop consulte mal décide. Les objectifs sont partagés. La concertation s'est tenue. La Fédération des conseils de parents d'élèves (FCPE) académique a explosé en interne, mais nous soutient, contre vents et marées. Et techniquement, nous sommes prêts : une année supplémentaire n'apporterait rien de plus.

Il faut donc tenir et pour cela reprendre la main. Le 5 mars, je convoque un point presse : même si je sais que le sujet passionne, je reste stupéfait de constater la présence de tous les grands médias nationaux. Nous y annonçons notamment la mise en place d'un comité de suivi de la réforme, chargé d'évaluer ses effets, sous la présidence de Julien Grenet. La réforme continue ses soubresauts au cours du printemps, mais le focus médiatique national de mars lui a donné une visibilité qui la protège. Désormais, chacun est surtout curieux des résultats.

Le calme qui suit leur annonce m'indique que nous avons gagné. À partir du 29 juin, je n'entendrai jamais plus parler des parents des XIXe et XXe arrondissements : non seulement leurs enfants accèdent aux lycées attractifs du centre de Paris, mais le taux de satisfaction du premier vœu atteint plus de 90 % dans les deux tiers de ces collèges.

Pas de collectifs, peu de mécontentements. La nouvelle procédure a démontré à la fois son efficacité, avec 95,7 % des élèves affectés dès le premier tour, et l'atteinte des objectifs : alors qu'il n'avait cessé de diminuer, le taux de satisfaction sur les trois premiers vœux formulés est en augmentation de 4 points. Il s'accroît plus fortement encore dans 70 % des collèges et atteint plus de 90 % dans cinquante-cinq collèges, contre quinze en 2020.

Le nombre de recours exercés par les familles est par ailleurs plus de deux fois moindre qu'en 2020. Plus de neuf élèves sur dix sont affectés dans un rayon de vingt-cinq minutes par rapport à leur collège de sectorisation, sans que cette proximité porte atteinte à la mixité sociale des établissements. En même temps, avec l'ouverture des districts, le champ des possibles s'est ouvert pour les élèves : plus de sept cents places dans trente et un lycées ont été offertes à des élèves scolarisés dans des collèges plus éloignés.

Comme le confirment, en décembre 2021, les travaux de Julien Grenet, avec lequel l'académie a contractualisé pour l'évaluation de la réforme, la ségrégation sociale entre lycées a diminué en un an de 30 %, la ségrégation scolaire, de 26 %. De son propre aveu, il a rarement vu des effets aussi massifs en aussi peu de temps.

Début juillet 2021, nous ne disposons pas de ces données, mais tous nos indicateurs « maison » sont au vert. Le taux de boursiers affectés se renforce notamment dans les lycées Carnot, Buffon, Chaptal, Charlemagne, Monet, Condorcet, Boucher, Janson-de-Sailly, Montaigne, Racine, Sophie-Germain, Victor-Hugo, et particulièrement à Duruy, où il est multiplié par deux. Il diminue très fortement à Bergson, Rabelais ou Quinet, établissements socialement très défavorisés. Des lycées comme Chaptal, Charlemagne, Sophie-Germain, Racine, Monet, Fénelon, Boucher, La Fontaine, Lavoisier ou Montaigne continuent d'accueillir majoritairement de très bons élèves, mais s'ouvrent aussi à ceux de niveau intermédiaire. À l'inverse, des lycées comme Voltaire, Weil, Claude-Bernard, Camille-Sée, Colbert, Diderot, Quinet, Dorian, Lamartine, Paul-Bert rééquilibrent leur structure scolaire « par le haut », en accueillant de meilleurs élèves. Pas une révolution, mais une évolution. Très nette.

Elle se constate sur le terrain dès les inscriptions, quelques jours après l'annonce des résultats. À la rentrée 2021, Voltaire va accueillir trois fois plus de très bons élèves qu'en 2020, soit une dizaine par classe de 2de. Ce lycée, qui bénéficie pourtant d'une offre de formation parmi les plus riches de la capitale, est boudé des familles du quartier, qui lui préfèrent les établissements du centre de Paris. Les premiers parents qui se présentent à l'inscription sont circonspects, pas forcément ravis de cette affectation. Le premier jour, tous ne viennent pas. Comme je suis en liaison constante avec le chef d'établissement, celui-ci me rassure : les derniers hésitants sont arrivés le lendemain, rassurés par les « éclaireurs » envoyés la veille pour vérifier que ce lycée n'était pas un coupe-gorge. Mieux : alors qu'ils pensaient scolariser leurs enfants dans un lycée « Pailleron », ils ont découvert un établissement en pierre de taille de la IIIe République, et se sont permis de prendre quelques photos. Le CV du proviseur, glané sur Internet, a achevé de les convaincre.

Nous rions entre nous de ces scènes rapportées, mais nous sommes intrinsèquement heureux.

Pour les élèves, parce qu'ils n'auront rien à envier, en termes de qualité des professeurs et d'offre de formation, à leurs camarades de Charlemagne ou de Victor-Hugo. Et la réforme Affelnet ne se résume pas à des flux d'élèves, elle est aussi soutenue par des moyens renforcés. À Voltaire, les marges et la limitation des effectifs par classe seront maintenues, malgré l'arrivée d'un public socialement et scolairement plus favorisé. Dans tous les lycées devenus plus mixtes, des heures supplémentaires sont attribuées.

Nous comptons aussi, dans ce Paris, ville-monde mais tellement « village », sur le bouche-à-oreille : si tout s'y passe bien, les établissements hier boudés seront demain *the place to be*. Et c'est bien le but de la réforme : que chaque élève de 3e puisse se projeter dans n'importe quel lycée parisien, en effectuant son choix sur des bases saines. Sur l'offre de formation, la proximité... plutôt que sur le classement du *Figaro*.

Cependant, la réforme est perfectible en vue de la session d'affectation 2022. Il faut ajuster la sectorisation, pour rendre tous les lycées accessibles aux élèves : la très forte pression sur certains d'entre eux, Condorcet par exemple, a fermé la porte aux élèves issus de collèges favorisés. Parce qu'elle modifie la composition des lycées, parce que les quartiers changent rapidement à Paris, parce que la démographie et le bâti scolaire évoluent, aussi, le modèle mis en place ne peut être figé.

Et puis, il reste un bastion qui a échappé à la réforme. À toutes les réformes d'ailleurs, puisque Affelnet ancienne formule ne s'y applique même pas. Alors que l'algorithme règle les affectations depuis bientôt quinze ans, les deux lycées de la montagne Sainte-Geneviève, Henri-IV et Louis-le-Grand, choisissent eux-mêmes leurs élèves, dans et hors Paris. Pas de sectorisation, pas de barème, pas d'algorithme, mais un tri des candidatures effectué par les proviseurs, sur le fondement d'un dossier. Un fonctionnement « pré-Affelnet », que pratiquaient jusqu'en 2008 tous les lycées parisiens : réunis dans les sous-sols du rectorat, les proviseurs choisissaient directement leurs élèves. Les plus attractifs étaient les mieux servis. Les moins demandés prenaient les dossiers rejetés par leurs prestigieux voisins.

Des régimes d'exception à Paris, il y en a beaucoup. En 2021, personne ne se souvient au rectorat du motif pour lequel Henri-IV et Louis-le-Grand ne sont pas « passés » à Affelnet en 2008, comme les autres lycées parisiens. Mais ce choix n'est pas sans conséquences sur la faible mixité des deux établissements. Si en 2007, on ne comptait que 5 % de boursiers dans les quatorze lycées les plus socialement favorisés de la capitale, cette proportion y atteint 20 % en 2020. Et alors que la réforme conduite en 2020-2021 a encore renforcé la mixité sociale des lycées parisiens, Henri-IV et Louis-le-Grand n'accueillent toujours pas plus de 10 % de boursiers, 75 % de leurs effectifs étant constitués d'élèves issus de catégories sociales très favorisées.

Ultime paradoxe, les très prestigieuses classes préparatoires aux grandes écoles de ces deux lycées sont socialement plus ouvertes que leurs classes de 2de. En 2021, la math spé « MP* » de Louis-le-Grand accueille à elle seule autant de boursiers que l'ensemble des classes de 2de de ce même établissement.

En accord avec les deux proviseurs, je décide de lancer l'académie dans la deuxième bataille d'Affelnet. Celle-ci ne touche qu'une poignée d'élèves. Mais elle va s'avérer beaucoup plus redoutable que la première.

Je sais que je m'attaque à des symboles. À des monuments du panthéon scolaire, tout proches du bâtiment du même nom.

Sans faire entrer ces deux lycées dans le droit commun, nous avons pour objectif de renforcer la transparence et l'équité du recrutement. Pour cela, rien ne vaut, d'une part l'anonymat des candidatures, d'autre part l'usage d'un barème clair et explicite. C'est-à-dire l'inverse de ce qui se pratique, de l'aveu même des proviseurs, qui peinent à objectiver leurs choix parmi les milliers de dossiers reçus chaque année.

Entendons-nous : quoi que je pense de la sacro-sainte excellence de ces deux établissements, il ne s'agit pas de la remettre en cause. On ne touche pas aux monuments et la mixité scolaire n'est pas au programme de l'an II d'Affelnet. Mais puisque la nation tout entière semble tenir au maintien d'établissements d'exception, il faut qu'ils soient accessibles à tous et pas seulement à une poignée d'initiés ou d'élèves issus des collèges avoisinants.

Nous affichons donc l'objectif de recruter les meilleurs élèves de Paris et même de France, quelle que soit leur origine. Le message que nous envoyons aux familles et aux élèves est clair : pour entrer à Henri-IV et à Louis-le-Grand, il faudra toujours être un excellent élève, mais n'être que cela. Il faut notamment élargir le vivier des candidats, limiter au maximum l'autocensure et le sentiment d'imposture des élèves issus de familles défavorisées : pour y parvenir, nous supprimons de la procédure tout ce qui pourrait constituer un obstacle, en particulier l'élaboration et le dépôt d'un dossier. Pour accéder à Henri-IV ou à Louis-le-Grand, il suffira de formuler le vœu dans Affelnet. Les élèves seront classés sur le fondement du barème issu des seuls résultats scolaires. Pour ne pas interférer dans ce barème, le bonus IPS ne pourra pas compenser de moindres résultats : il permettra, tout comme le bonus boursier, de vérifier que nous affectons bien des élèves issus des trois profils de collèges, sur la base de leur représentativité académique.

Dès l'annonce de ces évolutions, fin janvier 2022, un véritable tsunami politico-médiatique se met en branle. Après avoir été qualifié de « recteur très droitier » l'année précédente par un quotidien de gauche qui doutait de mes velléités de mixité, je deviens le dangereux maoïste de la montagne Sainte-Geneviève. Me revient cette phrase dans *Le Père Goriot* : « Qui n'a pas pratiqué la rive gauche de la Seine, entre la rue Saint-Jacques et la rue des Saints-Pères, ne connaît rien à la vie humaine ! »

Le ministre, interpellé par le président, lui-même ancien élève d'Henri-IV, me demande des comptes. Jean-Michel Blanquer tempête, tantôt reconnaissant la qualité du travail accompli, tantôt fustigeant une initiative dangereuse. Il veut que l'on arrête tout, que je lui propose d'autres scénarios, qu'on établisse un véritable concours d'entrée… Chaque jour, il m'adresse les articles et tribunes dénonçant une mesure qui, à les lire, met en péril la République dans ce qu'elle a de plus profond. Je ne le reconnais pas dans son absence de recul. C'est comme si le bastion attaqué était le sien.

« Tu vois ce que cela fait de s'attaquer à la bourgeoisie ! »

Un jour, le ministre me demande de l'accompagner dans sa voiture pour une nouvelle explication. Je tente de lui démontrer pourquoi le recrutement sur dossier est si inégalitaire. Je lui rappelle le nombre désespérément faible de boursiers dans ces deux lycées. Que tout cela va dans le sens de la politique qu'il promeut depuis bientôt cinq ans. Très vite, je perds son attention, il se replonge dans son téléphone, tapant frénétiquement des messages et Tweets. Pour la première fois, je me dis qu'il a changé. Là où il y avait de l'hyperactivité, je ne vois plus que de la fébrilité.

Le 27 janvier, alors que je reçois les survivants de la Shoah en Sorbonne, nouvel appel du ministre. Comme je ne décroche pas immédiatement, par correction vis-à-vis de nos invités, je reçois un SMS rageur.

« Je sais que je ne suis que le ministre, mais… »

J'essaie de lui expliquer, calmement, les circonstances, mais on n'est plus dans le rationnel sur ce sujet.

Quelles pressions subit-il ? Il me reproche de ne pas l'avoir prévenu en amont. La force qui était celle de son cabinet quand je le dirigeais, c'était précisément de connaître à ce point la direction d'ensemble que mettre en œuvre la politique éducative ne nécessitait pas de devoir lui faire arbitrer la moindre mesure. Cela avait plutôt bien fonctionné.

J'aurais pu également lui dire que quand il était lui-même recteur de Créteil, il avait souvent avancé à marche forcée, en se souciant bien peu de la rue de Grenelle…

J'ai eu la naïveté de penser que la réforme de l'affectation était en accord avec ce slogan qu'il promouvait à chaque occasion : « L'élévation du niveau et la justice sociale. » Je pensais aussi que c'était conforme à la politique présidentielle. La volonté d'Emmanuel Macron de réformer les grands corps n'était-elle pas le signe du souhait de démocratiser la société française ?

A priori et d'après ce que me dit le ministre, cela ne va pas jusqu'à Henri-IV et Louis-le-Grand. Un ami proche me répète une conversation qu'il vient d'avoir avec le ministre : « Vous vous rendez compte, après ce qu'il a fait, Alain Minc ne veut plus me parler ! » *Fatalitas !*

J'hésite entre incrédulité et tristesse. Alain Minc ? Mais pourquoi diable se soucier de ce monsieur qui a surtout lutté pour les privilèges d'une caste, la sienne ? C'est son droit le plus strict, mais je me dis que JMB fréquente décidément un milieu qui m'est tout à fait étranger. Je me souviens de ce propos du général de Gaulle, ce moraliste d'active, à propos de Paul

Morand : « Les possédants sont possédés par ce qu'ils possèdent. »

Au sein de la mairie du Ve arrondissement, j'ai le sentiment que l'ambiance est à l'image de celle que l'on trouve chez un certain nombre d'élus d'aujourd'hui, plus porteuse des intérêts particuliers des administrés que de l'intérêt général. On est donc très opposé à toute évolution du recrutement, qui casserait l'excellence et la méritocratie républicaine, entendons qui remettrait en cause l'entre-soi des enfants de la bourgeoisie locale. Et la maire est aussi une amie du ministre, qu'elle mariera. Les différents entretiens avec elle et ses « troupes » se révèlent sportifs.

On dépêche le conseiller spécial du ministre, Xavier Chinaud, pour trouver une solution, en associant la maire d'arrondissement, des anciens d'Henri-IV influents, tautologie ! Mais la bonne surprise va venir du député de la circonscription. Gilles Le Gendre est un « marcheur » de la première heure. Il a été président du groupe de la majorité présidentielle dans la première partie de la mandature. C'est un homme fin, intelligent et cultivé. Il appartient à un milieu favorisé, mais défend des convictions de justice sociale et d'égalité des chances. Comme moi, il est persuadé que le *statu quo* mène à la catastrophe, au séparatisme et au chaos. Il va se révéler un allié précieux, pour ainsi dire le seul au sein de la majorité.

Je tiens à saluer son courage, car il n'a pas hésité à prendre le parti d'une véritable méritocratie ouverte à des élèves issus de tous les milieux, contre ce qui pouvait apparaître comme son camp et son intérêt immédiat.

Parmi tous mes souvenirs de réunions plus ou moins difficiles tout au long de ma carrière, celles rassemblant les représentants de parents des deux lycées tiennent une place à part. Un « ancien » d'Henri-IV m'a pourtant prévenu : « Vous savez, dans les périodes incertaines que nous traversons, les enfants sont ce que les gens ont de plus précieux. On veut le meilleur pour eux. On se saigne pour cela. Et on est prêt à tout. »

Prêt à tout en effet. Mobilisation des médias et des politiques, pétitions à répétition publiées dans un grand quotidien du matin, tribunes qui se répondent dans un grand quotidien du soir… La directrice académique, avec qui élus et parents prennent moins de gants qu'avec moi, évoque un mur de haine qui s'abat sur elle. Même si tous les échanges sont fort policés en ma présence. Je me remémore alors cette maxime de La Bruyère : « Les gens de cour sont comme les statues de marbre, fort durs, mais fort polis. »

Audience après audience, nous avançons argument contre argument dans une espèce de guerre d'usure où le premier qui cède perd la partie. Bien sûr, ces parents souhaitent le meilleur pour leurs enfants. Mais leur argumentation a quelque chose d'effrayant.

Transparaît d'abord toute la pression mise sur les épaules de leurs enfants. Par le récit des équipes de direction, par les incidents connus, addictions, tentatives de suicide, je sais combien d'entre eux sont en souffrance, par crainte de ne pas être à la hauteur. Les cours particuliers qui peuvent aller jusqu'à doubler le nombre d'heures de travail, les sessions de « vacances » et les séjours linguistiques. Ce que l'on fait subir à ces enfants, avec les meilleures intentions du monde, me paraît terrible. Tous ne sont pas faits pour suivre cet enseignement d'« excellence », mais les parents ne veulent pas l'entendre. Et les représentants des parents du collège Henri-IV ne voient qu'un risque dans cette réforme : que les élèves un peu plus moyens de 3e ne passent pas en 2de dans leur cher lycée. Quand on évoque avec eux les établissements dans lesquels leurs enfants pourraient être admis, l'effroi n'est pas loin. On parle pourtant de Fénelon, de Lavoisier ou de Montaigne, et non de lycées de banlieue difficiles !

L'absence de collège dans les murs rend les parents d'élèves du lycée Louis-le-Grand plus détachés sur ce point. Mais tout aussi redoutables. Les arguments sont de toute nature, mais revient souvent celui du niveau réel des collégiens hors de la montagne Sainte-Geneviève, sans parler de ceux de l'éducation prioritaire ! Bien sûr qu'il y a des différences. Mais je maintiens qu'un élève qui réussit parfaitement en éducation prioritaire, ne bénéficiant ni d'accompagnement ni du milieu propice, a toutes ses chances dans ces deux lycées. Bien plus peut-être que certains élèves du cru un peu poussés.

Il faut acculer ce petit monde. Aller chercher les notes des élèves refusés les années précédentes, pour montrer que l'examen « humain » des candidatures n'est pas plus fiable que celui d'un algorithme. Je me souviens de la surprise des parents d'élèves du collège Henri-IV et de la maire du Ve lorsque la directrice académique, égrenant les moyennes surnaturelles d'une élève d'un collège du XVIIIe, leur annonça qu'elle n'avait été acceptée, l'année précédente, dans aucun des deux lycées.

Les jours passent et les pressions ne cessent pas. Le ministre multiplie les messages et appels, chaque jour, plusieurs fois par jour. L'affectation de quatre cents élèves l'occupe un temps démesuré, comme s'il s'agissait du destin de l'ensemble des lycéens français. J'en ai assez. Je lui indique que mon poste est à sa disposition. Il raccroche, furieux, mais j'ai quelques jours de répit. Il me fait même rencontrer le patron du *Figaro*, afin que je publie une tribune de défense de la réforme.

Mais toute tentative de convaincre est vaine. Les choses ne se joueront pas dans l'échange des arguments, mais dans le rapport de force. Chaque « camp » doit peser de tout son poids, médiatique, politique, s'il veut l'emporter. Nous sommes observés : qui cédera le premier ? Des chefs d'établissement le sentent, qui apportent publiquement leur soutien à la réforme, dans une tribune fédérant près d'une centaine de personnels de direction parisiens. Une seconde voit le jour, sous l'égide du Syndicat général de l'Éducation nationale, le SGEN. Ces soutiens, qui ne seront pas sans semer la discorde au sein des instances syndicales, nous portent et nous confortent. Nous ne sommes pas seuls.

Il faut tenir. Conserver le dialogue, expliquer, rassurer, mais ne rien céder sur le fond. Je sais que c'est possible. Car entre nous, en quoi ce sujet germanopratin peut-il intéresser l'ensemble de la nation ? Qui parmi nos compatriotes va se mobiliser pour quelques privilèges d'un autre âge ? Je suis même persuadé que le combat des défenseurs de cette excellence-là finira par lasser et que leur campagne devient contreproductive.

Mais le ministre revient à la charge et, chaque jour, me demande un nouveau point « sur le sujet montagne Sainte-Geneviève ».

Jusqu'au 5 février, quand je reçois un SMS d'Anne Laude, la conseillère éducation de l'Élysée : « Cher Christophe, le PR souhaite que l'on reporte la sectorisation sur H4 et Llg. À disposition. Amitiés. Anne. »

Nous sommes à un peu plus de deux mois de l'élection présidentielle. Je vais peser ma réponse à ce trébuchet. On me répète que le président est joueur, j'ai moi aussi décidé de jouer. À quitte ou double. Entre maintenir la réforme et assumer mon départ sur un sujet aussi parisien, le choix est rapide. Peut-être me le fera-t-on payer plus tard. Mais en attendant, assumer de maintenir de petits privilèges au cœur du Tout-Paris et s'afficher publiquement en défenseur de l'entre-soi me semble peu porteur pour l'Élysée. Je parie là-dessus.

Ma réponse : « Chère Anne, tu comprendras bien que, les choses étant à ce point avancées, je ne peux être le recteur responsable de ce report. Je soumettrai donc ma démission dans les jours à venir. Amitiés. C. »

Je n'aurai pas de réponse. Les discussions se poursuivent donc, avec les parents d'élèves des deux lycées, le ministre et le cabinet du château.

J'ai bien sûr composé *a minima*. Les élèves extérieurs à Paris seront accueillis dans les mêmes proportions que les années précédentes (25 % à Henri-IV et 40 % à Louis-le-Grand), sur dossier. Les procédures Affelnet étant paramétrées différemment selon les académies, il n'est pas possible de leur appliquer le modèle parisien. Une commission interne à l'établissement classera les demandes selon des critères précis, explicites et communs aux deux lycées : excellence académique, engagement, motivation et statut de boursier.

Pour les élèves parisiens en revanche, je ne cède pas : il leur suffira de formuler un vœu sur Affelnet. C'est le critère de l'excellence scolaire, garantie par un barème national, qui départagera les candidats, en veillant à la représentativité des élèves, boursiers et non boursiers, issus de tous les types de collèges. Un « Affelnet *bis* » : pour préserver l'excellence scolaire, nous n'appliquerons pas le bonus IPS, qui viendrait compenser des résultats plus faibles ; mais il permettra de déterminer trois groupes d'élèves que nous affecterons dans les deux lycées selon leur représentativité dans la population des collégiens : soit 25 % d'élèves issus de collèges à IPS faible, 35 % de collèges à IPS intermédiaire, et 40 % de collèges à IPS élevé. L'utilisation de l'algorithme sera réduite au calcul du barème de chacun, et c'est une commission académique qui se chargera d'affecter les élèves selon les critères retenus.

Comme l'année précédente, le jour des résultats, l'atmosphère est sereine. Pas de cris ni de larmes. Plus de tribunes. À peine quelques recours, qui se comptent sur les doigts d'une main. La réforme est actée. Et les résultats sont là comme le montreront les analyses de Julien Grenet quelques mois plus tard[1] : le taux de boursiers a

1. Note de l'institut des politiques publiques, n° 89, février 2023, www.ipp.eu/publication/peut-on-concilier-ouverture-sociale-et-excellence-scolaire-

doublé par rapport à la rentrée 2021 et, parmi les admis parisiens, la part des élèves issus de catégories sociales très favorisées est passée de 84 % à 70 % ; la part des élèves issus de collèges socialement favorisés (IPS supérieur à 124) est passée de 54 % à 44 % ; et contrairement à tout ce que les opposants nous avaient prédit, l'ouverture sociale ne s'est pas faite aux dépens de l'excellence scolaire, les performances aux épreuves du brevet des entrants de la rentrée 2022 étant même légèrement supérieures à celles de la cohorte précédente.

Et année après année, hors de la montagne Sainte-Geneviève, la réforme continue de produire des résultats probants. La mixité sociale progresse fortement : à la rentrée 2023, la ségrégation sociale entre lycées généraux et technologiques est en baisse de 49 % par rapport à 2019 ; elle est désormais inférieure de 40 % à la moyenne des autres académies. Et si les lycées de niveau n'ont pas complètement disparu, la ségrégation scolaire a diminué de 39 % depuis 2019. Mais surtout, le système est mieux compris et plus accepté : plus de 80 % des familles acceptent de placer les cinq lycées de secteur 1 dans leur liste de dix vœux.

Dès la première année, ces résultats étonnent les observateurs. Comme si aucun changement, positif qui plus est, n'était possible dans l'Éducation nationale. On conteste les données de Julien Grenet, pourtant directeur de recherches au CNRS, professeur à l'école

---

un-premier-bilan-de-lintegration-des-lycees-henri-iv-et-louis-le-grand-a-la-procedure-affelnet.

d'économie de Paris et spécialiste reconnu des questions de mixité. On nous intente un procès pour avoir encouragé la fuite des élèves vers le privé. Là encore, l'équipe de Julien Grenet démonte les idées reçues, chiffres à l'appui : si le pourcentage de lycéens inscrits dans le privé sous contrat à Paris est historiquement élevé, il n'a toutefois pas bougé depuis la réforme.

Ce qui ne signifie pas que la situation n'est pas préoccupante, comme il nous en alerte. Si en 2016, 22,7 % d'enfants étaient scolarisés dans le privé à Paris, ils sont 26,5 % à la rentrée 2024. En 2020, 35,4 % des collégiens étaient scolarisés dans le privé, ils sont 38,6 % à la rentrée 2024. Une conséquence de la crise démographique parisienne : alors que celle-ci conduit le ministère à retirer des moyens aux écoles, collèges et lycées publics de l'académie de Paris, les dotations de l'enseignement privé sous contrat, qui dépendent d'une autre direction du ministère, n'ont pas été revues à la baisse. Même si nous bloquons tous les ans les demandes d'ouverture de classes dans le secteur privé, au nom de l'équité et de l'équilibre privé-public, nous ne pouvons en fermer, puisque les moyens sont maintenus.

Au-delà des moyens, ainsi que le souligne la DEPP, c'est le déséquilibre de composition sociale entre établissements publics et privés qui pose problème. Ainsi, à la rentrée 2022, 41,7 % des élèves du secteur privé sous contrat sont issus de milieu social très favorisé, contre 20,5 % dans le secteur public. En revanche, 16 % des élèves du secteur privé sous contrat sont issus de milieux socialement défavorisés, contre 40 % dans le secteur public. Et cette différence ne fait que s'accentuer.

Pendant trois ans, faute de retraits d'emplois, nous cherchons donc à éviter la fuite vers le privé des familles les plus favorisées, en jouant sur le renforcement de l'attractivité des établissements publics. Parce que l'apprentissage précoce des langues vivantes est le créneau sur lequel le privé sous et hors contrat se développe le plus vite, nous ouvrons trente-deux écoles bilingues français-anglais dans tous les quartiers de Paris. Un succès, notamment dans les écoles des quartiers centraux qui se vident, et où le privé est historiquement implanté. Avec l'aide de la Ville de Paris, l'engagement de la maire et de Patrick Bloche, son adjoint, nous multiplions aussi les classes à projets, classes à horaires aménagés (musique, théâtre, danse), sections internationales, tous cursus à « haute valeur ajoutée » susceptibles de retenir les familles.

Jusqu'à mon départ, début février 2024, je demanderai à la Direction des affaires financières ces retraits d'emploi. Je n'ai rien contre l'enseignement privé. Mais il est vain de conduire des réformes destinées à renforcer l'équité et la mixité scolaire si, dans le même temps, nous sanctuarisons les moyens d'un privé où le H/E[1] en lycée est supérieur à celui du public. Si les moyens ne sont pas retirés dans les mêmes proportions aux établissements privés comme aux établissements publics,

1. Le H/E mesure le nombre d'heures (H) attribuées par élève (E) au sein d'un établissement scolaire.

mécaniquement, nous aurons avant dix ans une majorité d'établissements privés à Paris.

Pendant trois ans, chaque acteur académique laissera beaucoup d'énergie dans la réforme de l'affectation. Mais si Affelnet devient la « marque de fabrique » de l'académie de Paris, ce n'est que la face émergée de la politique de déségrégation que je souhaite conduire.

Un pilotage équitable se repère d'abord dans la manière dont on attribue les moyens aux établissements. Et dans la transparence sur les choix effectués. Lorsque le ministère nous impose, à la rentrée 2021, d'importants retraits de postes dans le second degré, j'y vois l'occasion de remettre à plat les principes de la dotation des établissements. On m'a fait le récit, bien avant mon arrivée, des « grands patrons » de lycées débarquant dans les services du rectorat pour bénéficier d'une rallonge d'heures due au prestige de leur établissement et l'obtenant sans difficulté. De lignes budgétaires dans les dotations des collèges et des lycées dont on a depuis longtemps oublié la raison d'être, mais que l'on maintient, année après année, par facilité, pour éviter le conflit avec les professeurs. De conseils d'administration votant une répartition des moyens excédant l'enveloppe allouée, puis envoyant leur chef d'établissement présenter la facture au rectorat. Les établissements ne sont pas seuls en cause : comme en matière d'affectation, c'est au recteur de fixer la ligne et de s'y tenir, même si cela implique de remettre en cause des pratiques tellement établies qu'elles sont devenues la règle. Après : « Rien ne changera jamais », l'autre phrase que j'entendais le plus souvent à mon arrivée à Paris était : « On a toujours fait comme ça. »

Dès janvier 2021, en vue de la préparation de la rentrée, nous actons le principe d'une allocation différenciée des moyens aux établissements. Concrètement, il s'agit de répartir la marge académique, ce qui reste une fois que les horaires obligatoires des disciplines ont été attribués, sur le fondement de l'IPS. Ces dotations seront rendues publiques, par souci de transparence : être capable d'expliquer à chacun le pourquoi de telle ou telle décision oblige les décideurs à trouver la formule la plus équitable et évite bien des malentendus. Les postes de vie scolaire, les postes administratifs, seront également attribués sur un barème intégrant l'IPS. Nous limitons aussi explicitement les effectifs dans les établissements les plus fragiles et les filières accueillant les élèves les plus en difficulté : à la rentrée 2023, alors que 40 % des places en STMG sont dans les dix lycées à IPS le plus bas de Paris, aucune classe n'a plus de trente élèves. Un effort qui peut paraître symbolique, sinon dérisoire. Mais apprécié des équipes, et qui va dans le sens souhaité : mieux répartir ces élèves dans l'ensemble des lycées de l'académie ; et pour cela, ouvrir des classes de STMG dans des lycées généraux et bien cotés par les familles. Y compris dans les plus « prestigieux » : à Henri-IV par exemple, où la première classe ouvre à la rentrée 2023.

Donner plus à ceux qui ont moins. Être juste tout en préservant l'extraordinaire offre de formation parisienne, en langues vivantes, en options, en sections. La quadrature du cercle. Mais aussi la concentration, sur un territoire restreint, de tous les paradoxes de notre système éducatif : entre le maintien de tout petits groupes d'élèves en russe dans un lycée très favorisé et la préservation de la marge d'un collège de l'éducation prioritaire, que choisir ? Pour maintenir la seconde, il faut piocher dans des enveloppes sensibles. Ainsi, à la rentrée 2023, les dotations des CPGE littéraires, très coûteuses, sont toilettées à l'aune des textes réglementaires et des possibles complémentarités entre établissements. Une mesure qui fait grincer des dents, mais ne choque pas les professeurs ou proviseurs ayant géré des CPGE en province, où les moyens sont plus chichement donnés.

Certaines mesures sont ainsi symboliques. Mais d'autres, beaucoup plus spectaculaires, comme le plan de fermeture de plusieurs lycées aux rentrées 2023 et 2024.

Ancien directeur des lycées à la région Île-de-France, je connais bien les caractéristiques des établissements parisiens : un bâti historique et vieillissant, parfois classé, mal adapté aux contraintes de l'accueil d'élèves ; de très grosses cités scolaires, mais aussi une multitude de toutes petites structures de cent à trois cents élèves, souvent d'anciennes écoles primaires supérieures, encore encastrées dans des écoles élémentaires : au premier étage gauche, le bureau du Proviseur ; deux portes plus loin, la salle de motricité des petits. Si beaucoup de Français peuvent citer les noms de Janson-de-Sailly, Fénelon, Montaigne ou Boulle, qui connaît en revanche les lycées Valadon, Brassai ou Abbé-Grégoire, ce dernier étant pourtant situé rue Saint-Jacques, à quelques dizaines de mètres de Louis-le-Grand ?

Les lycées parisiens sont l'épine dans le pied de la présidente de région, que je rencontre à la fin de l'été 2022 : alors qu'elle doit construire, dans les années à venir, 30 000 places supplémentaires dans les académies de Créteil et de Versailles, ses services lui rappellent régulièrement que 8 000 places sont vacantes dans les lycées parisiens, un chiffre qui montera à 12 000 en 2030. Depuis de nombreuses années, mais en particulier depuis la crise sanitaire, l'académie de Paris a perdu massivement des élèves : 10 000 élèves en deux ans dans le premier degré et 3 000 au collège. Au terme d'une procédure longue et douloureuse avec la ville de Paris, la région vient également de récupérer la gestion de douze lycées à statut municipal, des établissements qui avaient échappé jusque-là aux lois de décentralisation des années 1980. *Last but not least*, de lourds travaux sont programmés ou en cours dans de grosses cités scolaires.

Je ne suis pas (plus) directeur des lycées. Mais je vois dans sa volonté de rationaliser la carte des lycées parisiens le levier pour poursuivre la politique de mixité que nous conduisons. Disons-le clairement : les lycées professionnels sont restés en marge du processus de la réforme Affelnet, qui s'est concentrée sur l'affectation en 2de générale et technologique. Mais il y a urgence à « déségréguer » les établissements les plus en marge de l'académie, ceux dont le public est homogène dans la très grande difficulté sociale et scolaire et dont les formations, majoritairement tertiaires, insèrent fort peu.

C'est pourquoi, en accord avec la présidente de région, je fais le choix de fermer six lycées professionnels à la rentrée 2023, dont les effectifs ne dépassent pas deux cents élèves et où les IPS sont les plus bas de l'académie. Non que ces jeunes ne soient pas bien pris en charge par les équipes enseignantes et éducatives. Mais la monovalence des formations, un agencement du bâti inadapté à des lycéens, et la concentration des élèves en difficulté en font clairement des ghettos. *Small is beautiful !* plaideront les opposants à la fermeture, qui veulent maintenir ces élèves dans leur « cocon ». Et nous accusent de mépris lorsque nous parlons d'établissements « ghettos ». Mais lequel d'entre eux inscrirait ses enfants dans un lycée où la seule formation proposée, le baccalauréat professionnel gestion administration, conduit à une insertion de moins de 30 % dans le monde professionnel ? Dans un établissement sans cour, sans cantine, sans foyer ? Où se côtoient des gaillards de 1,90 mètre et des petits de maternelle, partage des locaux oblige ?

Dès le départ, je suis toutefois clair avec la région : nous fermons des locaux, pas des places en voie professionnelle, dont nous manquons à chaque rentrée. Les élèves et leurs formations devront être intégralement transférés dans des établissements dignes, polyvalents, où nous ouvrirons en sus des diplômes post-bac, avec les travaux adéquats.

Je veux toutefois aller plus loin. Un petit lycée général du XIXe arrondissement, à l'IPS plus élevé qu'Henri-IV, est resté à l'écart de la réforme Affelnet. Accueillant exclusivement des élèves en cursus intensif de danse ou de musique, sur un mi-temps, il n'est pas concerné par la procédure commune : ses élèves, qui sont par ailleurs inscrits dans de grandes institutions culturelles, conservatoires et maîtrises, sont recrutés sur leur niveau artistique et leur capacité à suivre, scolairement parlant, un double cursus. Pour simplifier, disons que Brassens est la version artistique d'Henri-IV, quelque part entre *Fame* et l'Opéra de Paris.

Je ne suis pas le premier à m'interroger sur cet « ovni » : pourquoi scolariser deux cents élèves dans une ancienne école primaire mal isolée, quand ils pourraient être accueillis à moins de dix minutes à pied au lycée Bergson ? Cet établissement des années 1960 aux vastes espaces, qui est loin d'être plein, propose des classes à horaires aménagés pour les sportifs. Il serait tout à fait capable de s'adapter au rythme du mi-temps de nos jeunes danseurs et musiciens. Son offre d'enseignements de spécialité, d'options et de langues vivantes est par ailleurs autrement importante que celle de Brassens. Et je vois dans la fusion des deux établissements, l'un très favorisé, l'autre non, la possibilité de rapprocher des publics qui ne se parlent d'ordinaire pas.

Ce sont des arguments rationnels. Mais il se joue dans le transfert vers Bergson autre chose. Certes, il n'est jamais simple de quitter un cocon. Mais il me semblait que ces élèves artistes, un peu décalés, seraient sensibles au projet de mixité que nous portions. Las. La peur de l'autre, même si elle n'est jamais avouée, joue à plein dans ce vaudeville grotesque, où l'on retrouvera une élue LFI juchée sur des poubelles, venue apporter son soutien au blocage du lycée.

Il n'était pas dit que nous l'emporterions, dans ce bras de fer qui ressemblait étrangement, à une année de distance, à la bagarre rangée sur la montagne Sainte-Geneviève. Déjà en 2009, le rectorat avait tenté de transférer les élèves de Brassens à Bergson. En plein été, alors que les services finalisaient le mouvement des professeurs, ce transfert avait été stoppé du jour au lendemain, et chacun était resté chez soi. Une personnalité de tout premier plan serait intervenue.

Ce qui est certain, c'est que les élèves de Brassens et leurs familles disposent de puissants relais médiatiques. Quelques grands noms du showbiz et des personnalités de « gauche » s'insurgent et signent force pétitions, sans savoir de quoi il retourne.

Mais la détermination conjointe du rectorat et de la collectivité finit par payer. Valérie Pécresse est pleinement en soutien, ce qui neutralise une partie des critiques. La mairie centrale comme celle de l'arrondissement sont en appui. Et le nouveau ministre, Pap Ndiaye, veut faire du sujet de la mixité son marqueur. Selon ses prérogatives, chacun met les moyens pour que la greffe prenne. La région engage des investissements importants à Bergson, salle de danse, seconde salle de musique notamment. Côté rectorat, nous donnons la garantie que les élèves pourront non seulement poursuivre leur double cursus, mais qu'ils pourront librement choisir leurs enseignements de spécialité et options.

En septembre 2023, tous les élèves des lycées transférés font leur rentrée. Le lycée Bergson gagne vingt points d'IPS, sa proportion d'élèves issus de milieux très favorisés double, ce qui provoque un regain d'attractivité sur les classes « normales » du lycée. Et de ce que l'on me dit, cela se passe plutôt très bien.

Il restait un chantier en faveur de la mixité, celui de l'évolution de la carte des classes préparatoires. Amorcée en 2021-2022, bien avant le battage médiatique de l'hiver 2023-2024, elle avait déjà permis de fermer des classes très peu remplies au profit de l'ouverture de nouvelles formations post-bac dans des lycées moins favorisés de l'académie : une ATS[1] au lycée des métiers du bâtiment Saint-Lambert, accueillant des étudiants post-BTS ; une hypokhâgne B/L au lycée Voltaire, classe préparatoire rare à l'échelle de l'académie, qui fut complète dès son ouverture ; une classe préparatoire aux écoles d'art au lycée Colbert, mal-aimé des familles du Xe arrondissement. Des classes « originales », moins connues, destinées à promouvoir et à valoriser à la fois des élèves et des établissements.

La refonte de la carte devait se poursuivre à la rentrée 2024. Mais après tant de combats, il aura suffi d'une ministre mal au fait du sujet pour mettre un coup d'arrêt à ce projet, entre mouvement d'humeur et réflexe de caste pavlovien.

1. La prépa ATS (adaptation technicien supérieur) est une classe préparatoire scientifique d'un an qui permet aux étudiants titulaires d'un BTS ou d'un BUT scientifique ou industriel d'intégrer une école d'ingénieurs *via* des concours spécifiques.

11

Aux personnels de l'académie de Paris

Le 2 février 2024

Mesdames, Messieurs,

Je quitte aujourd'hui mes fonctions de recteur de l'académie de Paris, quand notre école est en proie au doute et que la situation exige pourtant une mobilisation de chacun de ses acteurs.

Je reste plus que jamais attaché au service public d'éducation et je serai toujours aux côtés de ceux qui la font.

Je m'adresse à vous une dernière fois comme recteur, pour vous inviter à ne jamais perdre espoir. L'Éducation nationale incarne chaque jour cet espoir, en conduisant pas à pas sa jeunesse vers l'idéal humaniste constitutif de notre pays. Vous êtes son âme, sa force vive, vous qui vous engagez chaque jour auprès d'elle.

Tout au long de ces années, j'ai été le témoin privilégié de votre dévouement au service de l'école. Quand tous les autres ont renoncé, vous demeurez les derniers fantassins de la République. Vous incarnez le discours de la raison et l'héritage des Lumières, partout. Parfois jusqu'à perdre la vie.

Le sens de l'école dépasse vos individualités. Je sais que trop d'entre vous se sentent seuls au sein de l'institution, mais malgré les différences, les oppositions, nous formons une communauté unie autour d'un socle inébranlable : cette conviction que chaque enfant peut révéler le meilleur de lui-même grâce à l'engagement de tous. L'espoir pour et en l'école repose sur vous.

Vous le savez, la reproduction sociale caractérise encore beaucoup trop notre système éducatif. Paris en est un exemple, certains diront un miroir grossissant. Toute mon action aura été de vouloir inverser cette tendance, même modestement. Notre mission première est de donner l'espoir en même temps que l'éducation aux élèves les plus éloignés de la réussite. Notre pays passe à côté de trop de talents et mon parcours personnel m'y rend particulièrement sensible. J'ai été l'un de ces élèves en échec et il s'en est fallu de peu pour que je ne rejoigne la cohorte des exclus si certains professeurs, dans un autre cadre, n'avaient cru à mes capacités révélées plus tardivement. Il est si facile de passer à côté d'un élève. Croire en chacun d'entre eux, n'exclure personne est une ardente obligation pour faire société.

Je remercie les inspecteurs, conseillers pédagogiques, directeurs et professeurs des écoles pour leur engagement. Dans le combat contre les inégalités de destin, l'école primaire est la mère de toutes les batailles. J'emporte les souvenirs de chaque visite d'école, nos échanges, le regard émerveillé des enfants qui découvrent. Les dédoublements systématisés, l'attention accordée aux évaluations et l'effort porté sur des formations plébiscitées par les professeurs ont permis d'obtenir des progrès significatifs chez nos élèves. Je vous invite à poursuivre et à creuser ce sillon, sans jamais renoncer. Vous rendez là l'un des plus grands services à la nation.

À mon arrivée, chacun de mes interlocuteurs me répétait que notre académie était la plus ségréguée de France : une académie de contrastes, où les établissements les plus prestigieux côtoyaient des ghettos scolaires. On me répétait aussi que rien ne changerait, dans une académie trop exposée. C'était une donnée, presque une fatalité. En un peu plus de trois ans, nous avons pourtant pu inverser les courbes. La réforme de l'affectation en 2de, la modification du recrutement à Louis-le-Grand et à Henri-IV, la recomposition de la carte des formations et des lycées, afin de rebattre les cartes de la mixité sociale et scolaire, autant de combats, difficiles, souvent solitaires, mais qui ont fédéré notre académie. Ils ont donné espoir. En démontrant l'efficacité d'une politique publique volontariste, malgré les pressions de ceux qui veulent que rien ne change. En transformant le destin de milliers d'élèves pour qui le champ des possibles s'est ouvert, concrètement, au-delà des mots et des postures convenues. Vous avez su accompagner ces changements profonds alors même qu'ils bouleversaient le fonctionnement de vos établissements et je vous en remercie. Grâce à votre action et en particulier à celle de l'ensemble des chefs d'établissement de l'académie qui savent ma reconnaissance, nous avons pu contrer l'assignation à résidence et la hiérarchie mortifère entre lycées.

Cet élan en faveur de l'élargissement des élites au service d'un pacte républicain renforcé, c'était le sens de la transformation, à la rentrée 2024, de trois classes préparatoires aux grandes écoles. Ouvrir ces formations aux bacheliers professionnels afin qu'ils accèdent, en trois ans, aux plus grandes écoles d'ingénieurs et de management. Créer de nouvelles classes préparatoires au professorat des écoles, en vue d'aller chercher des bacheliers pour qui l'enseignement constitue une voie de promotion sociale et afin de former des professeurs dont nous manquons cruellement. Et pour cela, fermer quelques classes au sein d'une carte parisienne dont l'offre dépasse largement les besoins. On pourra me rétorquer que cela ne dépassait guère la dimension symbolique. Oui, comme l'évolution du recrutement sur la montagne Sainte-Geneviève. Mais notre pays est sensible aux symboles, surtout quand ils sont porteurs d'espoir pour ceux qui en ont si peu. Et quand une élève de collège vient à votre rencontre pour vous remercier d'avoir ouvert des lycées qui lui semblaient interdits, vous vous rendez compte que vous êtes cette élève, que vous êtes tous ceux qu'elle représente et cela vous donne une force insoupçonnable. Même si je n'ai pu conduire ce projet préfigurateur d'une évolution ambitieuse de notre modèle des classes préparatoires à son terme, je sais qu'il a ouvert la voie à une réflexion sur l'égalité des chances qui se poursuivra.

Avec les années, j'ai acquis la conviction que l'école peut évoluer et relever le défi du niveau des élèves et de leur épanouissement comme individus, à condition de s'appuyer sur l'expérience des acteurs de terrain, soutenus par les acquis de la recherche. Nous sommes le ministère de la raison. C'est ce chemin que nous avons suivi à Paris et qu'il faut poursuivre car la tâche est immense. Pour éviter les ferments de division et de haine qui mènent au pire, il nous revient de toujours travailler à un consensus scolaire reposant sur nos valeurs.

Je pars heureux du travail accompli avec chacun d'entre vous. Toute réalisation humaine est fragile. Ce que l'on tient pour acquis un jour peut disparaître le lendemain. Mais je veux vous redire ici que ce que nous avons fait évoluer ensemble montre simplement que c'est possible. Que nous sommes capables de nous rassembler autour de projets justes et bons. Qu'au service du progrès des élèves, nous sommes capables de relever tous les défis. C'est cela que je souhaite vous transmettre au moment de vous quitter et de vous souhaiter courage et succès dans votre mission, la plus belle et la plus noble qui soit à mes yeux.

Christophe Kerrero

12

Faire école, faire société, faire nation

Le 15 avril 2019, Notre-Dame brûle. Je me rappelle mon incrédulité quand le chef de cabinet du ministre entre dans mon bureau pour me l'annoncer, quand il me montre les images de l'incendie sur son portable. La flèche qui tombe. Il y a là quelque chose d'irréel.

Décembre 2024, un peu moins de six ans après cet événement funeste, la cathédrale ouvre à nouveau, plus étincelante que jamais.

La France, comme Notre-Dame, est capable de renaître de ses cendres. Nous savons rebâtir sur des ruines. Mais au prix de drames épouvantables, guerres, défaites, invasions, révolutions, massacres, guerres civiles.

Notre pays est en crise profonde : crise sociale, crise identitaire, crise institutionnelle. Son école n'en est pas protégée, parce qu'elle joue, plus que dans n'importe quel autre pays, le rôle de creuset et de ciment de la République. Les fractures de la nation sont les siennes, multiples, et profondes.

Qu'il s'agisse de l'État ou de l'école, il n'est pas sûr que nous ayons encore touché le fond. Pourtant, au moins pour notre système éducatif, il n'appartient qu'à nous, parents, personnels, élus, d'éviter le pire en prenant maintenant les virages qui s'imposent.

Je ne suis pas un révolutionnaire. Je ne suis pas arrivé à Paris avec le projet d'en faire un modèle de mixité. Je connaissais les contrastes de l'académie, même si je n'en soupçonnais pas l'ampleur. La découverte d'une réalité moins rose derrière les ors de la Sorbonne a sans doute réveillé en moi une sensibilité personnelle à l'injustice. Je savais aussi que le « séparatisme » se nourrissait de la ségrégation. Et Paris en était une caricature.

Si nous voulons changer l'école, c'est sur nos valeurs, humanistes et républicaines, que nous devons nous appuyer. Pas sur des mots, aussi sublimes soient-ils – notre institution et notre époque en abusent jusqu'à les galvauder –, mais sur des actes. Nous, acteurs du système, devons habiter nos valeurs dans chaque décision que nous prenons.

Nous pouvons produire de l'injustice avec les meilleures intentions du monde. Je me souviens m'être emporté contre l'inspection générale qui venait de retirer, le jour de la rentrée, deux professeurs de physique d'un lycée à faible IPS, parce qu'un besoin de remplacement était apparu en classe préparatoire dans un lycée « prestigieux » de l'académie. Certes, ces professeurs étaient brillants. Certes, le calendrier des concours était très serré et il fallait assurer les cours des préparationnaires. Mais ce choix, presque un réflexe, fondé sur la hiérarchie mentale qui veut que les classes préparatoires soient plus importantes que le secondaire, détruisait en quelques minutes, sans même que les intéressés en aient conscience, tous les efforts portés envers les établissements et les élèves fragiles.

Changer l'école, c'est ainsi d'abord changer nos mentalités. S'astreindre, dans chaque acte du quotidien, dans chaque décision, même anodine, à choisir en faveur de ce qui est juste. Ne céder ni à la facilité, ni aux pressions. Tout au long des trois années et demie que j'ai passées à Paris, nous avons répété aux services et aux cadres de l'académie que le plus « bruyant » n'était pas toujours le plus prioritaire.

Les familles socialement les plus fragiles ne se mobilisent pas pour réclamer un remplaçant. Pas plus qu'elles ne font le siège du rectorat pour contester une affectation d'élève. Le risque est toujours de donner satisfaction à ceux qui crient le plus fort et exhibent leurs titres et qualités comme une arme. À mon arrivée, certains personnels anticipaient les décisions que j'étais censé prendre : celles qui donnaient satisfaction aux puissants. Pour avoir la paix. Par peur, aussi. Mais une grosse berline du corps diplomatique garée en double file au pied du rectorat n'est pas un argument. Introduire des procédures de régulation des contestations, se fixer des critères objectifs pour les traiter, sur le fondement du besoin plutôt que de la carte de visite, autant de mesures qui ont tout autant contribué à l'équité entre élèves parisiens que la réforme Affelnet.

À ce jeu, je ne me suis pas fait beaucoup d'amis. Dire non à ceux qui ne se sont jamais rien vu refuser est délicat. Dans le bras de fer que certaines familles ont engagé, en visant plus haut que moi, je ne l'ai pas toujours emporté. Mais l'important était de rappeler les règles. À tous.

À l'Éducation nationale comme dans bien d'autres ministères, la peur règne et gouverne : une peur de principe, irrationnelle, paralysant l'action publique. Peur du conflit. Peur de déplaire. Peur du bruit médiatique. Une peur qui se mue en procrastination, là où l'époque exige des décisions.

Directeur de cabinet, j'ai été confronté, par recteur interposé, à la gestion des blocages de lycées. J'ai vu mon prédécesseur dans la fonction refuser l'intervention des forces de l'ordre pour débloquer les accès. La peur s'emparait de lui lorsque j'évoquais cette possibilité : peur du dérapage, peur du scandale, peur de ces élèves cagoulés juchés sur les poubelles, majoritairement issus de familles nanties et des « grands lycées » du centre de Paris, prompts à intimider ceux qui s'opposaient à leur mouvement. Nul ne peut interdire l'accès à un établissement scolaire. Nous nous étions assez battus, pendant la crise sanitaire, pour laisser les écoles ouvertes. Et pourtant le non-droit régnait dans ces blocages, rites d'initiation d'une jeunesse dorée, largement manipulée par les adultes : menaces envers les « non-bloqueurs », insultes et voies de fait sur les personnels, dégradations, risques de blessures. Le feu que l'on met à une poubelle et qui se propage à la porte du lycée Decour, ce sont plusieurs dizaines de milliers d'euros qui partent en fumée, et des risques de brûlures irréversibles.

Il fallait que cela cesse.

À mon arrivée, avec le soutien du préfet de police, je prévins les chefs d'établissement que je ferais systématiquement requérir les forces de l'ordre lorsqu'un lycée serait bloqué. Je connaissais les risques, mais je savais aussi l'expertise de celles-ci en la matière. Mon annonce laissa les proviseurs circonspects, sinon incrédules : à Paris, les blocages relevaient quasiment de la tradition. Pourtant, après quelques turbulences et protestations de parents, ils cessèrent. La peur avait changé de camp. Et j'engageai avec les lycéens d'autres formes de dialogue, en intervenant aussi souvent que possible au conseil académique de la vie lycéenne, et en encourageant les proviseurs à investir les conseils locaux. Les échanges pouvaient être vifs, mais ils étaient toujours respectueux. C'est un apprentissage de la démocratie autrement plus pertinent que l'occupation bruyante d'une pyramide de poubelles.

La peur qui fait reculer. La peur qui empêche d'agir… Chaque renoncement dans l'Éducation nationale nous fait perdre dix ans, pour poser une décennie plus tard le même constat et formuler les mêmes préconisations.

Les maux de l'école d'il y a quinze ans sont ceux d'aujourd'hui. Paupérisation des professeurs, assèchement du vivier des concours de recrutement, chute des résultats des élèves, développement des atteintes à la laïcité. Inchangés, mais amplifiés. Aujourd'hui, ce ne sont pas seulement les professeurs ou les personnels médico-sociaux et d'éducation qui manquent à l'appel, mais aussi les personnels de direction : le nombre de candidats au concours s'est effondré en quelques années. Aujourd'hui, ce ne sont pas seulement les élèves fragiles qui sont concernés par le tassement des résultats aux enquêtes internationales, mais aussi les meilleurs, dont la proportion décroît. Et aujourd'hui, nul n'est à l'abri de l'expression violente des communautarismes de tous bords.

On peut être découragé par l'ampleur de la tâche : en l'état du système éducatif, face à des personnels plongés dans la défiance, toute proposition est contestée *a priori*. Aucun ministre de l'Éducation nationale nouvellement nommé ne bénéficie plus de l'état de grâce.

Être volontaire, ne rien lâcher, mais écouter, expliquer, et avancer par petites touches : ce n'est pas une méthode « miracle », mais c'est celle qui peut permettre de faire bouger cette grande maison si inquiétante pour ceux qui ne la connaissent pas.

La constance de la ligne suivie en fait aussi le succès. Or, le temps long de l'éducation s'accorde mal du temps court du politique. La réforme Affelnet ne me survivra sans doute pas. Non que mes successeurs souhaitent par principe la remettre en cause : bien du courage à eux pour engager autant d'énergie dans une nouvelle refonte. Mais il suffira d'ouvrir quelques brèches dans les principes sur lesquels nous avons tenu, contre vents et marées, pour que le curseur reparte en arrière. Certains équilibres sont précaires et les meilleures intentions du monde peuvent les briser : il suffirait par exemple, pour faire plaisir à certaines familles qui trouvent leur choix de lycée trop limité, de placer davantage d'établissements en secteur 1, et la concurrence entre lycées en serait immédiatement renforcée ; par effet domino, la ségrégation scolaire aussi.

Au fond, ce n'est pas grave. Ce qui est important, c'est d'avoir montré qu'une réforme d'ampleur est possible au sein de l'Éducation nationale. Dans une académie aussi sensible que Paris. En pleine crise sanitaire. En période de campagne électorale. En quelques mois.

Concevoir et conduire une politique publique est possible, à la condition qu'elle réponde à un besoin, que ses objectifs fassent consensus, qu'elle soit techniquement maîtrisée et que ses effets soient précisément évalués.

Revenons à Affelnet : depuis sa mise en place à Paris en 2008, c'était un sujet de polémiques sans fin. Personne n'était satisfait : ni les défenseurs de la mixité, pour qui la copie était restée inachevée, ni les thuriféraires de l'élitisme, pour qui l'algorithme était trop approximatif pour récompenser le « mérite ». Les milliers de courriers de recours reçus, que nous avons soigneusement épluchés, étaient un formidable matériau de départ. Les familles se plaignaient d'affectations tardives, éloignées, notamment pour les élèves « moyens », que l'algorithme renvoyait aux confins de l'académie. Les chefs d'établissement, les élus et les représentants de parents d'élèves, pas seulement à gauche, mettaient le doigt sur la concurrence scolaire effrénée et le stress des collégiens, tout en dénonçant la persistance d'une ségrégation sociale entre l'Est et l'Ouest parisiens.

Il fallait rechercher le consensus minimal, et concilier des objectifs *a priori* divergents : comment favoriser la proximité sans créer d'effet « ghetto » ? Car il est des ghettos de riches comme il est des ghettos de pauvres. Comment sécuriser une affectation proche du domicile, tout en laissant la liberté du choix de son lycée ? L'accord de tous sur les objectifs était la condition première pour conduire la réforme à son terme, et pour qu'elle dure. J'avais vu trop de réformes avortées ou remises en cause d'une alternance à l'autre. Avec, parfois, la volonté de détruire le bilan du prédécesseur.

Les démocraties scandinaves savent conduire le changement avec pragmatisme, au-delà des divergences de chapelles, en se fixant pour cap l'intérêt général. C'est cet exemple que nous avons essayé de suivre : dépasser les clivages politiques et rechercher, à travers une très large concertation, les plus petits dénominateurs communs.

Des fédérations de parents d'élèves aux organisations syndicales, des médiateurs académiques aux correspondants de l'inspection générale, des élus aux chercheurs, je crois qu'aucun acteur concerné de près ou de loin par Affelnet n'a été oublié par la concertation. S'appuyant sur des groupes de travail pluri-catégoriels régulièrement réunis, cette concertation est allée bien au-delà d'entretiens formels ou de tractations de gré à gré : les résultats des simulations ont été communiqués, décortiqués ; les échanges vifs autour de la table, mais sans langue de bois – nous avons dit ce que nous souhaitions faire, et nous l'avons fait. Nous avons tenu compte des remarques, des doléances, en expertisant chacune d'entre elles.

Le « souhaitable », les objectifs, ont été définis en commun. Nous n'avons par ailleurs rien caché du « faisable », les contraintes techniques de l'outil principalement. Et nous ne sommes jamais allés au-delà de « l'acceptable » : ce que la communauté éducative serait en mesure de gérer en termes d'effets éducatifs et pédagogiques des changements opérés.

Nombre de réformes échouent parce que, satisfaisantes sur le papier, elles se révèlent techniquement inapplicables. La complexité du fonctionnement de l'algorithme imposait une expertise fine, apportée par la division des services informatiques, mais maîtrisée par tous les acteurs de la réforme au rectorat. Je ne crois pas à la distinction entre le « politique » et le « technique » : sans compréhension des contraintes par les décideurs, sans connaissance des possibilités des outils, le « politique » est bridé ; mais, sans compréhension des objectifs poursuivis, la tâche du « technicien » n'est pas optimisée, en plus d'être vide de sens. C'est pourquoi le petit groupe de travail interne au rectorat a fonctionné de manière très « horizontale », mêlant les expertises : du programmeur jusqu'au Dasen, chacun savait où il allait, pourquoi il y allait, et comment y aller. C'est suffisamment rare, dans notre maison, pour être souligné.

C'est parce que nous avons effectué un grand nombre de simulations techniques que nous n'avons pas eu de mauvaises surprises le jour des résultats. Je ne saurais assez saluer les équipes de « l'ombre », qui se sont mobilisées sans compter. Rien ne les obligeait à travailler comme elles l'ont fait. Rien non plus ne les obligeait à tester de nouveaux paramètres, à imaginer des procédures qui allaient aux limites des systèmes. Rien, sinon le sentiment de participer à un projet collectif, qui serait utile aux élèves. Monique, Rosana, Yohann, Félix, Trúc, Virginie, Justine, Christelle, Marie-Dominique, Myriam, Hugues, Benoît… et tant d'autres ! Sans eux, nous n'y serions pas arrivés.

Évaluer les effets de la réforme était enfin obligatoire. Si c'est l'institution qui s'en charge, le doute est toujours possible. C'est pourquoi nous avons constitué un comité de suivi, composé des représentants de toutes les parties prenantes, et c'est pourquoi j'ai demandé à Julien Grenet, directeur de recherches au CNRS, de le présider. Depuis lors, à chaque début d'année civile, ses travaux, fondés sur l'analyse des données livrées par convention par le rectorat *via* la Dgesco, font l'objet d'une présentation lors du comité de suivi. Et des ajustements sont proposés pour la session d'affectation suivante.

J'ai quitté Paris en février 2024, mais je continue à suivre, à distance, les travaux du comité de suivi. Même si Affelnet a produit des effets rapidement, ce n'est pas la norme des réformes conduites dans l'Éducation nationale, qui s'inscrivent dans le temps long. Il faut l'accepter.

Tout ce qui est lancé n'a d'effet que dix ans après au minimum. S'il faut dix années en amont pour stabiliser un constat et des objectifs, la vie d'une réforme se joue, en aval, à l'échelle d'une génération.

Se placer dans le temps long est presque incompatible avec le temps accéléré du politique. Incompatible aussi avec la valse des ministres et le mouvement de balancier politique. On alterne depuis de nombreuses années entre fins connaisseurs experts de la maison et politiques qui en ignorent tout. Les premiers ont tendance à lancer de grandes réformes, qui ouvrent des fronts multiples sur des temps très courts, nécessitant l'arrivée des seconds qui jouent le rôle de pacificateurs. Ces à-coups donnent une impression d'échec, et des ministres de talent ratent leur cible, quittant la fonction entre tentation de l'ailleurs et amertume…

S'inscrire dans le temps long est-il par ailleurs compatible avec la nécessité de rendre des comptes quasi immédiatement, à l'heure des chaînes d'information continue et des réseaux sociaux en embuscade ? Il est tentant de répondre du tac au tac, de valoriser l'action publique. Mais à force d'apparaître, on peut agacer, et finir par se noyer dans sa propre image. Jean-Michel Blanquer a construit son impopularité sur son omniprésence médiatique, alors même qu'il bénéficiait d'un quasi-état de grâce à son arrivée au ministère.

Il faut le mouvement lent mais linéaire de la charrue pour espérer changer les choses. Creuser un sillon et s'y tenir, avancer chantier après chantier, méthodiquement. Et, pour nourrir la bête médiatique, lui donner à voir des réussites de classes, d'enfants et de professeurs, jusqu'à redonner l'envie d'école dans notre pays.

La mise en œuvre des réformes dans le temps long implique de disposer de moyens sécurisés, avec une visibilité pluriannuelle. L'école a besoin de stabilité et de sérénité. C'est pourquoi une loi de programmation serait de nature à les apporter dans un milieu qui s'inquiète et s'enflamme vite. Collectivement, nous ne sommes pas assez conscients que l'éducation est un investissement, sans doute le plus important pour la nation. Sur la seule mesure de dédoublement des classes de CP et CE1 en éducation prioritaire, une évaluation des effets macroéconomiques attendus, réalisée par la direction générale du Trésor[1], retient une augmentation de 2 points de PIB à très long terme, pour 120 000 emplois créés, grâce à une hausse de la productivité et de l'employabilité des élèves concernés. Pourtant, l'inspection générale[2] n'hésite pas à proposer que les moyens consacrés aux dédoublements soient repris, ne jugeant pas les résultats probants sur le court terme.

Je suis le premier défenseur d'un budget maîtrisé. En fonctionnaire loyal, j'ai négocié mais appliqué les retraits d'emplois demandés chaque année à l'académie de Paris, en essayant de préserver les établissements et les élèves les plus fragiles. Mais il vaut mieux une bonne réforme, conduite à son terme et bien accompagnée sur le terrain, que de mauvaises économies. Les meilleures mesures sont parasitées par la moindre suppression de poste. Les retraits d'emploi paralysent toute réflexion sur la transformation des pratiques pédagogiques.

Nous avons l'art de retirer ou à l'inverse de lâcher les moyens au pire moment. Ainsi, quand un gouvernement est dans une situation de force, au lieu d'accompagner les

1. Rapport économique, social et financier annexé au PLF 2019, page 18.
2. Revue de dépenses, rapport IGF-Igesr, 4 septembre 2024.

efforts demandés aux personnels par les mesures matérielles appropriées, on a tendance à redoubler d'économies et à exiger des mesures de rigueur. En revanche, on est capable de tout lâcher à mauvais escient, au pire de la crise ou lorsque les échéances électorales approchent.

Plutôt que d'y voir une source potentielle d'économies, la baisse attendue du nombre des élèves dans la décennie à venir doit permettre l'amélioration du taux d'encadrement des élèves, toujours moins favorable que celui de ses voisins européens, et la revalorisation des salaires des personnels. Pour que celle-ci soit significative, de l'ordre de 25 % au moins, on ne coupera toutefois pas à une augmentation du temps de présence auprès des élèves.

Elle peut et doit se négocier : il ne s'agit pas d'augmenter le nombre des heures de cours telles que nous les connaissons. Avec les préparations, corrections et diverses tâches de suivi des élèves ou de concertation, le temps de travail hebdomadaire moyen des professeurs est au-delà des quarante heures hebdomadaires.

Mais il faut commencer par rendre visible ce travail invisible, et le rationaliser : pourquoi ne pas envisager un travail de préparation plus collectif, et l'inscrire en tant que tel dans les emplois du temps ? Les professeurs travaillent beaucoup, mais majoritairement seuls. Si un cheminement pédagogique est pertinent, pourquoi ne pas le partager au sein d'une équipe ? Produisons des banques de cours et de devoirs au sein des établissements, en nous appuyant sur les expertises différenciées des membres des équipes pédagogiques : les professeurs y gagneront un temps précieux, et la cohérence des approches pédagogiques s'en trouvera renforcée aux yeux des élèves.

Je pense par exemple à ce que nous avons proposé aux lycéens franciliens. En partenariat avec la région académique[1], la région Île-de-France déploie désormais des manuels numériques libres et gratuits dans tous les lycées franciliens. Nous avons négocié avec la région que ces manuels soient conçus par des inspecteurs de l'Éducation nationale et des professeurs, rémunérés. Ces manuels proposent des cours, des activités et des exercices sous forme de granules[2] pour préparer au mieux les élèves. Ils sont évolutifs, chaque professeur pouvant apporter sa contribution et enrichir l'ensemble.

Recouvrer du temps pédagogique de qualité nécessite aussi d'externaliser les tâches à faible valeur ajoutée pour le professeur : à Sourdun, la surveillance des contrôles a été confiée à des assistants d'éducation, sur des plages communes, et le temps récupéré, utilisé en moments de concertation pour les professeurs. On peut aussi envisager de recourir à l'intelligence artificielle pour aider à la correction de certains travaux d'élèves. Des expérimentations sont déjà en cours[3].

---

1. La région académique Île-de-France se compose des trois académies que sont Créteil, Paris et Versailles.

2. La solution choisie par la région pour accueillir les manuels et autres supports numériques repose sur une plateforme unique, sorte de bibliothèque dématérialisée. Elle propose à ses utilisateurs d'ajouter des ressources, des « granules » de contenus ou « perles », qui peuvent être agencées et modifiées selon les besoins, et d'y accéder gratuitement.

3. En France, la société Compilatio, située à Annecy en Haute-Savoie, a développé un nouveau logiciel de correction des copies grâce à l'intelligence artificielle (IA). Au Québec, le projet Emilia, encore en phase de

Il faut enfin promouvoir de nouvelles formes d'accompagnement des élèves, plus individualisées. Celles-ci sont coûteuses. On ne peut jouer que sur un nombre limité de paramètres, de surcroît en contexte de rigueur budgétaire. S'interroger sur l'efficacité dans le secondaire des dédoublements dans leur forme actuelle. Sur la pertinence d'options et de langues rares, principalement consommées par les enfants des classes favorisées. Sur le nombre d'heures de cours, record de l'OCDE, pour un résultat décevant.

Mais il n'y aura pas d'évolution de la pratique pédagogique sans formation continue massive des professeurs, intégrée à leurs obligations réglementaires de service.

Nous, acteurs du système éducatif, pouvons aussi décider de ne rien changer. Par conviction : parce que nous sommes toujours convaincus qu'il n'y a pas d'inadaptation des méthodes mais une inadaptation de certains élèves, qui en sont les dommages collatéraux. Par lassitude : parce que travailler au contact d'enfants et de jeunes de plus en plus difficiles est usant, et que certains ont baissé les bras, se contentant de répondre *a minima* à leur mission. Par conservatisme : parce que toute volonté de faire évoluer le métier de professeur est perçue comme une atteinte *a priori* au statut du fonctionnaire et comme un alourdissement de la charge de travail.

---

prototypage, est bien fonctionnel et des enseignants du collège Sainte-Anne à Lachine l'utilisent déjà. Il s'appuie sur la technologie ChatGPT.

Le refus massif des remplacements de courte durée, proposés dans le Pacte enseignant à hauteur de 69 euros l'heure, est à cet égard caractéristique du suicide collectif de l'école publique. Comme le souhaitent certains syndicats, on peut attendre une hypothétique augmentation du nombre des professeurs titulaires sur zone de remplacement, en mobilisant des moyens supplémentaires que nous n'avons pas, et un vivier qui n'existe pas. Les familles, elles, pour qui les absences non remplacées sont parmi les trois premières causes d'inquiétude vis-à-vis de l'école publique, n'attendront pas. Je ne dis pas qu'elles se tourneront systématiquement vers l'enseignement privé, qui souffre d'ailleurs des mêmes problèmes de vivier que le public. Mais il est probable que cela joue : le sondage BVA commandé par la fondation Jean-Jaurès en septembre 2024 montre que 83 % des familles ayant fait le choix du privé sont pleinement satisfaites du remplacement des cours manqués, contre 47 % de celles qui scolarisent au moins un enfant dans le public.

Il ne s'agit ici ni de provoquer, ni de mettre en concurrence deux systèmes. Mais les familles, en particulier les plus favorisées, conçoivent de plus en plus souvent l'école comme un simple service, et ont peu de scrupules à comparer. Si nous ne sommes donc collectivement pas capables d'améliorer la qualité de l'école publique, sur ce point en particulier qui devrait relever de l'intérêt général, et alors que des moyens ont été mobilisés, nous contribuerons au départ des familles qui en ont les moyens vers le privé, où les remplacements en interne sont mieux assurés, et nous aggraverons la ségrégation sociale entre établissements privés et publics.

Beaucoup plus sûrement en tout cas qu'avec la réforme Affelnet qui devait, selon nos adversaires, tuer l'excellence des établissements publics par la perte des meilleurs élèves, et des meilleures familles. C'était sans doute même un plan caché, ayant germé dans le cerveau ultralibéral de l'ex-directeur de cabinet de J.-M. Blanquer. Et certains n'avaient même pas honte de hurler au complot, alors qu'ils dispensaient, nous le savions, des cours au sein d'institutions privées hors contrat.

Nous n'échapperons ainsi pas à l'autocritique si nous voulons faire mieux réussir nos élèves et sécuriser leurs familles. Reste qu'il y a bien, à l'heure actuelle, un problème d'équilibre des « deux écoles ».

En République, la rencontre entre les jeunesses issues de milieux sociaux différents est une condition de la constitution du creuset national. Idéalement, que ce soit au collège ou au lycée, dans les grandes écoles, en politique ou à la tête des entreprises, on devrait retrouver une part représentative des enfants issus de tous les milieux, sauf à supposer que l'on n'est intelligent qu'avec un IPS supérieur à 140. À l'inverse, la ségrégation sociale et scolaire aggrave les inégalités, entraîne une reproduction sociale mortifère et remet en cause la cohésion nationale.

Pour la DEPP, le constat est sans appel : « À l'échelle nationale, [...] l'évolution de la ségrégation est principalement due à deux composantes : la ségrégation parmi les collèges publics […] ; et les écarts de composition sociale entre secteurs public et privé qui sont croissants, le secteur privé scolarisant de plus en plus d'élèves de milieu favorisé. »[1]

Les expériences de mixité lancées dans les collèges publics sous le ministère de Najat Vallaud-Belkacem n'ont pas été vaines. Elles ont même produit, à Paris, avec les secteurs multicollèges, ou à Toulouse, par la fermeture de collèges « ghettos » et la resectorisation, de nets effets à l'échelle locale. Mais cela reste une goutte d'eau dans un océan de repli sur soi, propre aux époques de peur et de troubles.

Nous avons longtemps vécu dans un mythe sinon dans une illusion. L'école s'est construite dans l'idée éminemment républicaine, car égalitaire, que l'enseignement serait le même partout. Cela se lit encore dans les paysages. Il y a une architecture scolaire comme il y a une architecture ferroviaire ou postale. Une école de garçons et une autre de filles de part et d'autre de la mairie. Des lycées, mélange de casernes et de couvents reconnaissables de Lille à Marseille. Il y a aussi la force des programmes, des examens, des manuels. Celle des instituteurs formés dans les mêmes écoles normales, puis des professeurs, dans les IUFM, ESPE, INSPE. Souvenons-nous de cette phrase attribuée à Jules Ferry : « Avec une montre, je peux savoir ce qui se fait dans chaque classe au même moment. »

---

1. DEPP, Note d'information n° 22.26, « Évolution de la mixité sociale des collèges », juillet 2022.

On vivait ainsi dans l'idée que l'école était la même partout. C'était d'autant plus simple qu'il existait deux ordres scolaires, le primaire et le secondaire, pour ainsi dire hermétiques, qui avaient leur logique, leurs résultats attendus, une certaine homogénéité des élèves de part et d'autre. La réunion des deux écoles, du début des années 1960 à la fin des années 1970, et l'hétérogénéité qui en découle, change radicalement la donne. Mais le mythe d'une école qui serait la même partout perdure longtemps.

La publication d'un ouvrage de Dominique Paty en 1980, *Douze collèges en France*[1], est une première secousse pour l'institution. Sous-titré *Enquête sur le fonctionnement des collèges publics d'aujourd'hui*, il constitue un premier témoignage de la réalité du collège unique et des premiers effets de la réforme Haby. Les douze collèges constituaient un échantillon retenu de telle sorte que soient prises en compte la taille et la localisation de l'établissement ainsi que la catégorie socioprofessionnelle des parents.

Le constat est déjà sans appel. Du « petit lycée » d'un grand établissement parisien fréquenté aux deux tiers par des enfants de cadres supérieurs à un ancien collège d'enseignement général (CEG) du nord de la France et ses 84 % de fils et de filles d'ouvriers en passant par les collèges d'enseignement secondaire (CES) des quartiers centraux des grandes villes et par ceux des banlieues

1. Dominique Paty, « 12 collèges en France, enquête sur le fonctionnement des collèges publics aujourd'hui », La Documentation française, janvier 1980.

pavillonnaires, nous ne parlons pas de la même école. Dans l'état du bâti, la sociologie, le comportement, la vision des élèves de l'institution. Et déjà transparaît une certaine corrélation entre résultats et milieux.

Cet ouvrage est une véritable bombe. Pas étonnant que le ministre de l'époque, Christian Beullac, ait voulu interdire sa publication, aux dires d'anciens inspecteurs généraux. Dominique Paty démontre en effet que le collège unique égalitaire est un leurre, quatre ans après sa mise en place : organisé « par l'extension à tous du type de scolarité le plus abstrait parmi ceux qui coexistaient », il est loin d'offrir l'égalité des chances. Et les milieux les plus favorisés parviennent, grâce à ce qu'il appelle des « passe-droits », à inscrire leurs enfants dans les anciens « petits lycées » des établissements prestigieux à classes préparatoires, même lorsqu'ils sont éloignés de leur domicile.

Tout cela malgré la carte scolaire, instaurée dès 1963. Si son objectif est d'abord organisationnel, répartir les enfants de la massification dans des établissements toujours plus nombreux, elle devait également permettre de restreindre les inégalités scolaires entre élèves. Avec deux limites : l'aire d'habitation qui n'est pas nécessairement mixte et la possibilité pour certains, issus des classes sociales les plus aisées, de déroger à la règle par leurs relations ou par des jeux d'options pour initiés.

Aujourd'hui, la ségrégation résidentielle est toujours plus forte, notamment dans les grandes agglomérations. Le redécoupage de la carte scolaire peine à brasser les publics au sein de territoires dont la mixité sociale est inversement proportionnelle au prix de l'immobilier.

Conscient des limites de la carte scolaire, contournée alors par un tiers des familles, Nicolas Sarkozy a souhaité l'abolir, en 2007. C'était une façon de sortir de l'hypocrisie collective et d'éviter l'assignation à résidence des élèves issus des quartiers les moins favorisés. Ouvrir le champ des possibles en dérégulant le choix de l'établissement scolaire n'a cependant profité qu'aux familles qui cherchaient déjà le « meilleur » investissement éducatif. Une tendance que l'on constate partout en Europe : dans les pays sans carte scolaire, ce sont finalement davantage les établissements qui choisissent leurs élèves que les familles, leur établissement. La régulation par l'État conserve donc tout son sens, à condition que l'on garantisse aux familles une équité des conditions d'enseignement : offre de formation, moyens, climat scolaire, notamment.

Le problème est toutefois aujourd'hui moins celui de la concurrence entre établissements publics que celui de la sécession des familles favorisées au sein des établissements privés. Un constat de nature à rallumer la guerre scolaire, comme l'ont montré les déclarations de l'ex-ministre Amélie Oudéa-Castéra.

Cette guerre n'est pas nouvelle : on se souvient des manifestations monstres contre la loi Savary, en 1984. Et l'enseignement privé a toujours constitué un point de tension entre la gauche et la droite françaises. Les choses s'exacerbent avec Vichy, qui favorise le privé par un système de large subventionnement. À la Libération, ces aides sont remises en cause, au point de mettre le privé en danger.

Au début de la Ve République, le gouvernement parvient à un point d'équilibre. La loi Debré de 1959 met en place un système de contrats entre l'État et les établissements privés : ils reçoivent une subvention, les professeurs sont payés selon les mêmes règles que leurs collègues du public, en échange du suivi des programmes et du respect de la liberté de conscience des élèves.

Cependant, la donne a changé, notamment dans les territoires urbains. Paris en est, comme sur d'autres sujets, la preuve emblématique. Jusqu'au début des années 1990, il existait une sorte de correspondance implicite entre établissements publics et privés : chaque système disposait d'établissements d'un bout à l'autre de la chaîne des « réputations ». Aux lycées de la montagne Sainte-Geneviève répondaient ainsi Stanislas ou Saint-Louis-de-Gonzague. Il y avait en quelque sorte parallélisme. Et le choix des familles se fondait moins sur la comparaison des taux de mentions au baccalauréat que sur des considérations philosophiques ou religieuses, le cas échéant. Dans les années 1970, les enfants de la classe moyenne en échec dans le public étaient souvent « récupérés » par le privé. J'en suis l'illustration.

Mais dans une ville comme Paris, le privé sous contrat a évolué à vue d'œil. La concurrence s'est accentuée, non seulement avec le public, mais aussi entre établissements privés. La logique consumériste s'applique de plus en plus en matière scolaire comme ailleurs. Sous la pression des parents, la recherche de la performance à tout prix commence à modifier en profondeur les projets de certains établissements.

En plus de la recherche de l'entre-soi, on est en quête de « services ». Ainsi, les voyages linguistiques, même très onéreux, deviennent des incontournables. Le bilinguisme est désormais un argument de poids dans l'offre des établissements privés.

Dans une ville où le déséquilibre démographique et social entre établissements publics et privés s'accroît, il est plus que temps de revoir certains contrats. Et pour cela de retirer des emplois à hauteur de ce qui est demandé au public. Des écoles qui facturent aux parents une scolarité de 10 000 euros par an, sans compter les activités et voyages linguistiques annexes, ou encore celles qui fonctionnent dans une recherche de profit, revêtant la forme de sociétés anonymes, ont-elles vocation à être subventionnées ?

La loi Debré a été votée à un moment où l'enseignement privé était en danger. Aujourd'hui, c'est l'enseignement public qui court au péril. Les écoles publiques ne peuvent supporter seules l'ensemble des obligations du service public en matière d'accueil des élèves. Si le contrat a un sens, c'est celui d'un engagement du privé à prendre sa part en matière d'école inclusive et de mixité, comme certains au sein de ses rangs l'affirment eux-mêmes.

À son arrivée au ministère, Pap Ndiaye avait annoncé faire de la question de la mixité sa priorité. Et même vouloir toucher à la liberté de choix de leurs élèves par les établissements privés. Mais un sujet aussi sensible que celui-ci méritait une prise en charge interministérielle. Le ministre s'est retrouvé seul. Faire réussir, au compte-gouttes, les élèves des milieux les plus défavorisés, passe encore ! Mais lutter contre l'entre-soi des plus favorisés, c'est un combat d'une tout autre nature.

Le cas de la plus éphémère ministre de l'Éducation de la Ve République est à cet égard révélateur d'une certaine caste qui nous a conduits où nous sommes. Aussi appliquée comme élève que comme joueuse de tennis, Amélie Oudéa-Castéra a sans doute gravi les étapes à coups de notes stabilotées, jusqu'à l'Essec et l'ENA.

Je me souviens de notre première rencontre, lors d'une réunion du haut encadrement en Sorbonne. Elle était aux Sports. Elle avait fait attendre ses autres collègues ministres, qui avaient fini par rejoindre le grand amphithéâtre, las de patienter.

AOC est représentative d'une certaine élite autoproclamée et de sa formation. Pour réussir, passer des concours, il faut souvent écraser l'autre, regarder droit devant soi, entrer dans le moule attendu. L'obsession d'être en tête peut occulter l'intérêt général. De surcroît, il limite considérablement la confiance dans les autres et conduit inévitablement à diriger seul, sans écouter. On vous a appris que vous étiez l'élite. Cela signifie que les autres, ceux qui travaillent pour vous, sous votre autorité, appartiennent à une classe inférieure et sont là pour vous servir.

On me parle toujours, plus d'un an après, de son bref passage à l'Éducation nationale. De la période d'incertitudes qu'elle a ouverte. De ce qu'elle représentait aussi ouvertement : un monde réduit à la seule certitude de soi et au darwinisme social assumé.

Je ne me résous ni à ce modèle de société, ni à ce modèle d'école.

Car les crises que nous traversons nécessitent une mobilisation d'un tout autre ordre.

Ignorance, fanatisme, consommation exponentielle de biens et de stupéfiants : nous assistons, impuissants, à une course en avant mortifère. La freiner ne passera ni par des incantations, ni par des solutions toutes faites.

J'ai vu de près la difficulté croissante de l'école à réunir les enfants de tous les milieux. La tentation du repli sur soi, de l'entre-soi, de la séparation de celui qui ne nous ressemble pas, toujours plus forte chaque année. Jusqu'où ? Jusqu'à l'ignorance de l'autre ou à la sécession ? Quelle école voulons-nous, pour quelle société ?

Au-delà de la méfiance de nos concitoyens les uns envers les autres, qui atteint jusqu'à leurs enfants, on ne peut fermer les yeux sur l'offensive à l'œuvre contre l'humanisme et l'héritage des Lumières, notre culture et nos valeurs. Là encore, l'école est en ligne de front. Dominique Bernard, lâchement assassiné à Arras le 13 octobre 2023, était un passeur de culture. Et au-delà de sa personne, c'est bien sa discipline, l'enseignement des lettres, qui était visée, parce qu'elle incarne cet humanisme.

Même si l'État a pris la mesure du risque encouru, même si la coordination des services rend plus efficace la protection des personnes, nous ne viendrons pas à bout de la radicalisation si nous ne nous attaquons pas à ses causes profondes. Réaffirmer la place de nos valeurs, à chaque nouveau drame, est à la fois fondamental et insuffisant. L'incantation ne saurait suffire. Il faut conquérir le terrain de l'incarnation des valeurs, pour que nos hommages ne soient pas vides de sens aux yeux d'une partie de nos concitoyens.

Notre société réclame désespérément des perspectives. Une action publique qui aille dans le sens de l'intérêt général. Qui la protège d'une mondialisation non régulée. Face au vide du discours politique, le consumérisme et la vénération des youtubers dominent par défaut les préoccupations de nos jeunes.

L'homme est un être de raison, de langage, un homme politique, disait Aristote, mais c'est aussi un être spirituel. Je n'emploie pas ce mot seulement au sens religieux, me souvenant avec Yourcenar citant Flaubert que « les dieux n'étant plus et le Christ n'étant pas encore, il y a eu de Cicéron à Marc-Aurèle un moment où l'homme seul a été ». La littérature, de l'Antiquité à nos jours, nous rappelle que l'homme sans morale, c'est-à-dire sans dessein qui le transcende, est une sorte de monstre désolé d'Œdipe à Meursault ou Raskolnikov, en passant par Don Juan. Camus a dit l'essentiel à ce sujet.

L'absence d'horizon entraîne notre jeunesse vers toutes les dérives, qu'elle cherche les limites ou qu'elle ait soif d'idéal. Le moins grave, l'idolâtrie d'influenceurs souvent incultes, côtoie le plus inquiétant : conversions massives au fondamentalisme religieux ; pillages tels qu'ils se sont déroulés en juin 2023 à la suite de la mort d'un jeune automobiliste après un contrôle routier ; phénomènes de meute dans le harcèlement aggravé par les réseaux sociaux ; règlements de comptes sanglants pour des différends dérisoires.

Ces phénomènes ne trouveront pas leur remède dans la seule réponse scolaire. Comme le disait Hannah Arendt, l'éducation est l'affaire de tous les adultes. Mais c'est bien au politique qu'il revient, en accord avec la volonté nationale, de fixer les perspectives et de les décliner pour son école.

Il est temps de rebâtir un modèle éducatif qui permette à la jeunesse de trouver foi en l'avenir, et à la société de lui adresser un discours de confiance et d'autorité.

Cela passe par une promesse républicaine réalisée, aussi bien dans la garantie de la transmission des connaissances et des valeurs que dans l'égalité des chances. Cela passe par une prise de conscience de chacun, comme un arrachement pour renaître.

Post-scriptum

Après avoir occupé des fonctions aussi prenantes que passionnantes, on est quelque peu décontenancé de retrouver un rythme plus normal. Les jours qui ont suivi ma démission, je me suis d'abord senti comme en apesanteur.

On en profite pour se reposer un peu, s'occuper de ses proches aussi. Le moment où j'ai quitté mes fonctions a coïncidé avec les dernières semaines de vie de mon père. J'ai ainsi pu être présent à ses côtés et accompagner ma mère avec une disponibilité que, recteur, je n'aurais pu m'offrir.

On retrouve du temps pour lire et réfléchir. Pourquoi ne pas écrire ? Quand Thierry Billard, directeur éditorial chez Robert Laffont, m'a contacté pour me demander si j'étais partant pour raconter mon expérience dans un livre, j'ai relevé le défi. C'était le bon moment. Après plus de trois décennies passées à l'Éducation nationale, je pouvais porter un regard riche de multiples expériences. Le recul imposé par ma situation nouvelle était propice pour analyser les réussites et les échecs.

Proposer des pistes. Porter un discours d'espoir pour l'école, cette institution que j'aime tant et que je souhaiterais tellement voir aller mieux.

Sur le plan professionnel, il est plus difficile de rebondir. Mon départ n'est pas passé inaperçu et de nombreuses portes se sont refermées. J'ai pu compter sur des amis sûrs pour ne pas finir en complet paria. Daniel Auverlot, vieux camarade et complice, président du Conseil de l'évaluation de l'école, m'a accueilli dans cette structure où il y a tant à faire pour promouvoir une culture qui n'est pas encore familière à l'institution. Qu'il en soit remercié.

La vie professionnelle m'a offert de formidables aventures et, qui sait, peut-être aurai-je la chance d'en vivre encore de nouvelles.

Glossaire des principales fonctions à l'Éducation nationale

Académie

Division territoriale de l'Éducation nationale en France, regroupant en général plusieurs départements. Chaque académie est sous la responsabilité d'un recteur.

Accompagnant des élèves en situation de handicap (AESH)

L'AESH accompagne les élèves en situation de handicap en classe, pour les aider dans leur apprentissage, leur autonomie et leur intégration au sein de l'école.

Circonscription

Division administrative à l'intérieur d'un département, dirigée par un IEN. Elle regroupe plusieurs écoles primaires.

Conseil d'administration (CA)

Organe décisionnel dans les collèges et lycées, qui rassemble les personnels, les représentants des élèves, des parents et des collectivités locales. Il vote le budget, approuve le projet d'établissement et prend des décisions importantes concernant la vie de l'établissement.

Conseil d'école

Le conseil d'école est l'instance qui vote en particulier le règlement intérieur de l'école, donne des avis et des suggestions sur son fonctionnement.

Conseil pédagogique

Organe de réflexion et de concertation au sein d'un établissement scolaire, constitué de personnels enseignants, du chef d'établissement, et parfois de représentants d'élèves. Il prépare les projets pédagogiques et propose des améliorations dans l'organisation pédagogique.

Conseiller pédagogique

Enseignant du premier degré dont l'expertise pédagogique dans tous les domaines d'enseignement de l'école primaire est reconnue et validée par le certificat d'aptitude aux fonctions d'instituteur ou de professeur des écoles maître formateur (Cafipemf). Il peut en outre disposer d'une compétence spécifique dans un niveau ou un domaine d'enseignement, attestée par une option du Cafipemf (éducation physique et sportive, langues vivantes étrangères, langues et cultures régionales, éducation musicale, arts visuels, enseignement en maternelle, enseignement et numérique).

Conseiller principal d'éducation (CPE)

Le CPE gère la vie scolaire dans les collèges et lycées. Il assure le suivi des élèves (absences, retards, comportement), anime l'équipe de surveillants et participe à l'accompagnement éducatif et à la discipline.

Directeur académique des services de l'Éducation nationale (Dasen) ou inspecteur d'académie (IA)/ directeur académique des services de l'Éducation nationale

L'IA/Dasen est responsable des services départementaux de l'Éducation nationale, il est chargé de la mise en œuvre de la politique éducative du département sous l'autorité du recteur. Il prend des décisions concernant les affectations, les budgets et les actions éducatives locales. Il peut être secondé d'un ou de plusieurs adjoints dans les départements de grande taille.

Directeur d'école

Enseignant exerçant en école primaire, qui a également la charge de la gestion administrative de l'école et de la coordination de l'équipe enseignante. Contrairement aux proviseurs et aux principaux, il n'a pas de pouvoir hiérarchique sur ses collègues enseignants.

IEN-EG

Inspecteur de l'Éducation nationale spécialisé dans l'enseignement général (mathématiques, sciences, lettres), chargé du suivi et de l'inspection des professeurs de l'enseignement professionnel.

IEN-ET

Inspecteur de l'Éducation nationale chargé du suivi et de l'inspection dans l'enseignement professionnel. Il intervient auprès des enseignants des lycées professionnels pour les conseiller et les évaluer.

IEN-IO

Inspecteur de l'Éducation nationale chargé de l'information et de l'orientation, placé sous l'autorité du directeur académique, il est notamment responsable de l'affectation des élèves et de l'animation des centres d'information et d'orientation à l'échelle du département.

Infirmier de l'Éducation nationale

Les infirmiers de l'Éducation nationale ont pour mission de participer aux actions de prévention et d'éducation à la santé auprès des élèves.

Inspecteur d'académie – Inspecteur pédagogique régional (IA-IPR)

Les IA-IPR sont spécialisés dans une discipline (français, mathématiques, etc.) et chargés d'assurer le suivi pédagogique, l'évaluation et l'accompagnement des enseignants dans le second degré (collèges et lycées) au sein d'une académie. Ils jouent un rôle clé dans la formation continue des enseignants, l'évaluation des pratiques pédagogiques et le pilotage des projets académiques.

Inspecteur de l'Éducation nationale (IEN-CCPD)

L'IEN chargé d'une circonscription du premier degré supervise les écoles maternelles et élémentaires dans un secteur géographique donné que l'on appelle une circonscription. Il encadre les enseignants, suit les progressions pédagogiques et veille à l'application des programmes nationaux. Il conseille les directeurs et les équipes de professeurs pour les aider à améliorer la qualité pédagogique.

Médecin de l'Éducation nationale

Les médecins de l'Éducation nationale sont chargés des actions de prévention individuelle et collective et de promotion de la santé auprès de l'ensemble des enfants scolarisés dans les établissements d'enseignement des 1er et 2d degrés de leur secteur d'intervention.

Personnels administratifs

Ils incluent les secrétaires d'administration, les secrétaires généraux d'établissements et autres agents qui assurent la gestion administrative et financière en administration centrale, dans les services déconcentrés, et établissements scolaires.

Principal/Principal adjoint

Chef d'établissement dans un collège, il assure la même fonction que le proviseur dans un lycée. Il est responsable de l'équipe pédagogique, de la discipline et de la gestion de l'établissement. Il dirige et coordonne les activités pédagogiques et éducatives. Le principal adjoint le seconde dans ses tâches.

Professeur de chaire supérieure (PCS)

Enseignant du second degré ayant atteint le plus haut grade du corps enseignant des lycées, titulaire d'une agrégation. Le PCS exerce principalement dans les classes préparatoires aux grandes écoles (CPGE). Sa mission consiste à préparer les élèves aux concours des grandes écoles, nécessitant un niveau d'exigence et de spécialisation élevé.

Professeur de collège et de lycée (PLC)

Spécialiste d'une ou de plusieurs matières, il enseigne aux niveaux secondaires (collège et lycée) et est responsable de la progression de ses élèves dans la discipline. Il évalue, suit et conseille les élèves dans sa matière. On distingue :

• **le professeur agrégé (titulaire de l'agrégation) :** enseignant du second degré ayant passé un concours de niveau plus avancé que le Capes, avec un statut et une rémunération supérieurs ; son service d'enseignement est de quinze heures hebdomadaires. Il peut également enseigner dans des classes préparatoires ou à l'université ;

• **le professeur certifié (titulaire du Capes) :** enseignant dans les collèges et lycées, spécialisé dans une ou plusieurs matières spécifiques, recruté par concours pour un service d'enseignement de dix-huit heures.

Professeur de lycée professionnel (PLP)

Il forme les élèves scolarisés en CAP, baccalauréat professionnel, BMA (brevet des métiers d'arts), mention complémentaire, à un métier ou une famille de métiers. On distingue :

• **le professeur de lycée professionnel qui enseigne les matières générales :** il est bivalent et exerce dans deux disciplines (par exemple : mathématiques-sciences physiques, ou lettres-langue vivante) ;

• **le professeur qui enseigne les matières professionnelles :** il exerce dans une seule spécialité. Expert de sa spécialité professionnelle, il transmet ses connaissances et son savoir-faire aux élèves ainsi que les savoir-être liés au métier.

Professeur des écoles (PE)

Professeur qui enseigne dans les écoles maternelles et élémentaires. Il est polyvalent, enseignant plusieurs matières, et a un rôle central dans l'acquisition des compétences de base par les élèves (lecture, écriture, mathématiques).

Proviseur/Proviseur adjoint

Chef d'établissement dans un lycée, le proviseur est responsable de l'administration générale, de la pédagogie et de la discipline. Il est également chargé de la sécurité et des relations avec les familles. Il est responsable de la direction de l'établissement, de la gestion des ressources humaines et matérielles, ainsi que de la mise en œuvre du projet pédagogique de l'établissement. Le proviseur adjoint assiste le proviseur, souvent sur des aspects spécifiques comme la gestion des élèves ou des ressources humaines.

Psychologue de l'Éducation nationale (Psy-EN)

Le corps unique de psychologues de l'Éducation nationale offre deux spécialités et rassemble les métiers de psychologue scolaire dans le premier degré et de conseiller d'orientation-psychologue et directeur de centre d'information et d'orientation dans le second degré.

Recteur d'académie, recteur de région académique

• Représentant du ministre de l'Éducation nationale au niveau de l'académie, le recteur d'académie a pour mission d'assurer la mise en œuvre de la politique éducative, de coordonner les inspections supervisant l'ensemble des établissements scolaires et de gérer les ressources humaines de l'académie. Il est responsable des budgets, de la gestion des personnels et de la coordination des établissements.

- Le recteur de région académique (RRA) est un recteur d'académie qui assure également la mise en œuvre de la politique éducative nationale à l'échelle régionale.

Rectorat

Structure administrative dirigeant une académie. Elle regroupe les services du ministère de l'Éducation nationale au niveau académique et/ou régional et est dirigée par le recteur.

Table des matières

Imprimé en France par
CPI Firmin-Didot
en février 2025

Composition et mise en pages
par Facompo Montrouge

#lisez engagé !
www.lisez.com
Pour plus d'information :
Imprimé sur du papier issu de forêts gérées durablement.

N° d'édition : 68377/01 – N° d'impression : 182420